工业和信息化高职高专
“十二五”规划教材立项项目

职业教育财经类“十二五”规划教材

财务管理实务

Practices of Financial Management

周星煜　邓燏　主编
余英　冯弋江　肖凌云　副主编

人民邮电出版社
北京

图书在版编目（CIP）数据

财务管理实务 / 周星煜，邓燏主编. -- 北京 : 人民邮电出版社，2014.2（2016.2 重印）
职业教育财经类“十二五”规划教材
ISBN 978-7-115-34575-2

Ⅰ. ①财… Ⅱ. ①周… ②邓… Ⅲ. ①财务管理－高等职业教育－教材 Ⅳ. ①F275

中国版本图书馆CIP数据核字(2014)第020395号

内容提要

本书以财务管理人员岗位的工作内容为主线，概括了筹资、投资、资金营运和利润分配等四项财务活动，并结合财务管理“预测—决策—预算—控制—分析”的工作步骤，设计了七个工作项目，若干个工作任务，将财务活动内容和财务管理工作流程有机结合，通过完成各项任务来实现教学目标，实现“教、学、做”一体化。

本书可作为高职高专会计、会计电算化、财务管理、物流管理等经济类专业的教学用书，也可供相关会计人员和企业管理人员自学、培训和参考之用。

◆ 主　　编　周星煜　邓　燏
副 主 编　余　英　冯弋江　肖凌云
责任编辑　李育民
责任印制　杨林杰

◆ 人民邮电出版社出版发行　　北京市丰台区成寿寺路 11 号
邮编　100164　　电子邮件　315@ptpress.com.cn
网址　http://www.ptpress.com.cn
北京隆昌伟业印刷有限公司印刷

◆ 开本：787×1092　1/16
印张：16.25　　2014 年 2 月第 1 版
字数：604 千字　　2016 年 2 月北京第 5 次印刷

定价：30.00 元

读者服务热线：(010)81055256　印装质量热线：(010)81055316
反盗版热线：(010)81055315
广告经营许可证：京崇工商广字第 0021 号

前言

Preface

本书编者通过对企业财务管理工作的前期调研和考察，在教材编写过程中以财务管理人员岗位的工作内容为主线，将企业财务管理概括为筹资、投资、资金营运和利润分配等四项财务活动，并结合财务管理“预测—决策—预算—控制—分析”的工作步骤，设计了七个工作项目和若干个工作任务，将财务活动内容和财务管理工作流程有机结合。每一个子项目都按照“相关知识→工作任务→阅读案例→小结→练习题”的顺序安排，其中，“相关知识”为完成项目任务服务。通过完成各项任务来实现教学目标，实现“教、学、做”一体化。

本书主要内容如下：项目一财务管理岗前准备，主要培养学生的理财意识、帮助学生树立资金时间价值和投资风险价值观念；项目二筹资管理工作、项目三投资管理工作、项目四营运资金管理工作和项目五收益分配管理工作，是财务活动的主要内容，主要培养学生进行财务预测与财务决策的能力；项目六预算管理工作，主要培养学生进行财务预算与财务控制的能力；项目七财务分析工作，主要培养学生进行财务分析的能力。

通过本书的学习，学生可了解作为企业财务管理人员必须掌握的财务管理基本理论、基本知识和基本技能，并培养和锻炼为企业处理财务管理业务的能力。本书具有如下特点。

1. 将Excel的应用融入书中

Excel软件的应用有效地解决了财务管理学习中计算公式多，计算难度大的问题，弥补了财务管理专业学生学习难和实训难的缺陷，能显著提升学生的实践应用及解决问题的能力，实现了“理论教学、案例实训和办公应用软件”三位一体的教学模式。

2. 采用了案例教学法

考虑到财务管理课程学习的抽象性，本书结合企业实际，选取了相关案例，让学生置身其中，深入分析和运用财务管理知识和技能。案例的选取由浅入深，分为导入案例、知识点案例、阅读案例、综合案例等多种形式。

3. 教学资源丰富

为了方便老师的教学和学生的学习，本书配有项目训练答案和教学用多媒体课件，读者可以登录相关网站下载。另外，本书在相关知识点和工作任务中总结了解题的一般步骤、工作中的实践经验、应用时的注意事项等，有助于引导学生自主学习。

本书由江西财经职业学院周星煜和深圳中正华道会计师事务所所长邓熵担任主编，由江西财经职业学院余英、冯弋江和江西航空职业技术学院肖凌云担任副主编。江西财经职业学院李一红、方道华、周国华、江月、陈石、孙小丽和赖萌超老师参与本书编写工作，深圳中正华道会计师事务所、江西民生集团、九江天华会计师事务所、九江中石化、九江水务公司、九江供电公司和九江大众燃气公司等为本书的编写提出了大量指导性建议，在此，表示衷心的感谢！

由于编者水平有限，书中难免存在遗漏和错误之处，敬请各位读者提出意见或建议，在此感谢大家的阅读！

编 者

2014年1月5日

目录

Preface

项目一 企业财务管理岗前准备

引导案例

由于美国 2007 年金融危机的席卷，全球经济进入衰退。然而，2009 年 7 月 30 日康明斯汽车公司公布其第二季度的经营情况，报告显示，实现销售收入 24.3 亿美元，净收益 0.56 亿美元，在危机中仍然实现了稳健的利润收益，并保持了强劲的现金流。康明斯东亚地区财务总监董浩淳说："2009 年公司在资金管理方面的确是卓有成效的。"

在这场经济衰退中，康明斯整体的抵御风险能力在同行业中是极为突出的。总体而言，对外界形势做多种可能性准备，根据不同的经济走势，对投资、现金、价格和费用的不同安排做不同假设，有生力量不削弱，薪资可以减但不裁员。从经营思路来说，首先，坚持区域多元化，分散行业风险；其次，进行产品与市场的多元化组合；最后，形成一个完善的体系来管理长期投资，使得产品开发和项目开发有非常好的风险分析，提高项目成功率。

案例启示：外部经济环境变化会给企业和企业财务管理活动带来巨大影响。

项目导图

企业财务管理岗前准备，一是了解企业财务管理基本知识；二是培养财务管理两大价值观念。

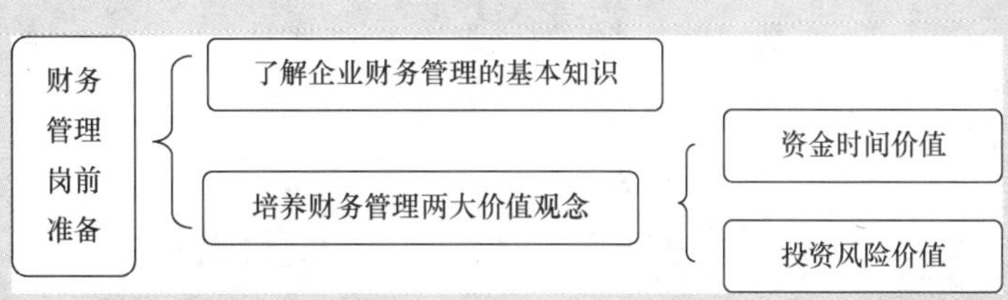

学习目标

知识目标：

1．理解财务管理的含义；

2．掌握企业财务管理的主要内容；

3．了解财务管理的目标。

技能目标：

1．明确企业财务管理机构设置和人员配备；

2．熟练计算资金的时间价值；

3．熟练计算风险价值及风险报酬。

情境讨论

L公司在建行某市分行设立一个临时账户，2010年1月1日存入20万元，银行存款年利率为3%。因资金比较宽松，该笔存款一直未予动用。2013年1月1日公司拟撤销该临时户，与银行办理销户时，银行共付给公司21.8万元。如果公司将20万元放在单位保险柜里，存放至2013年1月1日，货币资金仍然为20万元。如果公司将20万元投资于股市，到2013年1月1日，变现股票的价值可能大于21.8万元，也可能小于21.8万元。

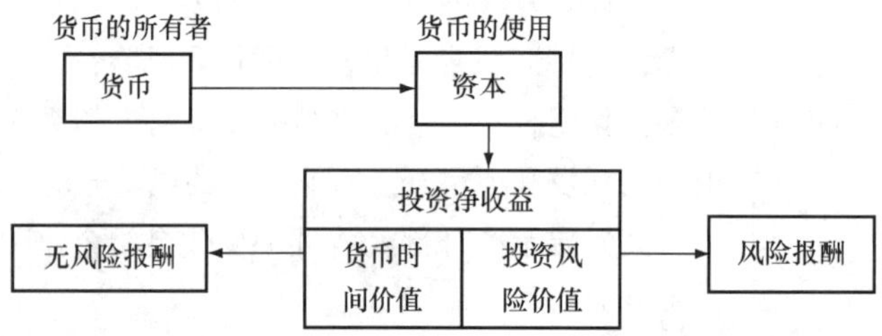

问题：

1. 为什么存放在保险柜里资金没有增值？

2. 20万元存放银行3年后多出1.8万元是什么原因引起的？20万元投资到股市3年后的价值为什么不能确定？

3. 如果20万元投资到股市3年后收回30万元，L公司冒着风险获得的投资风险价值是多少？

子项目一 企业财务管理的基本知识

核心知识：企业财务管理的含义及主要内容。

核心技能：掌握企业财务管理工作步骤和一般程序，能够根据企业理财环境的变化衡量企业财务风险，进行正确的财务决策。

相关知识

一、什么是企业财务管理

通俗地讲，有关“钱财”的事务，就是“财务”。企业财务，是指企业在生产经营过程中客观存在的资金运动及其所体现的经济利益关系。前者称为财务活动，后者称为财务关系。财务管理，顾名思义就是管理财务，它是企业组织财务活动，处理企业与各方面财务关系的一项经济管理工作，是企业管理的重要组成部分。

知识拓展

财务管理的组织机构的设置因企业规模大小不同而有差异，有合设和分设两种，对于小型企业一般采用合设的财务管理组织机构，对于大中型企业一般采用分设的财务管理组织机构。常见的分设的财务管理组织机构如图 1-1-1 所示。

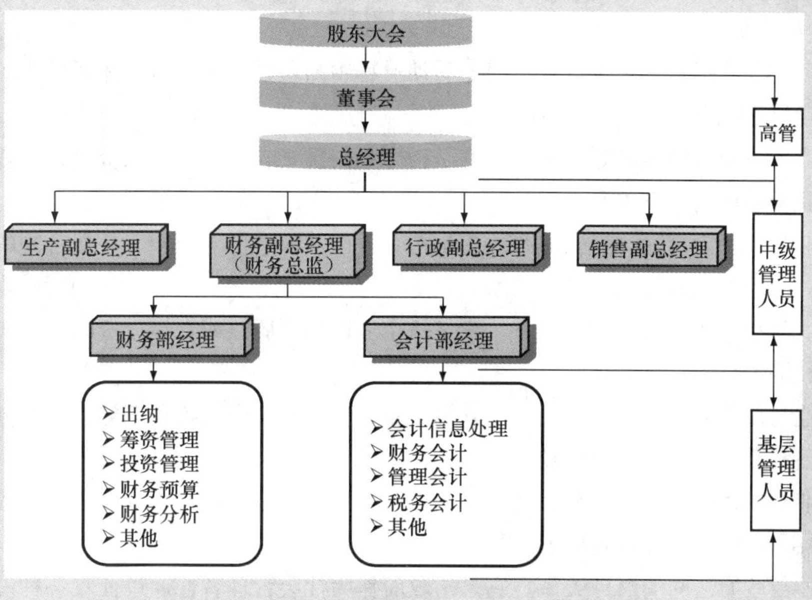

图 1-1-1　分设的财务管理组织机构

1．企业财务活动

财务活动是指资金的筹集、投放、运用、回收及收益分配等活动。从整体上讲，财务活动包括以下四个方面。

（1）筹资活动。所谓筹资活动是指企业根据其一定时期内资金投放和资金运用的需要，运用各种筹资方式，从金融市场和其他来源渠道筹措集中所需要的资金的活动。企业通过筹资可以形成两种不同性质的资金来源：一是权益性质的资金；二是负债性质的资金。

（2）投资活动。所谓的投资可分为广义的投资和狭义的投资。广义的投资是指企业将筹集的资金投入使用的过程，包括企业将资金投入企业内部使用的过程（如购置流动资产、固定资产、无形资产等）和对外投放资金的过程（如投资购买其他企业的股票、债券或与其他企业联营），而狭义的投资仅指对外投资。

（3）营运活动。企业在正常的生产经营过程中，会发生一系列的资金收付。首先，企业要采购材料或商品，以便从事生产和销售活动，同时还要为保证正常的生产经营而支付工资和其他的营业费用；其次，当企业把产品或商品售出后，便可取得收入，收回资金。最后，如果现有资金不能满足企业经营的需要，企业还要采用短期借款、商业信用等形式来筹集所需资金。上述各方面都会产生资金的流入流出，这就是因企业经营而产生的财务活动，又称为资金营运活动。

（4）分配活动。企业通过投资活动和资金营运活动会取得一定的收入，并相应实现资金的增值。狭义的收益分配仅指净利润的分派过程，是指净利润在国家（税收）、企业（留存收益）和投资者（股利）三者之间的划分。广义的分配包括对收入和利润的分配。

上述财务活动的各个方面不是孤立的，而是相互联系、相互依存的。正是上述互相联系又独立运作的各个方面，构成了完整的企业财务活动。

提示

企业财务活动的四个内容非常重要，大家一定要记住哦！

2．企业财务关系

企业财务关系是指企业在进行各项财务活动过程中与各种相关利益主体所发生的经济利益关系，主要包括以下八个方面的关系。

（1）企业与投资者之间的财务关系。它是指企业的投资者向企业投入资金，企业向其投资者支付投资报酬所形成的经济关系。

（2）企业与债权人之间的财务关系。它是指企业向债权人借入资金，并按合同的规定向债权人支付利息和归还本金所形成的经济关系。

（3）企业与受资者之间的财务关系。它是指企业以购买股票或直接投资的形式向其他企业投资所形成的经济关系。

（4）企业与债务人之间的财务关系。它是指企业在将其资金以购买债券、提供借款或商业信用等形式出借给其他单位所形成的经济关系。

（5）企业与供货商、企业与客户之间的关系。它是指企业在购买供货商的商品或劳务，以及向客户销售商品或提供服务过程中形成的经济关系。

（6）企业与政府之间的财务关系。它是指政府作为社会管理者，通过征收各种税款的方式与企业发生经济关系。

（7）企业内部各单位之间的财务关系。它是指企业内部各单位之间在生产经营各环节中互相提供产品或劳务所形成的经济关系。

（8）企业与职工之间的财务关系。它是指企业向职工支付劳动报酬过程中所形成的经济关系。

知识拓展

企业从事财务管理活动，实现财务管理目标，必然要与各种相关利益主体发生经济利益关系。协调相关者的利益冲突，要把握的原则是，尽可能使企业相关者的利益分配在数量上和时间上达到动态协调平衡。而在所有的利益冲突协调中，所有者与经营者、所有者与债权人的利益冲突协调又至关重要。

协调所有者与经营者利益冲突，通常可采取以下方式解决。

（1）解聘；（2）接收；（3）激励。

激励通常有两种方式：①股票期权；②绩效股。

协调所有者与债权人的利益冲突，通常可采取以下方式解决。

（1）限制性借债；（2）收回借款或停止借款。

二、企业目标和财务管理目标

1．企业的目标

“物竞天择，适者生存。”企业必须生存下去才能发展，只有不断发展才能获利。因此，概括地说，企业的目标有三个层次：首先是生存，其次是发展，然后才是获利。

（1）生存。企业的首要目标是生存。企业生存的条件是：第一，以收抵支；第二，到期偿债。

（2）发展。企业不仅要生存，还要不断地发展，增强竞争能力。企业的发展对财务的要求就是要能够及时足额地筹集到发展资金，满足企业的研发和市场拓展对企业资源的需求。

（3）获利。企业生存、发展的最终目标是为了获利，只有获利的企业才有存在的价值。获利是最具综合能力的目标，它不仅体现了企业的出发点和归宿，而且可以概括其他目标的实现程度，并有助于其他目标的实现。为了实现企业的获利，就需要企业正确地进行投资，有效地使用资金，取得较高的投资报酬率。

2．企业财务管理目标

（1）利润最大化。利润最大化就是企业财务管理以实现利润最大化为目标。

以利润最大化作为财务管理目标，其主要原因有三：一是人类从事生产经营活动的目的是为了创造更多的剩余产品，在市场经济条件下，剩余产品的多少可以用利润这个指标来衡量；二是在自由竞争的资本市场中，资本的使用权最终属于获利最多的企业；三是只有每个企业都最大限度地创造利润，整个社会的财富才可能实现最大化，从而带来社会的进步和发展。

利润最大化目标的主要优点是，企业追求利润最大化，就必须讲求经济核算，加强管理，改进技术，提高劳动生产率，降低产品成本。这些措施都有利于企业资源的合理配置，有利于企业整体经济效益的提高。

但是，以利润最大化作为财务管理目标存在以下缺陷。

① 没有考虑利润实现时间和资金时间价值。比如，今年100万元的利润和10年以后同等数量的利润其实际价值是不一样的，其间会有资金时间价值的增加，而且这一数值还会因所选择的贴现率不同而相差甚远。

② 没有考虑风险问题。不同行业具有不同的风险，同等利润值在不同行业中的意义也不相同。比如，风险比较高的高科技企业和风险相对较小的制造业企业无法简单比较。

③ 没有反映创造的利润与投入资本之间的关系。

④ 可能导致企业短期财务决策倾向，影响企业长远发展。由于利润指标通常按年计算，因此，企业决策也往往会着眼于年度指标的完成或实现。

（2）股东财富最大化。股东财富最大化是指企业财务管理以实现股东财富最大化为目标。在上市公司，股东财富是由其所拥有的股票数量和股票市场价格两方面决定的。在股票数量一定时，股票价格达到最高，股东财富也就达到最大化。

与利润最大化相比，股东财富最大化的主要优点表现在以下几个方面。

① 考虑了风险因素，因为通常股价会对风险做出较敏感的反应。

② 在一定程度上能避免企业短期行为，因为不仅目前的利润会影响股票价格，而且预期未来的利润同样会对股价产生重要影响。

③ 对上市公司而言，股东财富最大化目标比较容易量化，便于考核和奖惩。

以股东财富最大化作为财务管理目标存在以下缺点。

① 通常只适用于上市公司，非上市公司难以应用，因为非上市公司无法像上市公司一样随时准确获得公司股价。

② 股价受众多因素影响，特别是企业外部的因素，有些还可能是非正常因素。股价不能完全准确反映企业财务管理状况，如有的上市公司处于破产的边缘，但由于可能存在某些机会，其股票市价可能还在走高。

③ 它强调得更多的是股东利益，而对其他相关者的利益重视不够。

（3）企业价值最大化。企业价值就是企业的市场价值，是指企业所能创造的预计未来现金流量的现值。企业价值最大化要求企业通过采用最优的财务政策，充分考虑资金的时间价值和风险与报酬的关系，在保证企业长期稳定发展的基础上使企业总价值达到最大。

以企业价值最大化作为财务管理目标，具有以下优点。

① 考虑了取得报酬的时间，并用时间价值的原理进行了计量。

② 考虑了风险与报酬的关系。

③ 将企业长期、稳定的发展和持续的获利能力放在首位，能克服企业在追求利润上的短期行为。

④ 有利于社会资源合理配置。社会资源通常流向最有价值的企业，从而有利于社会价值最大化。

以企业价值最大化作为财务管理目标存在以下问题。

① 企业的价值不易计量。尽管对于上市公司，股票价格的变动在一定程度上揭示了企业价值的变化，但是，股价是多种因素共同作用的结果，特别是在资本市场效率低下的情况下，股票价格很难反映企业的价值。

② 对于非上市公司，只有对企业进行专门的评估才能确定其价值，而在评估企业的资产时，由于受评估标准和评估方式的影响，很难做到客观和准确。

近年来，随着上市公司数量的增加，以及上市公司在国民经济中地位、作用的增强，企业价值最大化目标逐渐得到了广泛认可。

提示

目前最被理论界和实务界认可的企业财务管理目标是什么？

三、财务管理的环节

财务管理的工作步骤和一般程序，一般包括以下几个环节。

1. 财务预测

财务预测是企业根据财务活动的历史资料（如财务分析），考虑现实条件与要求，运用特定方法对企业未来的财务活动和财务成果做出科学的预计或测算。财务预测是进行财务决策的基础，是编制财务预算的前提。

2. 财务决策

财务决策是企业财务人员按照企业财务管理目标，利用专门方法对各种备选方案进行比较分析，并从中选出最优方案的过程。它不是拍板决定的瞬间行为，而是提出问题、分析问题和解决问题的全过程。正确的决策可使企业起死回生，错误的决策可导致企业毁于一旦，所以财务决策是企业财务管理的核心，其成功与否直接关系到企业的兴衰成败。

3. 财务预算

财务预算是指企业运用科学的技术手段和数量方法，对未来财务活动的内容及指标进行综合平衡与协调的具体规划。财务预算是以财务决策确立的方案和财务预测提供的信息为基础编制的，是财务预测和财务决策的具体化，是财务控制和财务分析的依据，贯穿企业财务活动的全过程。

4. 财务控制

财务控制是在财务管理过程中，利用有关信息和特定手段，对企业财务活动所施加的影响和进行的调节。实行财务控制是落实财务预算、保证预算实现的有效措施，也是责任绩效考评与奖惩的重要依据。

5. 财务分析

财务分析是根据企业核算资料，运用特定方法，对企业财务活动过程及其结果进行分析和评价的一项工作。财务分析既是本期财务活动的总结，也是下期财务预测的前提，具有承上启下的作用。通过财务分析，可以掌握企业财务预算的完成情况，评价财务状况，研究和掌握企业财务活动的规律，改善财务预测、财务决策、财务预算和财务控制，提高企业财务管理水平。

提示

财务管理工作环节中，财务决策是企业财务管理的核心。

四、企业财务管理的环境

财务管理环境又称理财环境，是指对企业财务活动和财务管理产生影响作用的企业内外各种条件的统称。

企业财务管理的外部环境，指公司外部的条件、因素和状况，主要包括以下方面。

1. 经济环境

在影响财务管理的各种外部环境中，经济环境是极为重要的。经济环境内容十分广泛，包括经济体制、经济周期、经济发展水平、宏观经济政策及社会通货膨胀水平等。

（1）经济体制。在计划经济体制下，国家统筹企业资本、统一投资、统负盈亏，企业利润统一上缴，亏损全部由国家补贴，企业虽然是一个独立的核算单位但无独立的理财权利。财务管理活动的内容比较单一，财务管理方法比较简单。在市场经济体制下，企业成为“自主经营、自负盈亏”的经济实体，有独立的经营权，同时也有独立的理财权。企业可以从其自身需要出发，合理确定资本需要量，然后到市场上筹集资本，再把筹集到的资本投放到高效益的项目上获取更大的收益，最后将收益根据需要和可能进行分配，保证企业财务活动自始至终根据自身条件和外部环境做出各种财务管理决策并组织实施。因此，市场经济体制下财务管理活动的内容比较丰富，方法也复杂多样。

（2）经济周期。市场经济条件下，经济的发展与运行带有一定的波动性，大体上要经历复苏、繁荣、衰退和萧条几个阶段的循环，这种循环就叫作经济周期。在不同的阶段，企业应相应采取不同的财务管理策略，如表 1-1-1 所示。

表 1-1-1　经济周期中的财务管理策略

复　苏	繁　荣	衰　退	萧　条
1. 增加厂房设备	1. 扩充厂房设备	1. 停止扩张	1. 建立投资标准
2. 实行长期租赁	2. 继续建立存货	2. 出售多余设备	2. 保持市场份额
3. 建立存货	3. 提高产品价格	3. 停产不利产品	3. 压缩管理费用
4. 开发新产品	4. 开展营销规划	4. 停止长期采购	4. 放弃次要利益
5. 增加劳动力	5. 增加劳动力	5. 削减存货	5. 削减存货
		6. 停止扩招雇员	6. 裁减雇员

（3）经济发展水平。财务管理的发展水平是和经济发展水平密切相关的。财务管理水平的提高，将推动企业降低成本，改进效率，提高效益，从而促进经济发展水平的提高；而经济发展水平的提高，将改变企业的财务战略、财务理念、财务管理模式和财务管理的方法手段，从而促进企业财务管理水平的提高。财务管理应当以经济发展水平为基础，以宏观经济发展目标为导向，从业务工作角度保证企业经营目标和经营战略的实现。

（4）宏观经济政策。我国经济体制改革的目标是建立社会主义市场经济体制，以进一步解放和发展生产力。在这个目标的指导下，我国已经并正在进行财税体制、金融体制、外汇体制、外贸体制、计划体制、价格体制、投资体制、社会保障制度等各项改革。所有这些改革措施，深刻地影响着我国的经济生活，也深刻地影响着我国企业的发展和财务活动的运行。如金融政策中的货币发行量、信贷规模会影响企业投资的资金来源和投资的预期收益；财税政策会影响企业的资金结构和投资项目的选择等；价格政策会影响资金的投向和投资的回收期及预期收益；会计制度的改革会影响会计要素的确认和计量，进而对企业财务活动的事前预测、决策及事后的评价产生影响等。

（5）通货膨胀水平。通货膨胀对企业财务活动的影响是多方面的，主要表现在以下方面。

① 引起资金占用的大量增加，从而增加企业的资金需求。

② 引起企业利润虚增，造成企业资金由于利润分配而流失。

③ 引起利润上升，加大企业的权益资金成本。

④ 引起有价证券价格下降，增加企业的筹资难度。

⑤ 引起资金供应紧张，增加企业的筹资困难。

为了减轻通货膨胀对企业造成的不利影响，企业应当采取措施予以防范。在通货膨胀初期，货币面临着贬值的风险，这时企业进行投资可以规避风险，实现资本保值；与供应商签订长期购货合同，以减少物价上涨造成的损失；取得长期负债，保持资本成本的稳定。在通货膨胀持续期，企业可以采用比较严格的信用条件，减少企业债权；调整财务政策，防止和减少企业资本流失等。

2. 法律环境

市场经济是法制经济，企业的一些经济活动总是在一定法律规范内进行的。法律既约束企业的非法经济行为，也为企业从事各种合法经济活动提供法律保护。

国家相关法律法规按照对财务管理内容的影响情况可以分为如下几类。

（1）影响企业筹资的各种法规主要有，《公司法》、《证券法》、《金融法》、《合同法》等。这些法规可以从不同方面规范或制约企业的筹资活动。

（2）影响企业投资的各种法规主要有，《公司法》、《企业财务通则》等。这些法规从不同角度规范企业的投资活动。

（3）影响企业收益分配的各种法规主要有，《税法》、《公司法》、《企业财务通则》等。这些法规从不同方面对企业收益分配进行了规范。

法律环境对企业的影响力是多方面的，影响范围包括企业组织形式、公司治理结构、投融资活动、日常经营、收益分配等。如《公司法》规定，企业可以采用独资、合伙、公司制等企业组织形式。企业组织形式不同，业主（股东）权利责任、企业投融资、收益分配、纳税、信息披露等不同，公司治理结构也不同。上述不同种类的法律，分别从不同方面约束企业的经济行为，对企业财务管理产生影响。

知识拓展

企业有三种组织形式，即个体企业，合伙企业和公司。

1. 个体企业（也称独资企业）是指由个人独立出资创办的企业，其全部资产和债务由出资人自己所有和偿还。

2. 合伙企业是指两个或两个以上的人共同投资，自愿组成的一个经营实体。

3. 公司不同于个体企业和合伙企业，它是一个法律实体，我们在法律上称它为“法人”。它以公司的名义拥有财产，具有法律身份，具有所有权与经营权分离的主要特征。公司有不同的具体形式，从公司股东的责任形式角度看，公司主要分为有限责任公司、股份有限公司等。

3. 金融环境

财务管理的金融环境，主要包括金融机构、金融工具、金融市场和利率四个方面。

（1）金融机构。社会资金从资金供应者手中转移到资金需求者手中，大多要通过金融机构。金融机构包括银行业金融机构和其他金融机构。银行是指经营存款、放款、汇兑、储蓄等金融业务，承担信用中介的金融机构，包括各种商业银行和政策性银行，如中国工商银行、中国农业银行、中国银行、中国建设银行、国家开发银行、中国农业发展银行等。非银行金融机构主要包括保险公司、信托投资公司、证券公司、财务公司、金融资产管理公司、金融租赁公司等机构。

（2）金融工具。金融工具，是能够证明债权债务关系或所有权关系并据以进行货币资金交易的合法凭证，它对于交易双方所应承担的义务与享有的权利均具有法律效力。金融工具一般具有期限性、流动性、风险性和收益性四个基本特征。

（3）金融市场。金融市场，是指资金供应者和资金需求者双方通过金融工具进行交易的场所。金融市场按组织方式的不同可划分为两个部分：一是有组织的、集中的场内交易市场即证券交易所，它是证券市场的主体和核心；二是非组织化的、分散的场外交易市场，它是证券交易所的必要补充。

（4）利率。利率也称利息率，是利息额占本金的百分比指标。从资金的借贷关系看，利率是一定时期内运用资金资源的交易价格。

利率主要由资金的供给与需求来决定。但除这两个因素之外，经济周期、通货膨胀、国家货币政策和财政政策、国际政治经济关系、国家对利率的管制程度等，对利率的变动均有不同程度的影响。因此，资金的利率通常由三个部分组成。第一，纯粹利率。纯粹利率指无通货膨胀、无风险情况下的社会平均资金利润率，即资金时间价值。第二，通货膨胀附加率。投资收益要在将来获得，而通货膨胀会导致将来获得的资金购买力降低，为弥补这个损失而要求获取的投资收益为通货膨胀附加率。第三，风险报酬率。投资是有风险的，风险越大，投资者要求获得的收益就越多。根据风险的大小、性质不同，投资风险附加水平就会不一样。利率可以用下式表示：

利率=纯粹利率+通货膨胀附加率+风险报酬率

上式中，风险报酬率包括违约风险报酬率、流动性风险报酬率和期限风险报酬率。其中，违约风险报酬率是指为了弥补因债务人无法按时还本付息而带来的风险，债权人要求提高的利率；流动性风险报酬率是指为了弥补因债务人资产流动性不好而带来的风险，债权人要求提高的利率；期限风险报酬率是指为了弥补因偿债期长而带来的风险，债权人要求提高的利率。

阅读案例

报业集团对财务管理体制的选择

20 世纪 90 年代末，中国报业发展历程中掀起了组建报业集团的改革热潮。报业集团内部的管理体制依各自生产经营特点、经营规模大小与管理要求的不同，一般分成集中管理型、分散管理型、集中与分散结合管理型三种。与此相适应，报业集团的财务管理体制也可分为集权型、分权型、集权和分权结合型三种。其中，集权型财务管理体制是将子公司的业务看作母公司业务的延伸，母公司拥有下属子公司的全部财务决策权，对子公司进行高度集权下的统一规划和管理；而各子公司无权进行自主财务决策，只对母公司的决策内容进行具体实施。分权型财务管理体制是将决策权分散于各子公司，子公司相对独立，母公司不干预子公司的生产经营与财务活动，母公司对子公司的管理强调的是结果控制，即对子公司完成受托责任的情况进行考核与评价。而集权和分权结合型的财务管理体制是前两种模式的折中。在这种管理体制下，母公司决策机构做出主要的财务决策，把次要的财务决策权力下放给所属企业。根据母公司权力集中程度的不同，这种管理模式又可分为集权为主、分权为辅和分权为主、集权为辅两种形式。

报业集团组建初期倾向于采用集权式管理。这主要是因为集团规模不是很大，管理的跨度不是很长，集团总部有能力采用集权式管理。当集团规模越来越大、涉及的业务范围越来越广、所处的市场环境越来越复杂时，由集团总部来做出全部财务决策的集权型管理模式显然已不再可行。这是因为集团生产经营中存在着较大的信息不对称现象，分部管理者往往比集团最高管理层（即总部）拥有更多、更及时的关于分部日常经营的具体信息。基于内部资源配置效率的需要，在集团内部管理制度上，总部对其下属组织应采用分权式财务管理模式或者集权和分权相结合的财务管理模式。

随着市场竞争的加剧，各子公司能否针对当地市场和经营环境的变化做出迅速反应已成为公司成功的关键因素之一，这就要求子公司拥有更多的财务管理决策权。同时随着生产经营国际化的发展，集中财务管理决策的利益也很明显。因此，集团公司一般在资金返回、转移价格制定、授权费用等涉及公司整体利益的财务决策方面趋于集中管理，而在其他财务管理方面趋于分散化。

因此，在实践中，要在深入分析报业特点的基础上综合考虑多种因素，根据发展状况，适时对财务管理体制做出适应性调整，使财务机制有效运作，使管理职能得到充分的发挥，提高效率，使报业集团在激烈的竞争中立于不败之地。

小　结

企业财务管理是按照法律法规和企业经营要求，遵循资本营运规律，对企业财务活动进行组织、预测、决策、计划、控制、分析和监督等一系列管理工作的总称，是利用价值形式对企业财务活动及其体现的财务关系进行的综合性管理工作。其基本内容包括筹资管理、投资管理、营运管理和分配管理。财务管理的目标和环境影响企业财务管理，因此，明确企业理财目标和认知企业理财环境显得尤为重要。

练习题

一、知识点训练

（一）不定项选择

1. 财务管理的内容主要有（　　）。

A. 筹资管理　　B. 投资管理　　C. 营运资金管理　　D. 收益分配管理

2. 下列（　　）属于财务管理的法律环境。

A. 经济周期　　B. 企业组织形式　　C. 经济发展水平　　D. 经济政策

3. 企业的财务管理目标有（　　）。

A. 利润最大化　　B. 股东财富最大化　　C. 企业价值最大化　　D. 报酬率最大化

4. 在市场经济条件下，财务管理的核心是（　　）。

A. 财务预测　　B. 财务决策　　C. 财务控制　　D. 财务预算

5. 风险报酬率主要包括（　　）。

A. 违约风险报酬率　　B. 流动性风险报酬率

C. 期限风险报酬率　　D. 通货膨胀风险报酬率

（二）判断

1. 盈利企业也可能因不能偿还到期债务而无法继续经营下去。（　　）

2. 如果企业现有资金不能满足企业经营的需要，还要采取短期借款的方式来筹集所需资金，这样产生企业资金的收付，属于筹资活动。（　　）

3. 企业与政府之间的财务关系体现为一种投资与受资关系。（　　）

4. 就上市公司而言，将股东财富最大化作为财务管理目标的缺点之一是不容易被量化。（　　）

二、课后任务

要求学生对1～2家公司财务部进行认知学习。

子项目二 资金时间价值

核心知识：资金时间价值的含义、年金的含义。

核心技能：复利终值和现值的计算与应用、年金终值和现值的计算与应用。

相关知识

一、资金时间价值的含义

1. 资金时间价值的概念

资金时间价值是指一定量的资金在不同时点上的价值量的差额，即资金经历一定时间的投资和再投资所增加的价值，也称为“货币的时间价值”。比如，今年的 10 000 块钱永远比明年的 10 000 块钱更值钱，因为我们可用今天的 10 000 元钱去存银行，如果一年期的存款利率为 3%，到了明年的今天，就可以增值到 10 300 元了。

资金时间价值的实质是资金周转使用后的增值额。一般而言，它相当于没有风险、没有通货膨胀情况下的社会平均资金利润率。

2. 资金时间价值的表现形式

资金时间价值可以用相对数表示，也可以用绝对数来表示。相对数，即时间价值率，是增值额占投资额的百分比。绝对数，即时间价值额，是投资额与时间价值率的乘积。

由于资金具有时间价值，所以不同时点的资金不宜直接比较，需要将不同时点资金量换算到相同的时点上，然后才能进行价值大小的比较。

二、资金时间价值的计算

1. 资金时间价值的计算方式

单利，是指本金按期数计算利息，而本金产生的利息不再计算利息。

复利，就是人们常说的“利滚利”，即利息在下期则转化为本金与原来的本金一起计息。在复利计息方式下，不仅本能生利，而且利也能生利。

宇宙间最大的能量是复利，世界的第八大奇迹是复利。

——爱因斯坦

2. 资金时间价值的指标

资金时间价值包括两个主要指标。一是“终值”。终值是指一定量的资金折算到未来某一时点所对应的金额，也就是投资者投入的本金与所得的利息之和，即“本利和”，通常用“*F*”表示。二是“现值”。现值是指未来某一时点上的一定量资金折算到基年所对应的金额，就是投资者投入的本金，通常用“*P*”表示。

提示 终值和现值的差额是什么？

工作任务

一、一次性收付款项的计算及应用

一次性收付款项是指在某一特定时点上一次性支付（或收取），经过一段时间后再相应一次性收取（或支付）的款项。在日常理财过程中，我们需要对一次性收付款项的现值或终值等指标进行计算，以得出我们所需的相关指标，并帮助我们做出科学的决策，一次性收付款项终值、现值的计算如图 1-2-1 所示。

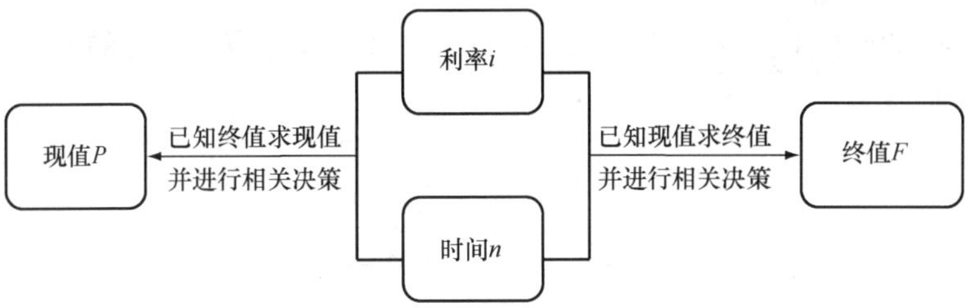

图 1-2-1　一次性收付款项的计算

1. 单利终值与现值的计算与应用

（1）单利终值的计算（已知现值 P 求终值 F）。

计算公式为

$$F=P+I=P+P\times i\times n=P\times(1+i\times n) \tag{1-2-1}$$

其中，P 为现值；I 为利息；i 为利率（折现率）；n 为计息期；F 为终值。

（2）单利现值的计算（已知终值 F 求现值 P）。

计算公式为

$$P=F/(1+i\times n) \tag{1-2-2}$$

> 提示　单利终值系数和单利现值系数互为倒数。

【任务 1-2-1】王先生现在有一笔资金 1 000 元，如果存进银行做定期储蓄存款，期限 3 年，年利率 3%，按单利计息，到期时王先生所得的本利和为多少？

解析：$F=P(1+i\times n)=1\,000\times(1+3\%\times 3)=1\,090$（元）

按照每年 3%的单利计息，1 000 元本金在 3 年内的利息为 90 元。那么反过来说，如果按照单利计算，3 年后的 1 090 元相当于现在的多少资金呢？这就是所谓的“现值”问题。

【任务 1-2-2】张先生想在 3 年后从银行取出 1 090 元，银行当前的 3 年期存款年利率为 3%，按单利计息，那么他现在应该存进多少钱？

解析：$P=F/(1+i\times n)=1\,090/(1+3\%\times 3)=1\,000$（元）

任务训练

单利的应用

① 甲企业向银行借款 30 万元，年利率为 8%，期限为 3 年，按单利计息，则 3 年后该企业应偿还的本利和是多少？

② 李某希望 5 年后送儿子出国留学，5 年后需要准备 60 万元，年利率 10%，按单利计息，那么他现在应该向银行存多少钱？

2. 复利终值与现值的计算与应用

（1）复利终值的计算（已知现值 P 求终值 F）。复利的终值是一定量的本金按复利计算若干期后的本利和，如图 1-2-2 所示。

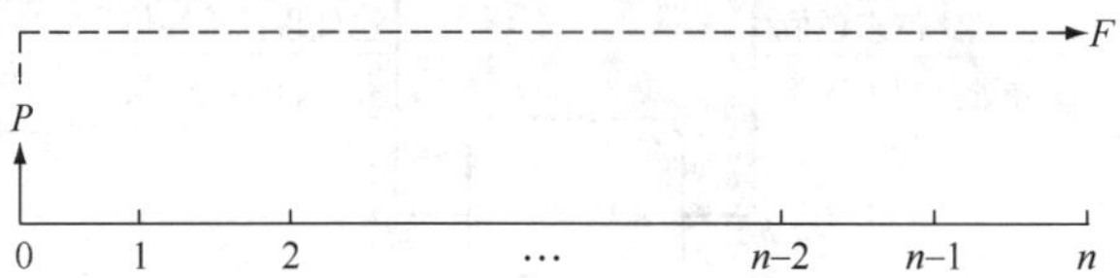

图 1-2-2　复利终值计算示意图

计算公式为

$$F=P(1+i)^{n}=P(F/P,\ i,\ n) \quad (1\text{-}2\text{-}3)$$

上式中 $(1+i)^n$ 为“复利终值系数”，用符号 $(F/P,\ i,\ n)$ 表示，其值可查阅“复利终值系数表”。

（2）复利现值的计算（已知终值 F 求现值 P）。复利的现值是复利终值的逆运算，它是指未来某一特定时点收到或付出的一笔款项，按折现率所计算的现在时点的价值，如图 1-2-3 所示。

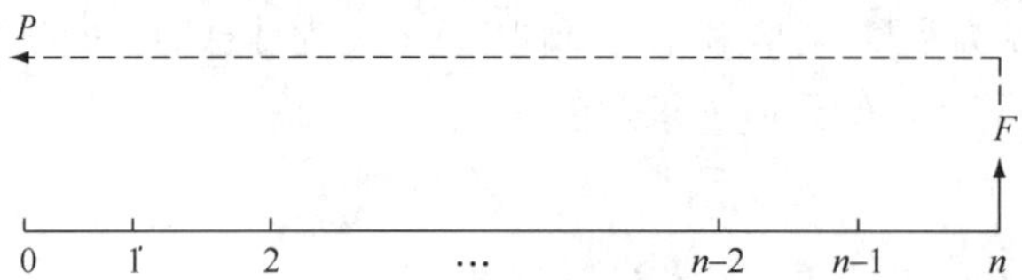

图 1-2-3　复利现值计算示意图

计算公式为

$$P=F(1+i)^{-n}=F(P/F,\ i,\ n) \quad (1\text{-}2\text{-}4)$$

上式中 $(1+i)^{-n}$ 为“复利现值系数”，用符号 $(P/F,\ i,\ n)$ 表示，其值可查阅“复利现值系数表”。

提示

（1）复利终值系数和复利现值系数互为倒数；

（2）在财务管理中，不特别指出的情况下，按复利计息。

【任务 1-2-3】王先生现在有一笔资金 1 000 元，如果存进银行做定期储蓄存款，期限 3 年，年利率 3%，到期时王先生所得的本利和为多少？

解析：$F=P\times(F/P,\ i,\ n)=1\,000\times(F/P,\ 3\%,\ 3)=1\,000\times1.0927=1\,092.7$（元）

【任务 1-2-4】张先生想在 5 年后从银行取出 5 000 元，假设银行存款年利率为 5%，那么他现在应该存入银行多少钱？

解析：$P=F\times(P/F,\ i,\ n)=5\,000\times(P/F,\ 5\%,\ 5)=5\,000\times0.783\,5=3\,917.5$（元）

Excel 应用

Excel 办公软件在复利终值及现值中的运用

1. 复利终值指标计算的插入函数法

本法是指在 Excel 环境下，通过插入财务函数"FV"，并根据计算机系统的提示正确地输入已知的现值 pv、期限 nper 和折现率 rate，来直接求得 FV 的方法。

沿用【任务 1-2-3】中有关数据，利用插入函数法确定其终值，解析如下。

分析：从已知条件中可以看出，这是已知现值计算终值，可以使用函数 FV( )计算，其中参数 pv 为 1 000，nper 为 3，rate 为 3%，其余参数可省略，如图 1-2-4 所示。

B5 =FV(B4,B3,,-B2)

	A	B	C
1	一次性收付款项复利终值计算		
2	现值（元）	1000	
3	期限（年）	3	
4	年利率	3%	
5	复利终值（元）	1,092.73	

图 1-2-4　一次性收付款项复利终值的计算

注：本书指标函数输入一般可采用以下三种方法。

（1）先将相关数据输入 Excel 表格中，然后单击【插入】菜单中【函数】命令，找到所求指标函数，单击【确定】按钮，弹出指标函数对话框，在指标函数对话框中，通过先单击指标函数对话框相关右边方框栏，然后单击表中相关数据，再单击相关右边方框栏三步完成相应参数的输入，最后单击【确定】按钮。

（2）在指标函数对话框中直接手工输入数据，这种方法一般用于只需要一个计算结果。

（3）在单元格中直接输入指标函数，这种方法需要熟练记住函数名称及其所使用的参数，要做到这点比较困难，所以并不常用。见图 1-2-4，在 B5 单元格中输入函数 "= FV（B4，B3，，-B2）"即可得到三年后王先生所得的本利和为 1 092.73 元。

注：在本书所有的参数中，凡是投资（或支出）的金额都以负数形式表示，收益（或收入）的金额以正数形式表示。

2. 复利现值指标计算的插入函数法

本法是指在 Excel 环境下，通过插入财务函数"PV"，并根据计算机系统的提示正确地输入已知的终值 fv、期限 nper 和折现率 rate，来直接求得 PV 的方法。

沿用【任务 1-2-4】中有关数据，利用插入函数法确定其现值，解析如下。

分析：从题意可知，这是已知终值计算现值，可以采用函数 PV( )进行计算，其中参数 fv 为 5 000, rate 为 5%，nper 为 5，其余参数可省略，取系统默认值，如图 1-2-5 所示。

B5 =PV(B4,B3,,B2)

	A	B	C
1	一次性收付款项复利现值的计算		
2	终值（元）	5000	
3	期限（年）	5	
4	年利率	5%	
5	复利现值（元）	-3,917.63	

图 1-2-5　一次性收付款项复利现值的计算

见图 1-2-5，在 B5 单元格中输入函数公式 "=PV(B4,B3,,B2)"，就可以得出张先生现在应存入银行 3 917.63 元。

任务训练

一次性收付款项的计算及应用

1. 某投资者在 2010 年向银行存入一笔 3 万元款项，复利计息，利率 8%，则 6 年后得到多少本利和？

2. 刘先生拟购房，开发商提出两个方案，甲方案是现在一次性支付 80 万元，乙方案是 5 年后一次性支付 100 万元，若银行按揭贷款利率为 7%，问该购房者应如何付款？

技能拓展

资金时间价值的灵活应用

1. 混合收付款项现值和终值的计算

混合现金流是指各期不相等的收付款项。对于混合收付款项终值（或现值）计算，可先计算出每次收付款的复利终值（或现值），然后加总。

【任务 1-2-5】刘先生准备第一年年末存入银行 1 万元，第二年年末存入银行 3 万元，第三年至第五年每年年末存入银行 4 万元，存款利率 10%。问 5 年存款的现值合计是多少？

解析：$P=1\times(P/F,10\%,1)+3\times(P/F,10\%,2)+4\times[(P/F,10\%,3)+(P/F,10\%,4)+(P/F,10\%,5)]=1\times0.9091+3\times0.8264+4\times(0.7513+0.6830+0.6209)=11.6091$（万元）

2. 实际利率与名义利率的换算

当每年复利次数超过一次时，这时所给定的年利率叫作名义利率，也叫作报价利率。而每年只复利一次的利率才是实际利率。每年复利次数为 m，将名义利率 r 调整为实际利率 i 的换算公式为

$$i=(1+\frac{r}{m})^m-1 \tag{1-2-5}$$

【任务 1-2-6】某企业向银行借款 30 000 元，按季度计息，年利率为 8%，则三年后这笔借款的终值为多少？

解析：方法一，调整期数和利率。

$F=P\times(F/P,i,n)=30\,000\times(F/P,8\%/4,3\times4)=30\,000\times1.2682=38\,046$（元）

方法二，按照实际利率计算。

实际利率 $i=(1+\frac{8\%}{4})^4-1=8.24\%$

$F=P\times(F/P,i,n)=30\,000\times(F/P,8.24\%,3)=30\,000\times1.2682=38\,046$（元）

二、年金的计算及应用

在日常经济活动中，资金除了有一次性收付款项情况之外，还存在分期等额系列收付款项的情形。年金是指在一定时期内每期发生的等额系列收付款项，通常用符号 A 表示。年金存在的形式多种多样，主要表现为连续发生的等额利息、等额租金、等额保险费、等额分期收款、等额分期付款等。年金现值及终值的计算如图 1-2-6 所示。

年金按其收付发生的时点不同，分为普通年金、即付年金、递延年金、永续年金等几种。

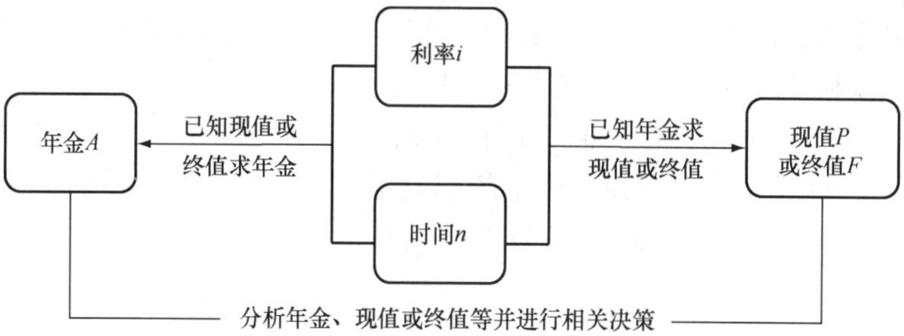

图 1-2-6　年金现值及终值的计算

1. 普通年金终值和现值的计算

普通年金，又称后付年金，是指一定时期每期期末等额的系列收付款项。

> **提示**　年金收付间隔期不一定是一年，可以是半年、一个季度、一个月等。

（1）普通年金终值的计算。普通年金终值犹如零存整取的本利和，它是一定时期内每期期末等额收付款项的复利终值之和。计算方法如图 1-2-7 所示。

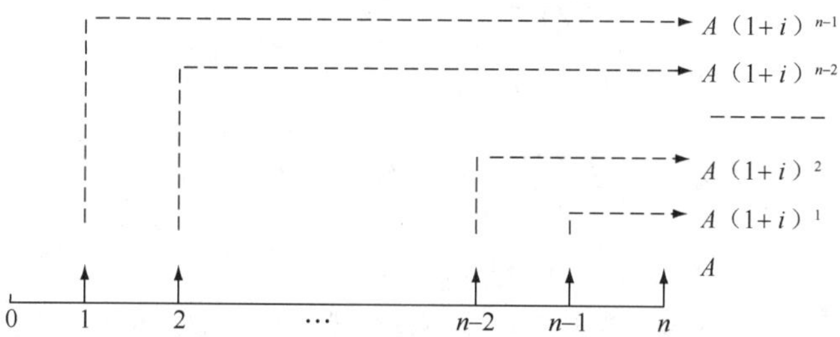

图 1-2-7　普通年金终值计算示意图

普通年金终值计算公式为

$$F=A(1+i)^0+A(1+i)^1+A(1+i)^2+\cdots+A(1+i)^{n-1}$$

$$=A\frac{(1+i)^n-1}{i}$$

$$=A(F/A,\ i,\ n) \qquad (1\text{-}2\text{-}6)$$

上式中 $\frac{(1+i)^n-1}{i}$ 为年金终值系数，用符号（F/A，i，n）表示，其值可查阅“年金终值系数表”。

【任务 1-2-7】李女士计划每年年末存入银行 10 000 元，共存 10 年，以便能在 10 年后退休时拥有一笔养老金，已知年利率是 2%，请问李女士可在 10 年后从银行取出多少钱?

解析：$F=A\times(F/A,\ i,\ n)=10\,000\times(F/A,\ 2\%,\ 10)=10\,000\times10.9497=109\,497$（元）

偿债基金是指为了在约定的未来某一时点清偿某笔债务或积累一定数额的资金而必须分次等额形成的存款准备金。简单来说，就是为了在第 n 期期末偿付或积累 F，每期期末应该存入的金额 A。

根据 $F=A\times(F/A,\ i,\ n)$

推导出

$$A=F/(F/A,\ i,\ n)\ \text{或}\ A=F(A/F,\ i,\ n) \qquad (1\text{-}2\text{-}7)$$

其中，（A/F，i，n）为“偿债基金系数”，它与年金终值系数互为倒数。

【任务 1-2-8】某人拟在 5 年后还清 10 000 元债务，从现在起每年年末等额存入银行一笔款项。假设银行存款利率为 6%，每年需要存入多少元？

解析： $A=F/(F/A, i, n)=10\,000/(F/A, 6\%, 5)=10\,000/5.6371=1\,773.96$（元）

（2）普通年金现值的计算。普通年金现值犹如整存零取的本金，它是一定时期内每期期末等额收付款项的复利现值之和。其计算方法如图 1-2-8 所示。

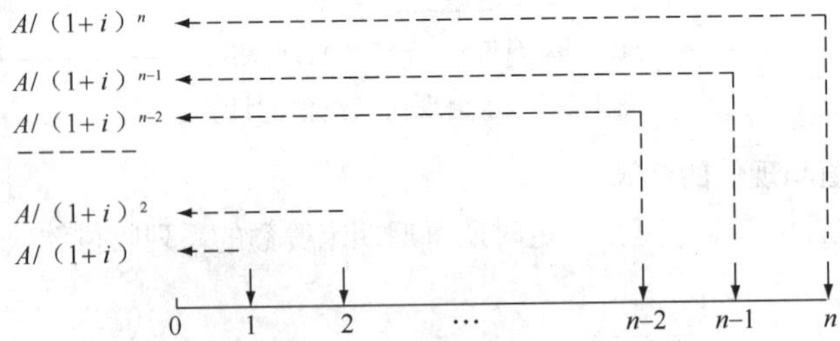

图 1-2-8　普通年金现值计算示意图

普通年金现值的计算公式为

$$P=A(1+i)^{-1}+A(1+i)^{-2}+\cdots+A(1+i)^{-(n-1)}+A(1+i)^{-n}$$

$$=A\frac{1-(1+i)^{-n}}{i}$$

$$=A(P/A, i, n) \tag{1-2-8}$$

上式中$\frac{1-(1+i)^{-n}}{i}$为“年金现值系数”，用符号（$P/A, i, n$）表示，其值可查阅“年金现值系数表”。

> **提示** 普通年金终值系数和普通年金现值系数互为倒数吗？

【任务 1-2-9】王先生准备要出国，出国期限为 5 年。在出国期间，其每年年末需支付 1 万元的房屋物业管理等费用，已知银行利率为 5%，问王先生现在需要向银行存入多少钱才能保证 5 年中每年年末有 1 万元交纳相关费用？

解析： $P=A\times(P/A, i, n)=10\,000\times(P/A, 5\%, 5)=10\,000\times4.329\,5=43\,295$（元）

年资本回收额是指在约定年限内等额回收初始投入资本或清偿所欠债务的金额。简单来说，就是现在投入资本或借入债务 P，每期期末应等额收回或清偿的金额 A，即为年资本回收额。

根据 $P=A\times(P/A, i, n)$

推导出　　$A=P/(P/A, i, n)$ 或 $A=P(A/P, i, n)$　　（1-2-9）

其中，（$A/P, i, n$）为“资本回收系数”，它与年金现值系数互为倒数。

> **提示** 普通年金终值系数和偿债基金系数互为倒数，普通年金现值系数和资本回收系数互为倒数。大家不要把它们混淆哟！

【任务 1-2-10】若现在向银行借 10 000 元，打算 5 年内每年年末分期还款，借款利率为 6%，每年还款额为多少？

解析：$A = P/（P/A，i，n）= 10\ 000/（P/A，6\%，5）= 10\ 000/4.2124 = 2\ 373.94$（元）

Excel 应用

Excel 办公软件在普通年金终值及现值中的运用

1．普通年金终值计算的插入函数法

本法是指在 Excel 环境下，通过插入财务函数“FV”，并根据计算机系统的提示正确地输入已知的年金 Pmt、期限 nper 和折现率 rate，来直接求得 FV 的方法。

沿用【任务 1-2-7】中有关数据，利用插入函数法确定其终值，解答如下。

分析：从已知条件中可以看出，这是要求计算普通年金的终值，所以可以采用函数 FV( )计算，此时参数 Pmt 为 1，nper 为 10，rate 为 2%，其余参数可省略，取系统默认值，如图 1-2-9 所示。

见图 1-2-9，在 B5 单元格中输入公式 “= FV（B4，B3，-B2）”，即可得出 10 年后可从银行取出 10.95 万元。

2．普通年金现值计算的插入函数法

本法是指在 Excel 环境下，通过插入财务函数“PV”，并根据计算机系统的提示正确地输入已知的年金 Pmt、期限 nper 和折现率 rate，来直接求得 PV 的方法。

沿用【任务 1-2-9】中有关数据，利用插入函数法确定其现值，解答如下。

分析：从题意可知，这是要求计算普通年金现值，所以可以采用函数 PV( )进行计算，其中 Pmt=1，nper=5, rate=5%，其余参数省略，如图 1-2-10 所示。

B5 fx =FV(B4,B3,-B2)

	A	B	C
1	普通年金终值的计算		
2	年金（万元）	1	
3	期限（年）	10	
4	年利率	2%	
5	年金终值（万元）	10.95	

图 1-2-9 普通年金终值的计算

B5 fx =PV(B4,B3,-B2)

	A	B	C
1	普通年金现值的计算		
2	年金（万元）	1	
3	期限（年）	5	
4	年利率	5%	
5	年金现值（万元）	4.33	

图 1-2-10 普通年金现值的计算

见图 1-2-10，在 B5 单元格中输入函数公式 “=PV（B4，B3，-B2）”，就可以得出王先生现在应向银行存入 4.33 万元。

3．普通年金年金计算的插入函数法

本法是指在 Excel 环境下，通过插入财务函数“PMT”，并根据计算机系统的提示正确地输入已知的现值 pv、终值 fv、期限 nper 和折现率 rate，来直接求得 PMT 的方法。

沿用【任务 1-2-8】中有关数据，利用插入函数法确定其年金，解答如下。

分析：从题意可知，这是要求计算普通年金，所以可以采用函数 PMT( )进行计算，其中 fv=10 000，nper=5，rate=6.%。其余参数省略，如图 1-2-11 所示。

见图 1-2-11，在 B5 单元格中输入函数公式 “=PMT（B2，B3，B4）”，就可以得出每年需要存入 1 773.96 元。

B5 fx =PMT(B2,B3,,B4)

	A	B	C
1	普通年金年金的计算		
2	年利率	6%	
3	期限（年）	5	
4	年金终值（元）	10000	
5	年金（元）	-1,773.96	

图 1-2-11 普通年金年金的计算

任务训练

普通年金的应用

1. 李某每年年末存入银行 2 000 元，年利率 7%，则 6 年后可得到多少钱？

2. 张先生拟在 3 年后还清 20 000 元的债务，年利率为 3%，从现在起每年年末等额存入一笔款项，则每年需存入多少钱？

3. 刘女士外出工作 4 年，请你代付房租，每年年末付租金 100 元，若银行利率为 10%，她应该现在给你在银行存入多少钱？

4. 假设陈先生现在以 10%的利率借款 2 万元，投资于某个寿命为 10 年的项目，每年年末至少要收回多少元现金才是有利的？

2．即付年金终值和现值的计算

即付年金是指一定时期内每期期初等额的系列收付款项，又称先付年金或预付年金。

（1）即付年金终值的计算。即付年金的终值是各期期初等额系列收付款项的复利终值之和。我们可以通过比较即付年金和普通年金终值计算的时间图（图 1-2-12）得知，即付年金终值比普通年金终值要多一个计息期，见图 1-2-12。

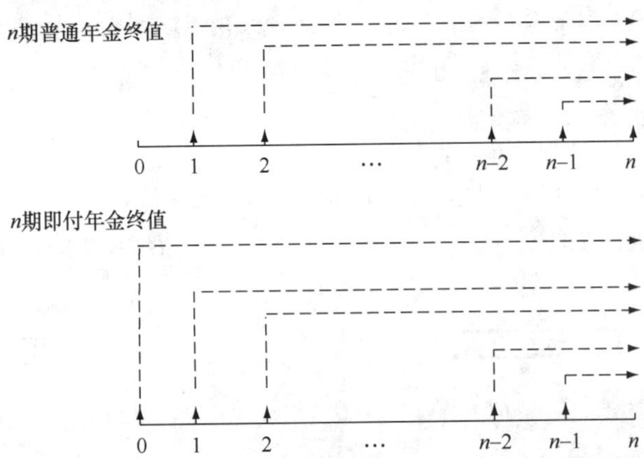

图 1-2-12　普通年金和预付年金终值时间图

即付年金终值的计算公式为

$$F=A(1+i)^{1}+A(1+i)^{2}+\cdots+A(1+i)^{n-1}+A(1+i)^{n}$$

$$=A\frac{(1+i)^{n}-1}{i}(1+i)$$

$$=A[(F/A,\ i,\ n+1)-1] \tag{1-2-10}$$

提示　即付年金终值系数通过普通年金终值系数换算，口诀为期数加 1，系数减 1。

【任务 1-2-11】张先生计划每年年初向银行存入 20 000 元，以便第 3 年年末积累一笔资金买车，若银行存款利率为 6%，则 3 年后张先生共积累了多少钱买车？

解析：方法一，$F = 20\,000 \times (F/A,6\%,3)(1+6\%) = 20\,000 \times 3.183\,6 \times 1.06 = 67\,492.3$（元）

方法二，$F = 20\,000 \times [(F/A，6\%，3+1) - 1] = 20\,000 \times (4.3746 - 1) = 67\,492$（元）

（2）即付年金现值的计算。即付年金的现值是各期期初等额系列收付款项的复利现值之和。通过比较即付年金和普通年金现值计算的时间图得知即付年金现值比普通年金现值少折现一期，见图 1-2-13。

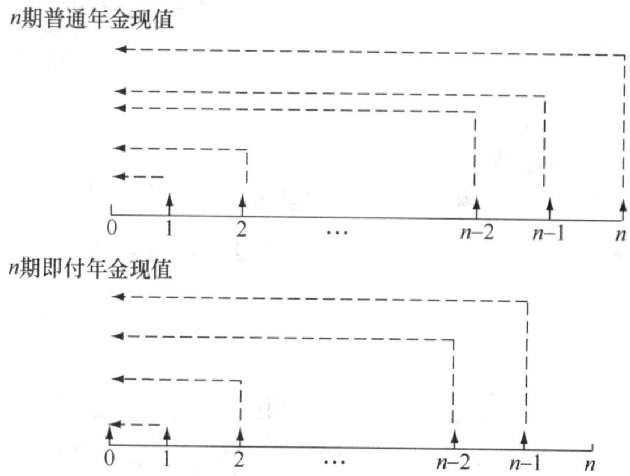

图 1-2-13　普通年金和预付年金现值时间图

即付年金现值的计算公式为

$$P = A(1+i)^{-0} + A(1+i)^{-1} + A(1+i)^{-2} + \cdots + A(1+i)^{-(n-2)} + A(1+i)^{-(n-1)}$$

$$= A\frac{1-(1+i)^{-n}}{i}(1+i)$$

$$= A[(P/A，i，n-1)+1] \quad (1\text{-}2\text{-}11)$$

提示 即付年金现值系数通过普通年金现值系数换算，口诀为期数减 1，系数加 1。

【任务 1-2-12】王先生拟购一套住房，开发商提出两种方案，一是现在一次性付 80 万元，二是从现在起每年初付 20 万元，连续支付 5 年，若目前的银行贷款利率是 7%，应如何付款？

解析：【方案 1】现值 $P = 80$（万元）

【方案 2】现值计算如下。

方法一，$P = 20 \times (P/A，7\%，5)(1+7\%) = 20 \times 4.100\,2 \times 1.07 = 87.74$（万元）

方法二，$P = 20 \times [(P/A，7\%，5-1)+1] = 20 \times (3.387\,2+1) = 87.74$（万元）

由于【方案 1】现值小于【方案 2】现值，所以选择方案 1 。

Excel 应用

Excel 办公软件在即付年金终值及现值中的运用

即付年金终值和现值等指标的计算与普通年金终值和现值计算不同的是将参数 type 设为 1 即可。

任务训练

即付年金的应用

1. 为给女儿上大学准备资金，刘女士计划未来 6 年每年年初存入银行 1 000 元，若银行年利率为 5%，则刘女士在第 6 年末能一次取出本利和多少钱？

2. 甲公司在 2010 年租入一台设备，租期为 5 年，若每年年初支付租金 3 000 元，年利率为 6%，则 5 年中租金的总现值为多少？

3．递延年金终值和现值的计算

递延年金，又叫延期年金，是一种特殊的普通年金，指在最初若干期没有收付款项的情况下，随后若干期发生等额系列收付款项。m 期以后的 n 期递延年金如图 1-2-14 所示。

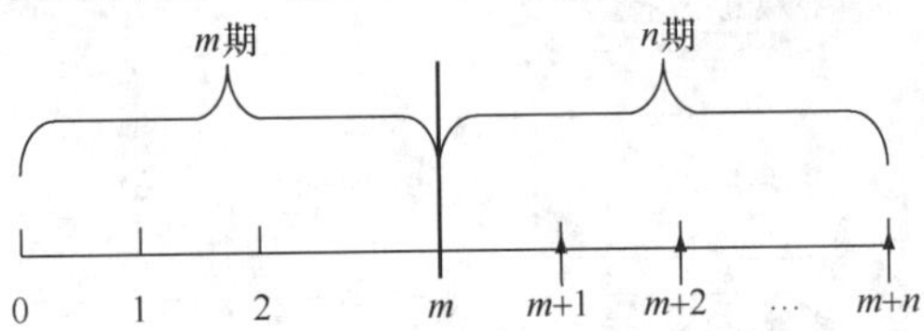

图 1-2-14　递延年金示意图

从上图中可以看出，前 m 期（m 表示递延期）没有发生现金收付，第一次收付发生在 $m+1$ 期期末，连续收付 n 期（n 表示收付期）。

（1）递延年金终值的计算。递延年金终值只与连续收支期 n 有关，与递延期 m 无关。其计算方法与普通年金终值计算方法相似，即

$$F = A(F/A,\ i,\ n) \tag{1-2-12}$$

（2）递延年金现值的计算。递延年金现值的计算有三种方法。

① 补缺法。假设递延期中也发生等额系列收付款项，先计算出 $m+n$ 期的普通年金的现值，然后扣除实际并未收付的 m 期年金现值，即可得到递延年金的现值。公式为

$$\begin{aligned} P &= P_{m+n} - P_m \\ &= A(P/A,\ i,\ m+n) - A(P/A,\ i,\ m) \\ &= A[(P/A,\ i,\ m+n) - (P/A,\ i,\ m)] \end{aligned} \tag{1-2-13}$$

② 分段法。将递延年金看成 n 期普通年金，先求出 m 期期末的现值，然后再将此现值折算到第一期期初，即得到 n 期递延年金的现值。公式为

$$P = A(P/A,\ i,\ n)\ (P/F,\ i,\ m) \tag{1-2-14}$$

③ 折终折现法。先计算递延年金在 $m+n$ 期期末的终值，然后将此终值折算到第一期期初求现值，即可求得递延年金的现值。公式为

$$P = A(F/A,\ i,\ n)\ (P/F,\ i,\ m+n) \tag{1-2-15}$$

提示

在计算递延年金之前，大家一定要准确判断出递延期 m 的数值。如何确定 m 呢？

（1）首先搞清递延年金的第一次收付发生在第几期末（假设为第 X 期末）；

（2）然后根据（$X-1$）的数值即可确定递延期间 m 的期数。

【任务 1-2-13】某公司进行项目投资，该项目于 2008 年初动工，施工期为 3 年，于 2011 年

初建成投产，从投产之日起每年年末得到收益 4 万元。按年利率 6%计算，则 10 年收益于 2008 年初的现值是多少？

解析： 方法一，$P=4\times[(P/A,6\%,13)-(P/A,6\%,3)]=4\times(8.852\,7-2.673)=24.72$（万元）

方法二，$P=4\times(P/A,6\%,10)(P/F,6\%,3)=4\times7.360\,1\times0.839\,6=24.72$（万元）

方法三，$P=4\times(F/A,6\%,10)(P/F,6\%,13)=4\times13.180\,8\times0.468\,8=24.72$（万元）

Excel 应用

Excel 办公软件在递延年金终值及现值中的运用

1．递延年金终值计算的插入函数法

递延年金终值只与连续收支期 n 有关，与递延期 m 无关，所以（$m+n$）期末的递延年金终值完全可以按照 n 期的普通年金终值公式计算。

2．递延年金现值计算的插入函数法

沿用【任务 1-2-13】中有关数据，利用插入函数法确定其现值，解答如下。

分析： 从题意可知，这是计算递延年金的现值，其中递延期 m 为 3 年，年金为 4 万元，利率为 6%，有 10 年（n=10）普通年金，我们可以按三种方法计算。

① 补缺法。见图 1-2-15，在 B6 单元格中输入公式“=PV（B5，B3+B4，B2）”计算出 13 年的普通年金现值是 35.41 万元。在 B7 单元格中输入公式“=PV（B5，B4，B2）”计算出递延期 3 年的年金现值是 10.69 万元，最后在 B8 单元格中输入公式“=B6−B7”，即可计算出现值是 24.72 万元。

② 分段法。见图 1-2-16，先在 B6 单元格中输入公式“=PV（B5，B3，B2，，0）”计算出到第 3 年年末的普通年金现值 29.44 万元，然后以此结果作为终值，在 B7 单元格中输入公式“= PV（B5，B4，，−B6）”计算出它的现值是 24.72 万元。

B8　　fx =B6-B7

	A	B
1	递延年金现值的计算	
2	年金（万元）	4
3	年金期限N（年）	10
4	递延期数M（年）	3
5	年利率	6.00%
6	（M+N）期的年金现值（万元）	-35.41
7	M期的年金现值（万元）	-10.69
8	递延年金现值（万元）	-24.72

图 1-2-15　递延年金现值的计算——补缺法

B7　　fx =PV(B5,B4,,-B6)

	A	B
1	递延年金现值的计算	
2	年金（万元）	4
3	年金期限N（年）	10
4	递延期数M（年）	3
5	年利率	6.00%
6	发生年金N期的现值（万元）	-29.44
7	递延年金现值（万元）	-24.72

图 1-2-16　递延年金现值的计算——分段法

③ 折终折现法。见图 1-2-17，先在 B6 单元格中输入公式“=FV（B5，B3，B2）”计算出第（10+3）年年末的递延年金终值 52.72 万元，然后以此结果作为终值，在 B7 单元格中输入公式“=PV（B5，B3+B4，，−B6）”计算出它的现值是 24.72 万元。

B7　　fx =PV(B5,B3+B4,,-B6)

	A	B
1	递延年金现值的计算	
2	年金（万元）	4
3	年金期限N（年）	10
4	递延期数M（年）	3
5	年利率	6.00%
6	递延年金终值（万元）	-52.72
7	递延年金现值（万元）	-24.72

图 1-2-17　递延年金现值的计算——折终折现法

任务训练

递延年金的应用

1. 有项年金，从第 3 年年末起，每年年末取出 2 000 元，至第 6 年末全部取完，利率为 8%，求最初时一次存入银行的款项为多少？

2. 有项年金，前 3 年年初无流入，后 5 年每年年初流入 500 元，利率为 10%，该项年金的现值为多少？

4．永续年金现值的计算

永续年金是指无限期等额收付的年金，可视为普通年金的特殊形式，即期限趋于无穷的普通年金，如图 1-2-18 所示。日常生活中，存本取息、优先股、奖学金可视为永续年金的例子。

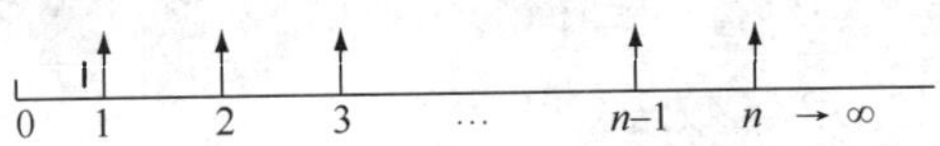

图 1-2-18　永续年金示意图

由于永续年金持续期无限，没有终止的时间，因此没有终值。永续年金现值的计算公式可以通过普通年金现值的计算公式导出：

$$P = A\frac{1-(1+i)^{-n}}{i}(n \to \infty) = \frac{A}{i} \tag{1-2-16}$$

提示　在年金计算中，除了永续年金没终值外，其他种类的年金都有终值、现值。

【任务 1-2-14】某学校设立永久性奖学金，每年计划颁发 50 000 元奖金。若年利率为 8%，该奖学金的本金应为多少？

解析：$P=A/i$=50 000/8%=625 000（元）

任务训练

永续年金的应用

某人持有 A 公司优先股，每年每股股利为 2 元，若此人想长期持有，在年利率为 10%的情况下，要求对该项股票投资进行估价。

技能拓展

利率和计息期的计算

1．利率的计算

在已知现值、终值、年金、计息期等要素的情况下，求出利率的值。计算利率时，首先要计算出有关的资金时间价值系数，然后查相应的系数表（如复利终值系数表、复利现值系数表、年金终值系数表、年金现值系数表）。如果在系数表中能找到这个系数值，则对应的利率即为所求的利率。如果不能，则查表找出最接近该系数值的一大一小两个系数及其对应的利率，运用内插法求出利率。

【任务 1-2-15】某公司因资金周转需要在第一年年初借款 30 000 元，双方约定每年年末还本付息额为 5 000 元，连续 8 年还清，问此项借款利率为多少？

解析：根据题意，已知 $P=30\,000$，$A=5\,000$，$n=8$，求 i。

$P=A\times(P/A，i，n)$

$30\,000=5\,000\times(P/A，i，8)$

则 $(P/A，i，8)=6$

查普通年金现值系数表得知，当 $n=8$ 时，

利率（i）　　系数值（B）

$i_1=6\%$　　$B_1=6.2098$

$i=?$　　$B=6$

$i_2=7\%$　　$B_2=5.971\,3$

利率与系数值的关系如图 1-2-19 所示。

根据内插法原理可得

$$\frac{6.209\,8-5.971\,3}{6\%-7\%}=\frac{6.209\,8-6}{6\%-i}$$

$i=6.88\%$

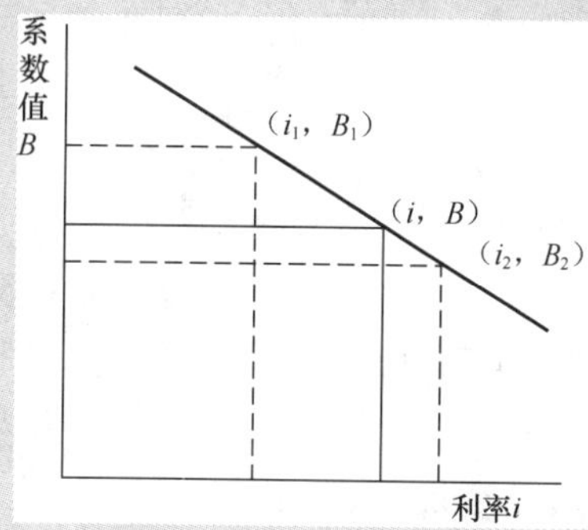

图 1-2-19　利率与系数值

2. 计息期的计算

在已知现值、终值、年金、利率等要素的情况下，求出计息期。计息期的计算方法和利率的计算方法相同，也可用内插法计算，在此不再详细介绍。

Excel 应用

Excel 办公软件在利率及计息期中的运用

1. 利率计算的插入函数法

本法是指在 Excel 环境下，通过插入财务函数“RATE”，并根据计算机系统的提示正确地输入已知的现值 pv、终值 fv、期限 nper、年金 pmt 和估计利率 guess，来直接求得 RATE 的方法。

注：参数估计利率 guess 如果跟实际利率相差很大，则会出现错误，需重新估计；如果省略不写，则假定该值为 10%，通常情况，该值可省略。

沿用【任务 1-2-15】中有关数据，利用插入函数法确定其利率，解答如下。

分析：从题意可知，这是要求计算普通年金利率，所以可以采用函数 RATE ( )进行计算，其中 pv=30 000，pmt=5 000，nper=8，其余参数省略，如图 1-2-20 所示。

B5　fx =RATE(B3, -B2, B4)

	A	B	C
1	普通年金利率的计算		
2	年金（元）	5000	
3	期限（年）	8	
4	年金现值（元）	30000	
5	年利率	6.88%	

图 1-2-20　普通年金利率的计算

见图 1-2-20，在 B5 单元格中输入函数公式 “=RATE（B3，-B2，B4）”，就可以得出此项借款利率为 6.88%。

2．计息期计算的插入函数法

本法是指在 Excel 环境下，通过插入财务函数“NPER”，并根据计算机系统的提示正确地输入已知的现值 pv、终值 fv、年金 pmt 和利率 rate，来直接求得 NPER 的方法。计息期函数 NPER ( ) 使用方法和利率函数 RATE ( ) 的相同，在此不再详细介绍。

阅读案例

股票估价与投资决策分析

1．基本案情

中信公司拟投资购买一家公司的股票，现有 A 公司股票和 B 公司股票可供选择。相关资料如下。

（1）已知 A 公司股票市价为每股 12 元，上年每股股利为 0.8 元，预计以后股利保持不变。

（2）已知 B 公司股票市价为每股 10 元，上年每股股利为 0.5 元，以后每年以 6%的增长率增长。该公司要求的投资必要收益率为 10%。

2．要求

（1）利用股票估价模型，分别计算 A、B 公司股票价值；

（2）根据上述结果，中信公司应投资哪家公司股票？

3．案例分析

（1）本案例可以利用股票估价模型来进行股票价值决策，它的决策原则是，若股票价格小于或等于股票内在价值，则该股票可以投资，若股票价格大于股票内在价值，则拒绝投资。股票价值计算模型如表 1-2-1 所示。

表 1-2-1 股票价值计算模型

股票	股票估价模型	备注
短期持有、未来准备出售	$V=\sum_{t=1}^{n}\frac{d_t}{(1+k)^t}+\frac{V_n}{(1+k)^n}$	V 为股票的价值； V_n 为未来出售时预计的股票价格； k 为投资人要求的必要投资收益率； d_t 为预期第 t 期的股利； n 为预计持有股票期数。
长期持有、股利稳定不变	$V=\frac{d}{k}$	d 为每期固定股利。
长期持有、股利固定增长	$V=\frac{d_0(1+g)}{k-g}=\frac{d_1}{k-g}$	d_0 为上期股利；d_1 为预期第一期股利； g 为股利增长率。

（2）根据以上股票价值决策原则，我们可以先计算出中信公司购入 A、B 两家公司股票的内在价值，然后将其与股票市价进行比较，最后做出最佳的投资决策。

① 购入 A 公司股票的价值为

$$V=0.8/10\%=8（元）$$

购入B公司股票的价值为

$$V=[0.5\times(1+6\%)]/(10\%-6\%)=13.25（元）$$

② 由于A公司股票市价为12元，高于其投资价值8元，故A公司股票目前不宜投资购买。B公司股票市价为10元，低于其投资价值13.25元，故B公司股票值得投资，中信公司应购买B公司股票。

小　　结

本项目主要介绍资金时间价值观念，阐述了资金时间价值的概念和计算。资金时间价值是指一定量资金在不同时点上的价值量差额。在对这一概念理解的基础上，我们不仅需要记住一次性收付款项终值与现值公式、4种年金终值和现值公式，而且还要掌握它们之间的计算。

练 习 题

一、知识点训练

（一）不定项选择

1. 甲某拟存入一笔资金以备3年后使用。假定银行3年期存款年利率为5%，甲某3年后需用的资金总额为34 500元，则在单利计息情况下，目前需存入的资金为（　　）元。

A. 30 000　　B. 29 803.04　　C. 32 857.14　　D. 31 500

2. 如果某人现有退休金100 000元，准备存入银行。在银行年利率为4%的情况下，其10年后可以从银行取得（　　）元。

A. 140 000　　B. 148 020　　C. 120 000　　D. 150 000

3. 下列属于年金特点的有（　　）。

A. 每次发生的金额相等

B. 每次发生的时间间隔相同

C. 每次发生的金额必须相等，但每次发生的时间间隔可以不同

D. 每次发生的金额可以不相等，但每次发生的时间间隔必须相同

4. 一定时期内每期期初等额收付的系列款项是（　　）。

A. 即付年金　　B. 永续年金　　C. 递延年金　　D. 普通年金

5. 某企业拟建立一项基金，每年初投入100 000元，若年利率为10%，5年后该项基金本利和将为（　　）元。

A. 671 561　　B. 564 100　　C. 871 600　　D. 610 500

6. 在普通年金终值系数的基础上，期数加1、系数减1所得的结果，在数值上等于（　　）。

A. 普通年金现值系数　　B. 即付年金现值系数

C. 普通年金终值系数　　D. 即付年金终值系数

7. 永续年金的特点有（　　）。

A. 没有终值　　B. 期限趋于无穷大　　C. 只有现值　　D. 每期等额收付

（二）判断

1. 终值就是本金和利息之和。 （ ）

2. 即使只有一笔款项的发生额不相等，该系列款项也不能称为年金。 （ ）

3. 普通年金现值系数加 1 等于同期、同利率的预付年金现值系数。 （ ）

4. 递延年金终值的大小与递延期无关，故计算方法和普通年金终值相同。 （ ）

二、课后任务

要求学生在网上查找某上市公司债券投资方案的资料，进一步掌握一次性收付款项的终值与现值、年金的终值与现值等计算资金时间价值的方法。

子项目三 | 投资风险价值

核心知识：风险的含义和分类、风险价值的含义。

核心技能：单项资产投资风险价值的计算与应用、资产组合投资风险价值的计算与应用。

相关知识

一、风险的含义及分类

1. 风险的含义

风险是市场经济条件下不可避免的客观现象，公司的经济活动大都是在有风险的情况下进行的。在财务管理中，风险是指预期收益偏离实际收益的可能性，要衡量这一偏离程度需要用概率来计量。

知识拓展

概率

概率是指随机事件发生的可能性。如果某一事件在相同的情况下可能发生，也可能不发生，那么这类事件就是随机事件。概率分布是把随机事件所有可能的结果及其发生的概率都列示出来所形成的分布。

概率分布必须符合以下两个条件。

（1）所有概率即 P_i 都在 0 和 1 之间，即 $0 \leqslant P_i \leqslant 1$。

（2）所有概率的和为 1，即 $\Sigma P_i=1$。

2. 风险的分类

企业面临的风险主要分为两种，即系统性风险和非系统性风险。

（1）系统性风险（又称不可分散风险和市场风险），是指某些因素对市场上所有投资造成经济损失的可能性。如世界经济或某国经济发生严重危机，持续高涨的通货膨胀，特大自然灾害等，都会对整个市场产生不利影响。

（2）非系统性风险（又称可分散风险和公司特有风险），是指某些因素对单一投资造成经济损失的可能性，例如，个别公司的工人罢工，新产品开发失败，失去重要的销售合同，诉讼失败或过度负债等。

非系统性风险包括经营风险、财务风险等。

① 经营风险。经营风险是指公司的决策人员与管理人员在经营管理过程中出现失误而导致公司盈利水平变化，从而使投资者预期收益下降的可能。

② 财务风险。财务风险是指公司财务结构不合理、融资不当而导致投资者预期收益下降的风险。

二、风险价值的含义

风险价值又称风险报酬，或风险收益，是指投资者由于冒着风险进行投资而获得的超过资金时间价值的额外收益。一般情况下，风险报酬通常采用相对数，即用风险报酬率来表示。

在不考虑通货膨胀的情况下，投资报酬率由两部分组成。一部分是资金时间价值，由于它是在无风险条件下得到的价值，所以又称为无风险价值；另一部分是风险价值，即风险报酬率。

工作任务

一、单项资产投资风险价值的计算及应用

公司的投资总是在一定风险条件下进行的，企业需要权衡风险和收益并做出科学的决策。单项资产投资项目的风险和收益权衡如图 1-3-1 所示。

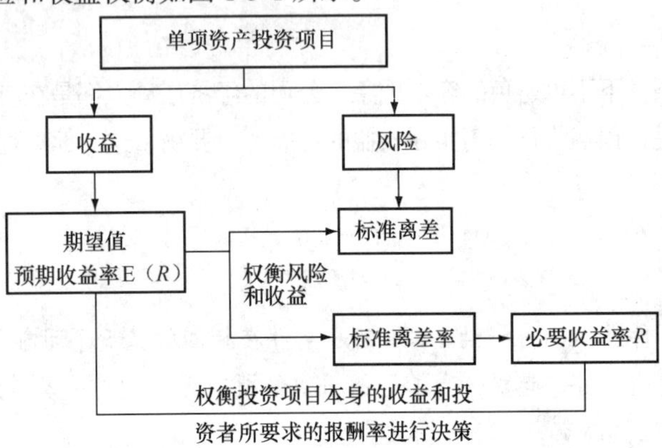

图 1-3-1　单项资产投资项目的风险和收益权衡

1．计算期望值

期望值是指各种可能收益率的加权平均数，其中权数为各种可能收益率发生的概率。收益率的期望值也称为预期收益率、期望收益率，是指在不确定的条件下，预测的某项投资未来可能实现的收益率。它并不是“希望得到的收益率”，而是根据投资的客观情况得出的平均收益率。

$$E(R)=\sum_{i=1}^{n}(P_i \times R_i) \qquad (1\text{-}3\text{-}1)$$

式中，E（R）为预期收益率；R_i为第 i 种可能结果的收益率；P_i为第 i 种可能结果的概率；n 为可能结果的个数。

> 提示
>
> E（R）反映预计的平均收益率，不能用来衡量风险。

【任务 1-3-1】某企业有 A、B 两个投资项目，计划投资额均为 1 000 万元，其收益率的概率分布如表 1-3-1 所示。

表 1-3-1　项目收益率分布表

市场状况	概率	A 项目收益率	B 项目收益率
好	0.2	20%	30%
一般	0.6	10%	10%
差	0.2	5%	-5%

要求：计算两个项目收益率的期望值。

解析：A 项目 E（R）$=0.2\times20\%+0.6\times10\%+0.2\times5\%=11\%$

B 项目 E（R）$=0.2\times30\%+0.6\times10\%+0.2\times(-5\%)=11\%$

两个项目的预期收益率是相同的，但其概率分布不同。对 A 项目而言，其收益率在 20%、10%、5%之间变动，对 B 项目而言，其收益率会在 30%、10%、-5%之间变动，这说明投资 A 项目获得预期收益率 11%的可能性更大，投资 A 项目的风险更小。两个项目的风险的具体指标需要用统计学中的标准差和标准离差率来计量。

2．计算标准差

标准差是反映各随机变量偏离期望收益值程度的指标之一，以绝对额反映风险程度的大小。针对投资项目来讲，标准差就是各种可能的投资收益率偏离预期收益率的综合差异程度。标准差等于方差开平方。计算公式为

$$\text{方差}\sigma^2=\sum_{i=1}^{n}\{[R_i-\mathrm{E}(R)]^2\times P_i\}$$

$$\text{标准差}\sigma=\sqrt{\sum_{i=1}^{n}\{[R_i-\mathrm{E}(R)]^2\times P_i\}} \tag{1-3-2}$$

预期收益率相同的情况下，标准差越大，风险越大；反之，风险越小。

【任务 1-3-2】根据【任务 1-3-1】给出的资料，计算两个项目期望值的标准差。

解析：A 项目标准差为

$$\sigma=\sqrt{(20\%-11\%)^2\times0.2+(10\%-11\%)^2\times0.6+(5\%-11\%)^2\times0.2}=4.90\%$$

B 项目标准差为

$$\sigma=\sqrt{(30\%-11\%)^2\times0.2+(10\%-11\%)^2\times0.6+(-5\%-11\%)^2\times0.2}=11.14\%$$

判断 A、B 两个投资项目的优劣。

由于 A、B 两个项目预期收益率相同，而 A 项目风险相对较小（其标准差小于 B 项目），故 A 项目优于 B 项目。

3．计算标准离差率

标准离差率是反映各随机变量偏离期望收益值程度的指标之一，它是以相对数反映风险程度的大小。其计算公式为

$$\text{标准离差率}V=\frac{\sigma}{\mathrm{E}(R)} \tag{1-3-3}$$

【任务 1-3-3】根据【任务 1-3-1】给出的资料，计算两个项目期望值的标准离差率。

解析：A 项目 $V=\dfrac{4.90\%}{11\%}=0.45$

B 项目 $V=\dfrac{11.14\%}{11\%}=1.01$

预期收益率相同的情况下，直接利用标准差就可以比较不同事件风险的大小；预期收益率不同的情况下，需用标准离差率来比较不同事件风险的大小，标准离差率越大，风险越大。

比如甲乙两个方案，甲方案预期收益率为 12%，标准差是 35%，乙方案预期收益率为 20%，标准差是 46%。两个方案的预期收益率不一样，所以需要进一步计算标准离差率，并以此来判断方案选择。

4. 风险价值的计算

风险较大的资产，其要求的收益率相对较高；反之，收益率较低的资产，风险相对较小。但是，并非风险越大，收益就一定越高。风险与收益对等只是揭示风险与收益的这种内在本质关系：风险与收益共生共存，承担风险是获取收益的前提；收益是风险的成本和报酬。风险和收益的上述本质联系可以表述为下面的公式：

$$必要收益率\ R=无风险收益率\ R_f+风险收益率\ R_r \quad (1\text{-}3\text{-}4)$$

必要收益率也称最低必要报酬率或最低要求的收益率，表示投资者对某资产合理要求的最低收益率。无风险收益率通常用短期国库券的利率来表示，短期国库券基本上是无风险的，而且由于时间很短，不用考虑通货膨胀因素，可以用来表示没有风险没有通货膨胀情况下的最低社会平均收益率。

风险收益率与风险大小有关，所冒风险程度越大，得到的收益率也应该越高，其公式为

$$R_r = b \times V$$

式中，R_r 为风险收益率，也称风险报酬率；b 为风险价值系数，也称风险报酬系数。

标准离差率可以代表投资者的风险大小，反映投资者所冒风险的程度；风险价值系数反映人们对待风险的态度。人们对风险越是回避，就要求冒险获得越高的收益，反之，对风险无所谓的人，对冒风险获利要求反而变低了。因此，风险收益率的大小一方面取决于投资项目客观上面临的风险大小；另一方面取决于投资者主观上对待风险的态度。

【任务 1-3-4】根据【任务 1-3-1】给出的资料，假定 A 项目风险价值系数为 5%，B 项目风险价值系数为 6%，计算两个项目的风险收益率。

解析：A 项目 $R_r = 5\% \times 0.45 = 2.25\%$

B 项目 $R_r = 6\% \times 1.01 = 6.06\%$

如果短期国库券的利率为 6%，计算两个项目的必要收益率，并进行方案的选择。

A 项目 $R = 6\%+2.25\%=8.25\%<11\%$

B 项目 $R = 6\%+6.06\%=12.06\%>11\%$

由于 A 项目预期收益率高于必要收益率，而 B 项目预期收益率低于必要收益率，所以选择 A 项目。

提示　预期收益率≥投资人要求的必要收益率，投资可行；预期收益率＜投资人要求的必要收益率，投资不可行。

任务训练

单项资产投资风险价值的应用

某企业准备投资开发一新产品，现有两个方案可供选择，根据市场预测，相关情况如表 1-3-2 所示。作为公司财务人员，你觉得应该投资哪个方案？

计算两个方案的期望值、标准差和标准离差率，并进行风险的比较分析。

表 1-3-2　方案收益率分布表

市场状况	概率	预计年收益率	
		A 方案	B 方案
好	0.3	40%	50%
一般	0.5	15%	15%
差	0.2	−15%	−20%

二、资产组合风险价值的计算及应用

在现实经济生活中，投资者在进行投资时，为分散风险，往往同时投资多个资产，构成一种资产组合（即投资组合）。针对资产组合项目，投资者必须在权衡其风险和收益之后再做出决策。资产组合的投资收益率构成如图 1-3-2 所示。

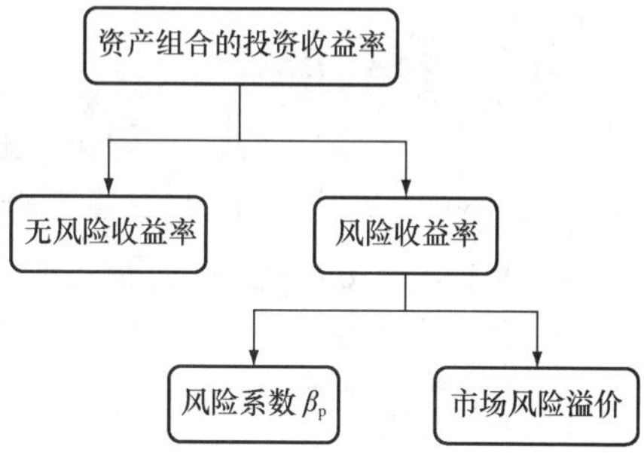

图 1-3-2　资产组合的投资收益率

1．资产组合的风险

资产组合的风险通常包括非系统性风险和系统性风险，非系统性风险只影响一个或少数公司，不会对整个市场产生太大的影响。通过有效的投资组合，这种风险是可以被分散的。随着投资数量的增加该风险也将逐渐减少，并最终降为零。系统性风险造成的后果带有普遍性，因而无法通过投资组合分散掉。此时，资产组合的风险只剩下系统性风险了。

系统性风险通常用 β 系数表示，用来说明某项资产（或某一资产组合）的系统性风险相当于整个市场系统性风险的倍数。单项资产的 β 系数由专业研究机构给出，本书中作为已知条件给出，不需要我们计算。作为整个市场的 β 系数为 1。如果某项资产的风险情况与整个市场的风险情况一致，则这种资产的 β 系数等于 1；如果某项资产的 β 系数大于 1，说明其风险大于整个市场的风险；如果某项资产的 β 系数小于 1，说明其风险小于整个市场的风险。

资产组合的 β_p 系数是单项资产 β_i 系数的加权平均数，权数为各种资产占资产组合的比重。其计算公式为

$$\beta_p = \sum_{i=1}^{n} w_i \beta_i \qquad (1\text{-}3\text{-}5)$$

式中，β_p 为资产组合的 β 系数；W_i 为资产组合中第 i 种资产所占比重；β_i 为第 i 种资产的 β 系数；n 为资产组合中资产的数量。

【任务 1-3-5】根据【任务 1-3-1】给出的资料，如果该企业将 A、B 两个投资项目构成投资各半的组合，A 项目 β 系数为 0.6，B 项目 β 系数为 1.2，计算该资产组合的 β 系数。

解析：β_p=0.6 × 50%+1.2 × 50%=0.9

2．资产组合的投资收益率

根据资本资产定价模型，资产或资产组合的必要收益率为

$$R = R_f + \beta(R_m - R_f) \qquad (1\text{-}3\text{-}6)$$

式中，R 为必要收益率；β 为资产或资产组合的 β 系数；R_f 为无风险收益率；R_m 为市场组合的平均收益率。

模型表明，投资组合（或单项资产）的必要收益率取决于三个因素：无风险收益率 R_f，一般我们可以将短期国库券的利率视为无风险收益率；市场风险溢价（R_m-R_f），是市场组合的收益率与无风险收益率之差，即市场组合的风险溢价率；风险系数 β，是度量资产或资产组合的系统性风险大小尺度的指标。

【任务 1-3-6】根据以上例题给出的资料，如果市场组合的收益率为 15%，无风险收益率为 5%，则该企业资产组合的必要收益率应为

解析：$R = 5\% + 0.9\times(15\% - 5\%) = 14\%$

任务训练

投资组合风险价值的应用

L 公司持有 A、B、C 三种股票，在由上述股票组成的证券投资组合中，各股票所占比重分别为 40%、30%和 30%，其 β 系数分别为 1.0、1.2 和 0.6，市场收益率为 12%，无风险收益率为 8%。

要求：计算下列指标。

（1）L 公司证券组合的 β 系数；

（2）L 公司证券组合的风险收益率；

（3）L 公司证券组合的必要收益率。

知识拓展

各种风险控制对策的含义及方法如表 1-3-3 所示。

表 1-3-3 风险控制对策

风险对策	含 义	方法举例
规避风险	当风险所造成的损失不能由该项目可能获得的收益予以抵消时，应当放弃该资产，以规避风险	拒绝与不守信用的厂商业务往来；放弃可能明显导致亏损的投资项目
减少风险	（1）控制风险因素，减少风险的发生；（2）控制风险发生的频率和降低风险损害程度	减少风险的常用方法有：进行准确的预测；对决策进行多方案优选和替代；及时与政府部门沟通获取政策信息；在发展新产品前，充分进行市场调研；采用多领域、多地域、多项目、多品种的经营或投资策略以分散风险
转移风险	对可能给企业带来灾难性损失的资产，企业应以一定代价，采取某种方式转移风险	向保险公司投保；采取合资、联营、联合开发等措施实现风险共担；通过技术转让、租赁经营和业务外包等实现风险转移
接受风险	包括风险自担和风险自保两种。风险自担，是指风险损失发生时，直接将损失摊入成本或费用，或冲减利润；风险自保，是指企业预留一笔风险金或随着生产经营的进行，有计划地计提资产减值准备等	

阅读案例

产品开发方案的收益与风险分析

1. 基本案情

乐事公司在2010年陷入了经营困境，因其生产的果汁饮料市场竞争激烈，消费者喜好产生变化等原因开始滞销。为开拓市场，乐事公司准备在2011年开发两种新的饮料。

（1）开发清洁纯净水。面对全国范围内的节水运动及限制供应，尤其是北方十年九旱的特殊环境，开发部认为清洁纯净水将进入百姓的日常生活，市场前景看好，有关预测资料如表1-3-4所示。

表1-3-4　开发清洁纯净水预测资料

市场销路	概率	预计收益率
好	0.5	14%
一般	0.2	7%
差	0.3	-1%

经过专家测定该项目的风险系数为0.05。

（2）开发消渴啤酒。北方人豪爽，好客，爱畅饮；收入近年来明显增多，生活水平大大增加，亲朋好友聚会的机会日益增多。开发部据此提出开发消渴啤酒方案，有关市场预测资料如表1-3-5所示。

表1-3-5　开发消渴啤酒预测资料

市场销路	概率	预计收益率
好	0.6	20%
一般	0.2	8%
差	0.2	-4%

经过专家测定该项目的风险价值系数为0.06，目前市场上短期国库券的收益率为5%。

2. 要求

如果你是公司经理，你如何对两个产品开发方案的收益与风险予以计量，并进行方案评价？

3. 案例分析

（1）对投资项目进行抉择时，我们要考虑项目的风险和收益。基本步骤如下：第一步，计算投资项目的预期收益率；第二步，计算投资项目收益率的标准差；第三步，计算投资项目的标准离差率；第四步，根据风险收益对等原则，选择投资方案。

（2）具体分析如下。

① 开发饮用水。

$\mathrm{E}(R)=14\%\times0.5+7\%\times0.2-1\%\times0.3=8.1\%$；

$\sigma=\sqrt{(14\%-8.1\%)^2\times0.5+(7\%-8.1\%)^2\times0.2+(-1\%-8.1\%)^2\times0.3}=6.52\%$；

$V=\dfrac{6.52\%}{8.1\%}=80.49\%$； $R_r=0.05\times 80.49\%=4.02\%$； $R=4.02\%+5\%=9.02\%$。

② 开发啤酒。

$E(R)=20\%\times 0.6+8\%\times 0.2-4\%\times 0.2=12.8\%$；

$\sigma=\sqrt{(20\%-12.8\%)^2\times 0.6+(8\%-12.8\%)^2\times 0.2+(-4\%-12.8\%)^2\times 0.4}=9.6\%$；

$V=\dfrac{9.6\%}{12.8\%}=75\%$； $R_r=0.06\times 75\%=4.5\%$； $R=4.5\%+5\%=9.5\%$。

③ 经过以上分析，发现开发饮用水方案预期收益率 8.1%低于必要收益率 9.02%，而开发啤酒方案的预期收益率 12.8%高于必要收益率 9.5%，因此选择开发啤酒方案。

小　结

本项目主要介绍财务管理的另一价值观念——风险价值观念。对于风险价值概念的理解和相关计算的掌握是我们学习财务管理的基础。风险价值是指投资者由于冒着风险进行投资而获得的超过资金时间价值的额外收益。要衡量风险价值大小，我们就必须掌握单项资产和资产组合投资风险价值的计算。

练 习 题

一、知识点训练

（一）不定项选择

1. 那些影响所有公司的因素引起的风险称为（　　）。

A. 公司特有风险　　B. 经营风险　　C. 财务风险　　D. 市场风险

2. 企业因借款而增加的风险属于（　　）。

A. 经营风险　　B. 财务风险　　C. 市场风险　　D. 系统风险

3. 关于标准离差和标准离差率，下列表述正确的是（　　）。

A. 标准离差是各种可能报酬率偏离预期报酬率的平均值

B. 如果以标准离差评价方案的风险程度，标准离差越小，投资方案的风险越大

C. 标准离差率即风险报酬率

D. 对比期望报酬率不同的各个投资项目的风险程度，应用标准离差率

4. 考虑风险因素后，影响投资报酬率的因素有（　　）。

A. 无风险报酬率　　B. 风险报酬系数

C. 投资年限　　D. 标准离差率

5. 可以用来衡量风险大小的指标有(　　)。

A. 无风险报酬率　　B. 期望值　　C. 标准差　　D. 标准离差率

6. 某公司股票的β系数为 2，无风险利率为 4%，市场上所有股票的平均报酬率为 12%，则该公司的必要报酬率为(　　)。

A. 8%　　B. 15%　　C. 11%　　D. 20%

（二）判断

1. 风险只能带来损失，而不能带来收益。（　　）

2. 没有经营风险的企业，也就没有财务风险。（　　）

3. 由于风险可能给企业的生产经营带来超出预期的损失，所以，在财务管理中，风险越小越好。（　　）

4. 对于多个投资方案而言，无论各方案的期望值是否相同，标准离差率最大的方案一定是风险最大的方案。（　　）

二、课后任务

查找资料，说明企业投资时如何运用风险报酬权衡原则进行投资方案的选择。

项目训练

一、单项技能训练

1. 张明 2009 年 1 月 1 日存入银行 10 万元，年利率 8%。要求计算：

（1）每年复利一次，2012 年 1 月 1 日存款账户金额是多少？

（2）每季度复利一次，2012 年 1 月 1 日存款账户金额是多少？

2. 李兰将在 5 年中每年年末投资 6 000 元到一个预计年报酬率为 12%的投资项目中，请问他 5 年后将预计拿到多少钱?

3. 南方公司需用一台设备，买价 70 000 元，可使用 6 年，如租赁此设备，则每年年末需付租金 15 000 元，连续付 6 年，假设利率为 6%，问该公司应购买设备还是租赁设备？

4. 刘莉拟购置一处房产，房主提出两种付款方案：

（1）从现在起，每年年初支付 20 万元，连续支付 5 次，共 100 万元；

（2）从第 4 年开始，每年年初支付 25 万元，连续支付 5 次，共 125 万元。

假设该房产的资金成本率（即最低报酬率）为 10%，刘莉应选择哪个方案?

5. 新宇公司有甲、乙两个投资项目，计划投资额均为 100 万元，其收益率的概率分布见表 1-1。

表 1-1　　项目收益率分布

市场状况	概率	甲项目	乙项目
好	0.3	20%	40%
一般	0.5	10%	10%
差	0.2	−5%	−10%

要求：（1）分别计算甲、乙两个项目收益率的期望值。

（2）分别计算甲、乙两个项目收益率的标准差。

（3）判断甲、乙两个投资项目风险的大小。

（4）如果短期国库券的利率为 5%，甲项目的风险价值系数为 4%，乙项目的风险价值系数为 9%。计算甲乙两个项目的必要收益率，并选择投资项目。

6. 假定华泰公司投资 80 万元购买 A、B、C 三种股票，它们的比例为 1∶3∶6。现行短期国库券的利率为 5%，证券市场组合平均收益率为 15%，市场上 A、B、C 三种股票的 β 系数分别为 0.9、1.2、1.5。

要求：计算 A、B、C 投资组合的 β 系数和必要收益率。

二、综合技能训练

瑞士田纳西镇巨额账单案例

如果你突然收到一张事先不知道的 1 260 亿美元的账单，你一定会大吃一惊。而这样的事情却发生在瑞士的田纳西镇的居民身上。纽约布鲁克林法院判决田纳西镇应向美国投资者支付这笔钱。最初，田纳西镇的居民以为这是一件小事，但当他们收到账单时，他们被这张巨额账单惊呆了。他们的律师指出，若高级法院支持这一判决，为偿还债务，所有田纳西镇的居民在其余生中不得不靠吃麦当劳等廉价快餐度日。

田纳西镇的问题源于 1966 年的一笔存款。斯兰黑不动产公司在内部交换银行（田纳西镇的一个银行）存入一笔 6 亿美元的存款。存款协议要求银行按每周 1%的利率（复利）付息（难怪该银行第二年破产）。1994 年，纽约布鲁克林法院做出判决：从存款日到田纳西镇对该银行进行清算的 7 年中，这笔存款应按每周 1%的复利计息，而在银行清算后的 21 年中，每年按 8.54%的复利计息。

要求：（1）请用你学的知识说明 1 260 亿美元是如何计算出来的？

（2）如果利率为每周 1%，按复利计算，6 亿美元增加到 12 亿美元需要多长时间？增加到 1 000 亿美元需要多长时间？

（3）本案例对你有何启示？

项目二
筹资管理工作

引导案例

1998 年初，韩国政府提出“五大企业集团进行自律结构调整”方针后，其他集团把结构调整的重点放在改善财务结构方面，努力减轻债务负担，大宇却认为，只要提高开工率，增加销售额和出口就能躲过这场危机。因此，它继续大量发行债券，1998 年，大宇发行的公司债券达 7 万亿韩元（约 58.33 亿美元），1998 年第四季度，大宇的债务危机已初露端倪。

1999 年，大宇集团从 4 月份以来虽然出售了希尔顿饭店等 10 多家企业，但并没有能改善资金状况，为救燃眉之急，大宇又发行大量超短期企业期票，也没有奏效，反而使其债务结构更加恶化。据韩国金融监督委员会统计，大宇集团截至 6 月底的外债已达到 99.4 亿美元，其中 54.8 亿美元是年内到期的债务，此外，大宇欠本国金融机构的债务达到 60 万亿韩元，大宇集团承认，导致它发生债务危机的重要原因是其“拖延了结构改革的时间，失去了金融机构的信任”。

1999 年 11 月 1 日，大宇集团向新闻界正式宣布，该集团董事长金宇中以及 14 名下属公司的总经理决定辞职，以表示“对大宇的债务危机负责，并为推行结构调整创造条件”。韩国媒体认为，这意味着“大宇集团解体进程已经完成”。

案例启示：大宇集团解体的原因是其在扩张过程中，由于过度负债经营，形成较大的财务风险，在外部经营环境巨变的情况下,导致企业经营风险失控。

项目导图

企业为了生存和发展，拥有必要数量的资金是进行这一切活动的必要条件。因此，企业会思考三个问题：需要多少资金量、怎么筹集资金和怎样持有合理的资金结构。

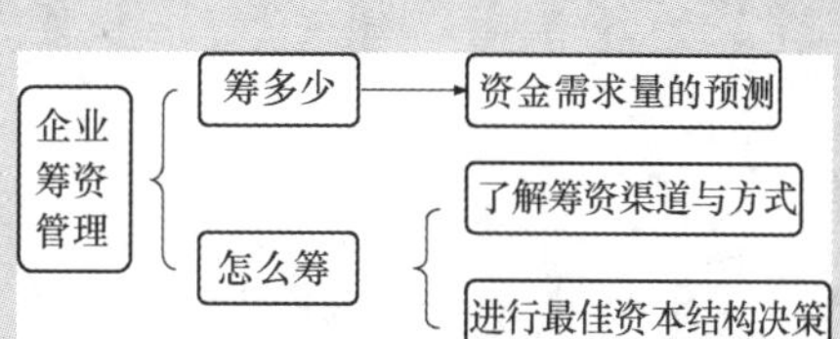

学习目标

知识目标：

1．了解各种筹资渠道和筹资方式，掌握权益资金、负债资金两种筹资方式的优缺点；

2．了解资金成本的概念与作用，掌握资金成本的计算；

3．掌握经营杠杆、财务杠杆和复合杠杆的计算与应用；

4．理解资金结构、最佳资金结构的含义。

技能目标：

1．掌握资金需要量的预测，设计筹资方案并进行筹资决策；

2．掌握最佳资金结构决策方法；

3．了解企业向银行申请贷款的基本程序，掌握银行借款筹资业务操作基本流程。

情境讨论

某家具公司开会研究资金筹措问题。为扩大生产规模，公司需要筹措 1 150 万元的资金，其中的 350 万元通过公司留存收益及提高流动资金利用效果来解决，其余的 800 万元需要从外部筹措。

公司规划部门倾向于以发行股票的方式筹资 800 万元。在证券市场上，公司的股价高达 33 元/股，扣除发行费用，每股净价为 31 元，这样可以募集到永久性资金。但是，公司财务部门却建议通过借款的方式（利率 7%，期限 10 年）筹措资金，他们认为举债筹资可以降低资本成本。

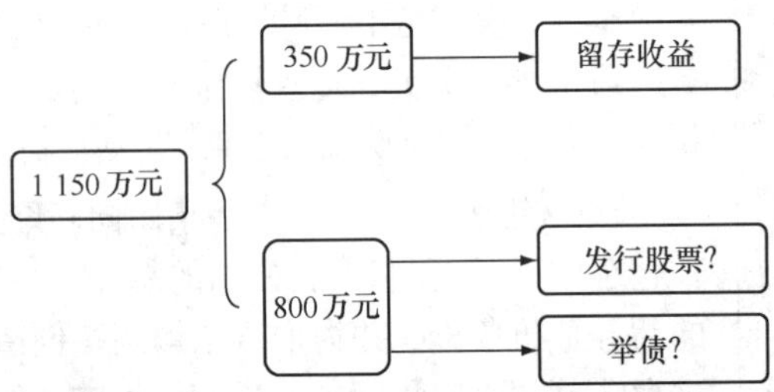

问题：

该公司应该采取哪种筹资方式？为什么？

子项目一 资金需求量的预测

核心知识：资金需求量的预测意义及预测方法。

核心技能：熟练掌握销售百分比法和高低点法的计算及应用。

相关知识

一、资金需要量预测的意义和目的

资金是企业生产经营中各种资产的货币表现。拥有必要数量的资金是企业进行生产经营活动的必要条件。企业的资金一部分来自内部积累，另一部分通过外部融资取得。通常按其在生产经营过程中的作用不同，将资金分为两类：一类是长期资金，即用于固定资产方面的资金；一类是营运资金，即用于流动资产方面的资金。这里所提的资金需要量预测包括营运资金和长期资金在内的资金需要总量的预测。企业持续的生产经营活动，不断地产生对资金的需求，同时，企业进行对外投资和调整资本结构，也需要筹措资金。

资金需要量预测的目的，就是要有意识地把生产经营活动引导到以最少的资金占用取得最佳的经济效益的轨道上来。科学地进行资金预测，不仅能为企业生产经营活动的正常开展测定相应的资金需要量，而且能为经营决策、降低资金成本、提高资金利用效率创造有利条件。

二、资金需要量预测的方法

1. 定性预测法

定性预测法，是指依靠预测者个人的经验、判断和预见能力，对未来时期资金需要量进行估计和推算的方法。定性预测主要是根据经济理论和实际情况进行理性、逻辑性分析和论证，以定量方法为辅助，通常采用召开专业技术人员或专家讨论会的形式进行。这种方法较为简单，但精确性和可行性较差，一般在缺乏完整、准确的历史资料时采用。

2. 定量预测法

定量预测法是指以资金需要量与有关因素的关系为依据，在掌握大量历史资料的基础上选用一定的数学方法加以计算，并将计算结果作为预测值的一种方法。定量预测方法很多，常用的定量预测法有销售百分比法和高低点法。

工作任务——资金需要量的预测

企业合理筹集资金的前提是科学地预测资金需要量，因此，企业在筹资之前，应当采用一定的方法预测资金需要量，从而确定计划期的资金追加量。资金需要量预测的流程如图 2-1-1 所示。

一、销售百分比法

销售百分比法是指以资金和销售额的比率为基础，预测未来资金需求量的方法。这种方法基于以下假定：①企业的部分资产和部分负债与销售收入成正比例变化；②企业的各项资产、负债和所有者权益结构已经达到最优。

应用销售百分比法预测未来资金需求量通常需要经过以下步骤：①确定变动资产和变动负债项目，并确定这些项目的金额占基期销售额的百分比。变动资产项目是指假设随收入变化而正比例变化的资产项目，变动负债项目是指假设随收入变化而正比例变化的负债项目。②确定总的融资需要量。③预计留存收益增加额。④确定外部融资需要量。

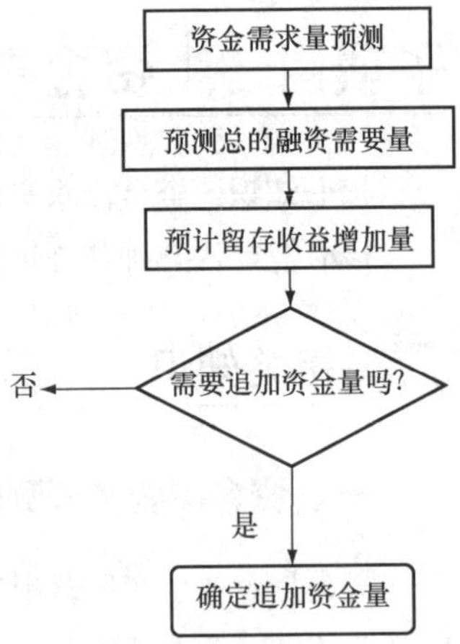

图 2-1-1　资金需要量预测的流程

【任务 2-1-1】某公司 2008 年末资产负债表（简化格式）如表 2-1-1 所示。

表 2-1-1　　资产负债表

2008 年 12 月 31 日　　单位：万元

资产		负债与所有者权益	
项目	金额	项目	金额
货币资金	200	应付账款	2 200
应收账款	1 800	预收账款	940
存货	3 200	长期负债	420
固定资产净值	4 665	实收资本	2 305
		留存收益	4 000
资产总额	9 865	负债与所有者权益总额	9 865

该公司 2008 年销售收入为 20 000 万元，预计 2009 年销售收入增长 10%，并有剩余生产能力。公司 2008 年销售净利润率为 2.5%，股利支付率为 80%。经预测，2009 年销售净利润率和利润分配政策保持不变。

现就销售百分比法的预测程序说明如下。

1．确定变动资产和变动负债项目，并确定这些项目的基期金额占基期销售额的百分比

随销售收入成正比例增减变动的资产称为变动资产。变动资产一般包括现金、应收账款、存货等。如果企业的生产能力已经饱和，那么继续增加销售收入就需要增加新的固定资产投资，这种情况下，固定资产也可能成为变动资产。如果企业尚有足够剩余生产能力，那么继续增加销售收入就不需要增加新的固定资产投资，这种情况下，固定资产不随销售收入自动成比例变动，所以为非变动资产。随销售收入成正比例增减变动的负债称为变动负债，此类负债又称自发性负债。变动负债一般包括应付账款、应交税费等。由于短期借款具有主观操作性，不随销售收入自动成比例变动，所以是非变动负债。留存收益在企业利润不全部分配出去的前提下会有所增加，其对外部融资需求预测的影响留待后面步骤考虑。

该公司预计 2009 年销售收入增长 10%后还有剩余生产能力，因此增加产销量无需追加固定资产投资。该公司的资产负债表中，资产方除了固定资产外都是变动资产。在负债与所有者权益一方，应付账款和预收款项为变动负债，而长期负债和实收资本不会随销售收入增加而自动增加。

确定变动资产和变动负债项目后，再进一步计算这些项目的基期金额占基期销售额的百分比，如表 2-1-2 所示。

计算公式为

$$变动性项目的销售百分比=\frac{基期变动性资产(负债)}{基期营业收入}=\frac{A_0(B_0)}{S_0} \quad (2\text{-}1\text{-}1)$$

表 2-1-2　　销售百分比计算表

资产			负债与所有者权益		
项目	金额	占销售收入百分比（%）	项目	金额	占销售收入百分比（%）
货币资金	200	1	应付账款	2 200	11
应收账款	1 800	9	预收款项	940	4.7
存货	3 200	16	长期负债	420	—
固定资产净值	4 665	—	实收资本	2 305	—
			留存收益	4 000	—
资产总额	9 865	26	负债与所有者权益总额	9 865	15.7

提示　一定要学会判断变动项目和非变动项目哦！

2．确定总的融资需要量

计算公式为

$$总的融资需要量=增加的资产-增加的负债 \quad (2\text{-}1\text{-}2)$$

其中，

$$增加的变动资产=增量收入\times基期变动性资产的销售百分比=\Delta S\times\frac{A_0}{S_0}$$

$$增加的负债=增量收入\times基期变动性负债的销售百分比=\Delta S\times\frac{B_0}{S_0}$$

提示　增加的资产包括增加的变动资产和非变动资产，增加的非变动资产通常作为已知数给出。

从表 2-1-2 可以看出，销售收入每增加 100 元，必须增加 26 元的资金占用，但同时增加了 15.7 元的负债资金来源。增加的资金占用 26 元减去增加的资金来源 15.7 元，差额是 10.3 元，表示每增加 100 元销售收入所需增加的融资需要量为 10.3 元。因此，本例可以按 10.3%的比例预测 2009 年销售收入增加 2 000 万元情况下的融资需要量。

增长额 ΔS=20 000×10%=2 000（万元）

2009 年融资需要量=2 000×26%−2 000×15.7%=206（万元）

或，2009 年融资需要量=2 000 × 10.3%=206（万元）

3．预计留存收益增加额

留存收益提供的资金是指预测期企业内部融资的资金。

$$增加的留存收益=预计销售收入 \times 预计销售净利率 \times 预计留存收益率 =S_1 \times P_1 \times E_1 \qquad (2\text{-}1\text{-}3)$$

2009 年的销售收入将比 2008 年增长 10%，即达到 22 000 万元。2009 年预测的销售净利润率和股利分配比率与 2008 年相同，分别为 2.5%和 80%。因此，2009 年的预计留存收益为

2009 年预计增加的留存收益=22 000 × 2.5% × （1−80%）=110（万元）

提示 对于增加的留存收益，应该采用预计销售收入计算。

4．确定外部融资需要量

总的融资需要量减去增加的留存收益，其差额为企业的外部融资需要量。

计算公式为

$$外部融资需要量=总的融资需要量-增加的留存收益 \qquad (2\text{-}1\text{-}4)$$

2009 年的外部融资需要量=206 − 110=96（万元）

销售百分比法总的计算公式为

$$外部融资需求量=\frac{A_0}{S_0}\times\Delta S-\frac{B_0}{S_0}\times\Delta S-S_1\times P_1\times E_1 \qquad (2\text{-}1\text{-}5)$$

$$2009外部融资需求量=\frac{200+1\,800+3\,200}{20\,000}\times 2\,000-\frac{2\,200+940}{20\,000}\times 2\,000-22\,000\times 2.5\%\times(1-80\%)=96(万元)$$

式中，A_0代表基期变动资产；B_0代表基期变动负债；S_0代表基期销售额；S_1代表预测期销售额；ΔS为销售变动额；P_1为预测期销售净利率；E_1为预测期留存收益率；A_0/S_0为变动性资产销售百分比；B_0/S_0为变动性负债销售百分比。

Excel 应用

Excel 办公软件运用于销售百分比法

以【任务 2-1-1】中有关数据为例。如图 2-1-2 所示，在 Excel 软件中，具体操作步骤如下。

	A	B	C	D	E	F
1	2008年末资产负债表		单位：万元		其他数据 金额单位：万元	
2	资产	金额	负债与所有者权益	金额	项目	2008年
3	货币资金	200	应付账款	2200	销售收入	20000
4	应收账款	1800	预收账款	940	增长率	10%
5	存货	3200	长期负债	420	销售净利率	3%
6	固定资产净值	4665	实收资本	2305	股利支付率	80%
7			留存收益	4000		
8	资产总额	9865	负债与所有者权益总额	9865		
9	2009年外部筹资资金需求量的计算					
10					金额单位：万元	
11	资产	是否变动性项目	占销售收入百分比(%)	负债与所有者权益	是否变动性项目	占销售收入百分比(%)
12	货币资金	是	1.00%	应付账款	是	11.00%
13	应收账款	是	9.00%	预收账款	是	4.70%
14	存货	是	16.00%	长期负债	否	不适用
15	固定资产净值	否	不适用	实收资本	否	不适用
16				留存收益	否	不适用
17	合计		26.00%	合计		15.70%
18	2009年预计总筹资资金需求量			206		
19	其中：预计留存收益增加额			110		
20	外部融资需要量			96		
21						

销售百分比法 / 回归分析法 / Sheet3

图 2-1-2　用销售百分比法预测资金需求量

（1）根据实际情况对资产、负债及所有者权益各项目是否为变动性项目进行判断，并输入单元格区域 B12：B15 以及单元格区域 E12：E16 中。

（2）在单元格 C12 中输入公式“=IF(B12="是",B3/$F$3,"不适用")”，然后将光标拖拉至单元格区域 C13：C15，计算各资产项目占销售收入百分比；在单元格 C17 中输入求和公式“=SUM(C12：C15)”。

（3）在单元格 F12 中输入公式“=IF(E12="是",D3/$F$3,"不适用")”，然后将光标拖拉至单元格区域 F13：F16，计算各负债项目占销售收入百分比；在单元格 F17 中输入求和公式“=SUM(F12：F16)”。

（4）在单元格 D18 中输入公式“=F3*F4*(C17−F17)”，得到 2009 年预计总筹资资金需求量为 206 万元。

（5）在单元格 D19 中输入公式“=F3*(1+F4)*F5*(1−F6)”，得到 2009 年预计留存收益增加额为 110 万元。

（6）在单元格 D20 中输入公式“=D18−D19”，得到 2009 年预计外部融资需要量为 96 万元。

任务训练

运用销售百分比法确定资金需要量

华腾公司 2008 年有关资料如表 2-1-3 所示。

资产负债表

表 2-1-3　　2008 年 12 月 31 日　　单位：万元

资产	金额	与销售收入的关系	负债及所有者权益	金额	与销售收入的关系
现金	200	变动	应付票据	500	变动
应收账款	2 800	变动	应付账款	1 300	变动
存货	3 000	变动	短期借款（利率 5%）	1 200	不变动
长期资产	4 000	不变动	应付债券(利息率 8%)	1 500	不变动
			股本（每股面值 1 元）	100	不变动
			资本公积	2 900	不变动
			留存收益	2 500	不变动
合计	10 000		合计	10 000	

公司 2008 年的销售收入为 10 000 万元，销售净利率为 10%，2008 年分配的股利为 800 万元，如果 2009 年的销售收入增长率为 20%，销售净利率仍为 10%，所得税税率为 25%，公司采用固定股利支付率政策。

要求：（1）预计 2009 年的净利润及其应分配的股利；

（2）预测 2009 年需增加的资金以及需从外部追加的资金。

二、高低点法

在销售百分比法中对若干资产和负债项目与销售额成正比例关系的假设与事实有一定的差距，事实上这些资产和负债项目随着销售额的变化而变化，但并非如假设的全部成正比例变化。

我们可以分析资产和负债项目的资金习性，揭示它们与销售额之间的变动关系，以使预测更加准确一些。

所谓资金习性是指资金的变动与销售水平变动之间的依存关系，这里的销售水平通常用销售额来表示。按资金习性，可以把资金分为不变资金、变动资金和半变动资金。

（1）不变资金是指在一定范围内，不受销售额变动的影响而保持不变的那部分资金，例如厂房、设备等固定资产占用的资金。

（2）变动资金是指随销售额变动而同比例变动的那部分资金，例如直接构成商品实体的原材料占用的资金。变动资金总额与销售额成正比例变化，但单位变动资金则保持不变。

（3）半变动资金是指受销售额变动的影响也会发生变动，但是并不成正比例变动的那部分资金，例如辅助材料所占用的资金。

半变动资金可以按一定的方法分解为不变资金和变动资金，因此最终所有的资金可以分成不变资金和变动资金。资金习性方程式可表示为

$$y = a + bx \tag{2-1-6}$$

式中，y 代表资金；a 代表不变资金；b 代表单位变动资金；x 代表销售额。

只要确定了资金习性方程式中的 a 和 b，我们就能够利用这个方程式预测资金需要量。财务预测的高低点法是根据资金习性原理，选择历史时期中销售额最高点和最低点的两组数据，求得资金习性方程中的 a 和 b，并利用资金习性方程式预测资金需要量的方法。

存货、应收账款、固定资产、流动负债等项目也可以根据各自的历史数据按同样的方法进行划分，写出各自的资金习性方程式，各项目按资金占用减去资金来源的方式汇总在一起，可以得到公司预测年度总的资金习性方程式，从而预测出公司总的资金需求量。

高低点法简便易行，但只考虑了历史时期中两个时期的数据，所得到的预测方程式可能存在代表性不强的问题，它一般适用于企业各项资金变动趋势比较稳定的情况。

提示

高低点法简便易行，只有在企业资金趋势变动比较稳定时才能够使用。

【任务 2-1-2】某公司历年货币资金平均占用与销售额的数据如表 2-1-4 所示。

表 2-1-4 货币资金占用与销售额 （单位：万元）

年度	销售额	货币资金占用
2002	4 000	220
2003	4 800	260
2004	5 200	280
2005	5 600	300
2006	6 000	320

由表 2-1-4 的数据，得知销售额最高点和最低点分别是 2006 年和 2002 年的销售额，根据这两期的货币资金占用和销售额的数据，按照资金习性方程式列出一个方程组。

$$\begin{cases}220 = a + b \times 4\,000 \\ 320 = a + b \times 6\,000\end{cases}$$

解该方程组，得到

$$\begin{cases}a = 20 \\ b = 0.05\end{cases}$$

所以，该公司的货币资金占用和销售额之间的关系式可以表示为

$$y=20+0.05x$$

如果该公司 2007 年的预计销售额为 7 000 万元，则其 2007 年度预测货币资金占用为

2007 年货币资金占用=20+0.05 × 7 000=370（万元）

任务训练

运用高低点法确定资金需要量

某企业的销售收入与资金占用历史资料如表 2-1-5 所示。

表 2-1-5　销售收入与资金占用情况

年　度	销售收入 X（万元）	资金占用 Y（万元）
2004	240	13
2005	200	11
2006	260	14
2007	280	15
2008	290	15
2009	300	16

要求：预计该企业 2010 年销售收入为 320 万元，请运用高低点法测算该企业 2010 年的资金需要量。

阅读案例

某生产企业资金需要量的预测

华光公司是一家生产机器设备的国有企业，2006 年完成销售收入 746 万元，实现净利润 74.6 万元，向投资者分配利润 22.38 万元。

年初公司拟进行 2007 年的财务预测，公司领导组织各生产部主管、供销部主管、财务部主管等召开了 2007 年生产、销售、资金计划会。会上，大家根据所掌握的情况，结合本公司实际分别做了发言。

销售部主管认为，企业产品市场需求较好，本年度可适当增加产品生产量，如果企业生产能力允许的话，可比上年增长 20%，销售价格不会有什么变化。

生产部主管讲，车间现在还有剩余生产能力，如果产品能够占领市场，销售有保证，企业现有的生产能力完成比上年增长 20%的生产任务没有问题，即增加产销量不需要进行固定资产方面的投资。

财务部主管分析了上年的资金使用情况，认为 2006 年末其他应收款占用较多，2007 年其他应收款占营业收入的比例应在 2006 年末的基础上下降 2%。其他方面资金使用没什么问题。

会议结束时，经理责成财务部主管根据各部门提出的有关数据资料或建议，预测一下2007年需要从外界融通多少资金，以便公司做进一步的筹资安排。

会后，财务部立即着手进行资金需求量的预测。根据历史资料，公司流动资产都与销售收入的变动成正比关系；而长期资产项目、短期借款、应付票据、长期负债及股东权益项目则与销售无关；2007年如果能够较好地压缩费用支出，预计销售净利率将比上年增长10%，股利支付率与上年相同，留存收益增加，可以满足企业的部分融资需求。财务部另根据销售的增加额预计资产、负债和所有者权益的增加额，最后确定了外部融资需求量。

小　　结

科学地预测资金需求量是企业合理筹集资金的前提。因此，企业在筹资前，会采用一定的方法预测资金需要量。销售百分比法能提供短期对外筹资的预计需要量，易于使用；高低点法简便易行，但只有在企业资金趋势变动比较稳定时才能使用。

练习题

一、知识点训练

（一）不定项选择

1. 下列属于企业资金需要量预测方法的是（　　）。

A. 因素分析法　　B. 资金习性预测法　　C. 连环替代法　　D. 销售百分比法

2. 在财务管理中，将资金划分为变动资金与不变资金两部分，并据以预测企业未来资金需要量的方法称为（　　）。

A. 定性预测法　　B. 比率预测法
C. 资金习性预测法　　D. 成本习性预测法

3. 一般情况下，采用销售百分比法预测资金需要量时，假定不随销售收入变动的项目是（　　）。

A. 现金　　B. 存货　　C. 应付账款　　D. 公司债券

4. 采用销售百分比法预测对外筹资需要量时，下列影响因素的变动会使对外筹资需要量减少的有（　　）。

A. 股利支付率降低　　B. 固定资产增加
C. 留存收益率提高　　D. 销售净利率增大

5. 在应用销售百分比法时，一般要经过哪些步骤（　　）。

A. 预计留存收益增加额　　B. 确定变动资产和变动负债项目
C. 确定外部融资需要量　　D. 确定总的融资需要量

（二）判断

1. 高低点法属于企业资金需要量预测的定性分析方法。（　　）

2. 销售百分比法简单实用，计算科学，不存在局限性。（　　）

二、课后任务

在网上查找某上市公司的资料，了解其资金预测的方法和应用情况。

子项目二　筹资渠道和筹资方式

核心知识：筹资渠道和筹资类型、权益资金和债务资金的筹集。

核心技能：债券发行价格的计算及应用。

相关知识

一、筹资渠道与筹资方式

筹资是企业根据生产经营等活动对资金的需要，通过一定的渠道，采取适当的方式获取所需资金的一种行为。筹资活动是企业一项重要的财务活动。如果说企业的财务活动是以现金收支为主的资金流转活动，那么筹资活动则是资金运转的起点。

1．筹资渠道

筹资渠道是指客观存在的筹措资金的来源方向与通道。认识和了解各筹资渠道及其特点，有助于企业充分拓宽和正确利用筹资渠道。目前，我国企业的筹资渠道主要包括以下方面。

（1）国家财政资金。国家对企业的直接投资是国有企业特别是国有独资企业获得资金的主要渠道。

（2）银行信贷资金。银行对企业的各种贷款，成为我国目前各类企业最为重要的资金来源。

（3）其他金融机构资金。这主要是指信托公司、保险公司、租赁公司、证券公司、财务公司等其他金融机构对企业提供的资金。

（4）其他企业资金。企业之间可能会利用暂时闲置的资金进行相互投资，另外企业间的购销业务往往发生商业信用。企业间的相互投资和商业信用的存在，使其他企业资金也成为企业资金的重要来源。

（5）居民个人资金。游离于银行及非银行金融机构之外的企业职工和居民个人的结余资金，也可以对企业进行投资，形成民间资金来源渠道。

（6）企业自留资金。它是指企业内部积累形成的资金，也称企业内部留存收益，主要包括提取公积金和未分配利润。

> **提示**　银行信资贷金是我国目前各类企业最为重要的资金来源。

2．筹资方式

筹资方式是指可供企业在筹措资金时选用的具体筹资形式。目前我国企业筹资方式主要有七种：①吸收直接投资；②发行股票；③利用留存利润；④向银行借款；⑤发行公司债券；⑥利用商业信用；⑦融资租赁。

其中前三种方式筹措的资金为权益资金；后四种方式筹措的资金为债务资金。除了以上所提到的筹资方式外，近年来，一些新型的筹资工具也日益得到企业的重视，其中，最主要的有票据贴现、认股权证以及可转换债券等。

二、筹资类型

企业筹集的资金，根据不同的性质可以将它们划分为不同类型，各种类型资金的结合就构成了企业具体的筹资组合。为了保证企业筹资组合的有效性，必须正确认识各种不同的筹资类型。

1. 权益筹资与债务筹资

按企业所取得资金的权益特性不同，企业筹资分为权益筹资与债务筹资。

（1）权益筹资。权益筹资形成权益资本，是企业依法筹集、长期拥有、自主支配的资金，是由投资者的原始投资和投资积累形成的，主要包括实收资本、资本公积金、盈余公积金和未分配利润等。权益资本由于一般不用还本，形成了企业的永久性资本，因而财务风险小，但付出的资本成本相对较高。

（2）债务筹资。债务筹资是企业通过借款、发行债券、融资租赁以及赊购商品或服务等方式取得的资金从而形成的在规定期限内需要清偿的债务，主要包括应付账款、应付票据、银行借款、应付债券及其他各种应付的款项。由于债务筹资到期要归还本金和支付利息，对企业的经营状况不承担责任，因而具有较大的财务风险，但付出的资本成本相对较低。

2. 短期筹资与长期筹资

按所筹集资金的使用期限不同，企业筹资分为长期筹资和短期筹资两种类型。

（1）短期筹资。短期筹资是指使用期限在 1 年以内的资金筹集活动。短期资金主要用于企业的流动资产和日常资金周转，一般在短期内需要偿还。短期筹资经常利用商业信用、短期借款、等方式来筹集。

（2）长期筹资。长期筹资是指使用期限在 1 年以上的资金筹集活动。长期筹资通常采取吸收直接投资、发行股票、发行债券、取得长期借款、融资租赁等方式，所形成的长期资金主要用于购建固定资产、形成无形资产、进行对外长期投资、垫支流动资金、产品和技术研发等。

3. 直接筹资与间接筹资

企业筹资活动，按是否通过金融机构可以划分为直接筹资与间接筹资两类。

（1）直接筹资。直接筹资是指企业不通过金融机构而是直接面对资金供应者进行的筹资活动。一般是通过吸收直接投资、发行股票、发行债券等方式进行筹集。

（2）间接筹资。间接筹资是企业通过金融媒介进行的筹资活动，一般是通过银行或其他金融机构完成。间接筹资的基本方式是向银行借款，此外还有融资租赁等筹资方式，间接筹资形成的主要是债务资金。

4. 内部筹资与外部筹资

按资金的来源范围不同，企业筹资可分为内部筹资和外部筹资两种类型。

（1）内部筹资。内部筹资是指企业通过利润留存而形成的筹资来源。内部筹资数额的大小主要取决于企业可分配利润的多少和利润分配政策（股利政策），一般无需花费筹资费用，从而降低了资本成本。

（2）外部筹资。外部筹资是指企业向外部筹措资金而形成的筹资来源。处于初创期的企业，内部筹资的可能性是有限的；处于成长期的企业，内部筹资往往难以满足需要。这就需要企业广泛地开展外部筹资，如发行股票、债券，取得商业信用，向银行借款等。企业向外部筹资大多需要花费一定的筹资费用，从而提高了筹资成本。

因此，企业筹资时一般应先利用内部筹资，然后再考虑外部筹资。

三、权益资金的筹资

权益资金是指投资者投入企业的以及企业的生产经营过程中所形成的积累性资金。它反映企业所有者的权益，可以为企业长期占有和支配，是企业一项最基本的资金来源。它的筹集方式主要可分为吸收直接投资、发行股票和利用留存利润等。

1. 吸收直接投资

吸收直接投资指企业按照“共同投资，共同经营，共担风险，共享利润”的原则直接吸收投资者直接投入资本的一种筹资方式。它是非股份制企业吸收资本金的唯一形式。吸收直接投资的出资方式有以货币资产出资，以实物资产出资，以土地使用权出资，以工业产权出资等。

（1）吸收直接投资的优点主要表现在以下几个方面。

① 有利于增强企业信誉。吸收投资所筹集的资金属于自有资金，能增强企业的信誉和借款能力。

② 有利于尽快形成生产能力。与股票筹资相比，吸收直接投资方式所履行的法律程序相对简单，从而筹资速度较快。另外，吸收投资可以直接获取投资者的先进设备和技术，有利于尽快形成生产能力，尽快开拓市场。

③ 有利于降低财务风险，吸收投资可以根据企业的经营情况向投资者支付报酬，比较灵活，所以财务风险较小。

（2）吸收直接投资的缺点主要表现在以下几个方面。

① 资本成本较高。企业向投资者支付的报酬是根据其出资的数额和企业实现税后利润的多寡来计算的。

② 企业控制权容易分散。投资者在投资的同时，一般都要求获得与投资数量相适应的经营管理的权利，这是外来投资的代价。

2. 发行普通股

发行股票指股份公司通过发行股票筹措资金的一种筹资方式。股票筹资是股份公司筹集资本的主要方法。

（1）普通股筹资的优点主要表现在以下几个方面。

① 没有固定到期日，不用偿还。这对保证公司对资本的最低要求，维持公司长期稳定的发展非常有利。

② 筹资风险小。公司筹资的股本没有还本付息的风险，因此筹资风险最小。

③ 没有使用约束。普通股在使用上不受投资者的直接干预。相对于其他筹资方式，股本的使用较为灵活，既可用于长期资产投资，在某种程度上也可用于永久性占用的流动资产投资。

（2）普通股筹资的缺点主要表现在以下几个方面。

① 普通股筹资的成本比较高。首先，相对于其他筹资方式，由于普通股股利是从税后收益中支付的，不存在负债等其他筹资方式下的税收抵免，从面直接加大了公司资本成本。其次，普通股票的发行成本相对于其他筹资方式较高，加大了筹资成本。

② 新股发行会增加新股东，稀释原有股权结构，分散公司的经营控制权。

③ 股票发行过量会直接影响公司股票市价。股票过量发行会直接导致每股净收益额的降低. 从而给公司股价带来负面影响。

3. 利用留存收益

企业留存收益是指从企业税后利润中提取的盈余公积金以及未分配利润。因此，税后利润的合理分配也关系到企业筹资问题。

与其他筹资方式相比，利用留存收益筹资具有以下优缺点。

（1）利用留存收益的优点主要表现在以下方面。

① 不用发生筹资费用。与普通股筹资相比较，留存收益筹资不需要发生筹资费用，资本成本较低。

② 维持公司的控制权分布。利用留存收益筹资，不用对外发行新股或吸收新投资者，由此增加的权益资本不会改变公司的股权结构，不会稀释原有股东的控制权。

（2）利用留存收益的缺点主要是筹资数额有限。留存收益的最大数额是企业到期的净利润和以前年度未分配利润之和，不像外部筹资可以一次性筹集大量资金。如果企业发生亏损，那么当年就没有利润留存。另外，股东和投资者从自身期望出发，往往希望企业每年发放一定的利润，保持一定的利润分配比例。

四、债务资金的筹资

债务筹资主要是企业通过向银行借款、向社会发行公司债券、融资租赁以及赊购商品或劳务等方式筹集和取得的资金。向银行借款、发行债券、融资租赁和商业信用，是债务筹资的基本形式。其中不足 1 年的短期借款在企业中经常发生，与企业资金营运有密切关系。

1. 长期借款

长期借款是企业向银行等金融机构借入的、期限在 1 年以上的各种借款。它以企业的生产经营及获利能力为依托，通常用于企业长期资产投资和永久性流动资产投资。

与其他筹资方式相比，长期借款具有以下优缺点。

（1）长期借款筹资的优点主要表现在以下几个方面。

① 融资迅速。长期借款所要办理的手续相对于股票、债券等筹资方式较为简单，具有程序简便、迅速快捷的特点。

② 借款弹性较大。借款时企业与银行直接交涉，有关条件可谈判确定；用款期间企业如因财务状况发生某些变动，亦可与银行再协商，因此，长期借款融资对企业具有较大的灵活性。

③ 筹资成本低。利用长期借款融资，其利息可在所得税前列支，从而减少企业实际负担的成本。此外，借款融资的融资费用也较少。

④ 具有财务杠杆作用。当企业投资报酬率大于其借款利率时，长期借款能使企业获得超过借款利率的差额利润，提高企业每股净收益。

（2）长期借款筹资的缺点主要表现在以下几个方面。

① 财务风险高。借款具有还本付息的固定义务，企业偿债压力大，筹资风险较高。另外，企业可能会因借款过多而不能偿付导致破产。

② 限制性条款较多。银行对借款的使用附加了很多约束性条款，限制了企业自主调配与运用

资金的灵活性。

③ 融资数量有限。借款一般不如发行股票、债券那样可以一次筹集到大笔资金。

2．发行债券

企业债券是企业为筹集资金而发行的到期还本付息的有价证券，也是债权人按规定取得固定利息和到期收回本金的债权证书。企业发行的债券称为企业债券或公司债券。

与其他筹资方式相比，债券筹资具有以下优缺点。

（1）债券筹资的优点主要表现在以下几个方面。

① 资金成本较低。与股票的股利相比较而言，债券的利息允许在所得税前支付，发行公司可享受税收上的优惠，故公司实际负担的债券成本一般低于股票成本。

② 可利用财务杠杆作用。无论发行公司盈利多少，债券持有人一般只收取固定的利息，而更多的收益可用于分配给股东或留存公司用于经营，从而增加股东和公司的财富。

③ 有利于保障股东对公司的控制权。债券持有者无权参与企业管理决策，因此，通过债券筹资，既不会稀释股东对公司的控制权，又能扩大公司的筹资规模。

（2）债券筹资的缺点主要表现在以下几个方面。

① 筹资风险较高。债券有固定的到期日，并需定期支付利息，发行公司必须承担按期付息偿本的义务。

② 限制条件较多。发行债券的限制条件一般要比长期借款、租赁融资的限制条件多且严格，从而限制了公司对债券融资方式的使用，甚至会影响公司以后的融资能力。

③ 筹资数量有限。公司利用债券筹资要受公司资质及相关条件的约束。

3．融资租赁

租赁，是指通过签订资产出让合同的方式，使用资产的一方（承租方）通过支付租金，向出让资产的一方（出租方）取得资产使用权的一种交易行为。

（1）租赁的分类。按租赁业务性质，租赁分为融资租赁和经营租赁。

经营租赁是由租赁公司向承租单位在短期内提供设备，并提供维修、保养、人员培训等的一种服务性业务，又称服务性租赁。融资租赁是由租赁公司按承租单位要求出资购买设备，在较长的合同期内提供给承租单位使用的融资信用业务，它是以融通资金为主要目的的租赁。

（2）融资租赁的基本形式。

① 直接租赁。直接租赁是融资租赁的主要形式，承租方提出租赁申请时，出租方按照承租方的要求选购资产，然后再出租给承租方。

② 售后回租。售后回租是指承租方由于急需资金等各种原因，将自己资产出售给出租方，然后以租赁的形式从出租方原封不动地租回资产的使用权。在这种租赁合同中，除资产所有者的名义改变之外，其余情况均无变化。

③ 杠杆租赁。杠杆租赁是指涉及承租人、出租人和资金出借人三方的融资租赁业务。一般来说，当所涉及的资产价值昂贵时，出租方自己只投入部分资金，通常为资产价值的 20%～40%，其余资金则通过将该资产抵押担保的方式，向第三方（通常为银行）申请贷款解决。租赁公司然后将购进的设备出租给承租方，用收取的租金偿还贷款，该资产的所有权属于出租方。出租人既是债权人也是债务人，如果出租人到期不能按期偿还借款，资产所有权则转移给资金的出借者。

（3）融资租赁的优缺点。与其他筹资方式相比，融资租赁筹资具有以下优缺点。

① 融资租赁筹资的优点主要表现在以下方面。

第一，筹资速度快，可迅速获得所需资产。融资租赁集“融资”与“融物”于一身，往往比借款购置设备更迅速，可使企业尽快形成生产经营能力。

第二，租赁融资限制较少。企业运用股票、债券、长期借款等融资方式都受到相当多的资格条件限制，相比之下，租赁融资的限制条件较少。

第三，税收负担轻。由于租金可以在税前扣除，因此，融资租赁具有抵免所得税的作用。

第四，到期还本负担轻。租金在整个租期内分期支付，不用到期归还大量本金。

② 融资租赁筹资的缺点主要表现在以下方面。

第一，资金成本较高。一般来说，租金总额通常要高于设备价值的 30%，且融资租赁的内含利率要高于借款融资和债券融资的利息率。

第二，若承租人不享有设备残值，也是一种损失。

工作任务

一、发行债券筹集资金

根据《公司法》的规定，股份有限公司、国有独资公司和由两个以上的国有公司或者两个以上的国有投资主体投资设立的有限责任公司，具有发行债券的资格。公司发行债券有一定的程序。筹资前，必须依据有关因素，运用一定的方法，确定债券的发行价格。确定债券发行价格的流程如图 2-2-1 所示。

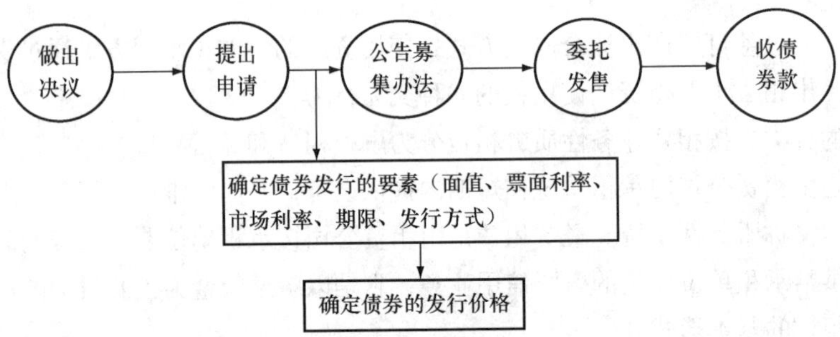

图 2-2-1　确定债券发行价格的流程

1．做出决议

公司发行债券要由董事会制定方案，股东大会做出决议。

2．提出申请

我国规定，公司申请发行债券由国务院证券管理部门批准。证券管理部门按照国务院确定的公司债券发行规模，审批公司债券的发行。公司申请发行债券应提交公司登记证明、公司章程、公司债券募集办法、资产评估报告和验资报告等。

3．公告募集办法

企业发行债券的申请经批准后，向社会公告债券募集办法。公司债券分私募发行和公募发行。私募发行是以特定的少数投资者为对象发行债券，而公募发行则是在证券市场上以非特定的广大投资者为对象公开发行债券。

债券的发行价格具体可按下列公式计算：

$$债券发行价格=\frac{债券面额}{(1+市场利率)^n}+\sum_{t=1}^{n}\frac{债券年息}{(1+市场利率)^t} \quad (2\text{-}2\text{-}1)$$

式中，n 为债券期限；t 为付息期数；债券年利息等于债券面值乘票面利率。

【任务 2-2-1】某公司发行面额为 1 000 元，票面利率 10%，期限 10 年的债券，每年年末付息一次。其发行价格可分为下述三种情况来分析计算。

（1）市场利率为 10%，与票面利率一致，为等价发行。债券发行价格计算如下：

$$\frac{1\,000}{(1+10\%)^{10}}+\sum_{t=1}^{10}\frac{100}{(1+10\%)^t}=1\,000(元)$$

（2）市场利率为 8%，低于票面利率，为溢价发行。债券发行价格计算如下：

$$\frac{1\,000}{(1+8\%)^{10}}+\sum_{t=1}^{10}\frac{100}{(1+8\%)^t}=1134(元)$$

（3）市场利率为 12%，高于票面利率，为折价发行。债券发行价格计算如下：

$$\frac{1\,000}{(1+12\%)^{10}}+\sum_{t=1}^{10}\frac{100}{(1+12\%)^t}=886(元)$$

4．委托证券经营机构发售

公募间接发行是各国通行的公司债券发行方式，在这种发行方式下，发行公司与承销团签订承销协议。承销团由数家证券公司或投资银行组成，承销方式有代销和包销两种。代销是指承销机构代为推销债券，在约定期限内未售出的余额可退还发行公司，承销机构不承担发行风险。包销是由承销团先购入发行公司拟发行的全部债券，然后再售给社会上的投资者，如果约定期限内未能全部售出，余额要由承销团负责认购。

5．交付债券，收缴债券款，登记债券存根簿

发行债券通常不需经过填写认购证过程，由债券购买人直接向承销机构付款购买，承销单位付给企业债券。然后，发行公司向承销机构收缴债券款并结算代理费及预付款项。

二、向银行借款筹集资金

在我国最见的筹资方式是银行借款，银行借款的程序如图 2-2-2 所示。

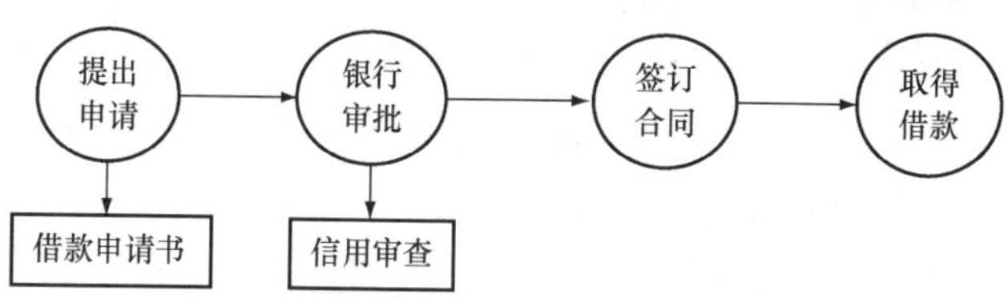

图 2-2-2　银行借款筹资的程序

银行借款筹资的程序如下。

1．提出申请

企业根据筹资需求向银行提出书面申请，按银行要求的条件和内容填报借款申请书。

2．银行审批

银行按照有关政策和贷款条件，对借款企业进行信用审查，依据审批权限，核准公司申请的

借款金额和用款计划。银行审查的主要内容是，公司的财务状况、信用情况、盈利的稳定性、发展前景、借款投资项目的可行性、抵押品和担保情况。

3．签订合同

借款申请获批准后，银行与企业进一步协商贷款的具体条件，签订正式的借款合同，规定贷款的数额、利率、期限和一些约束性条款。

4．取得借款

借款合同签订后，企业在核定的贷款指标范围内，根据用款计划和实际需要，一次或分次将贷款转入公司的存款结算户，以便使用。

阅读案例

企业在不同发展阶段筹资方式的选择

LJ公司是国内知名公司，和其他成功企业一样，经历了创业阶段、集合阶段、规范化阶段和衰退阶段。不同阶段有着不同资金需求和筹资方式。

1．创业阶段

期初，LJ公司是小规模的、非规范化的。这是LJ公司新诞生的阶段。在该阶段，LJ公司由于资产规模小、缺乏业务记录和财务审计，自身不被社会了解，还谈不上资信度的问题，LJ公司想通过外界筹措资金的可能性相对较小。因此，在创业期阶段，由于LJ公司缺乏负债筹资的条件，主要是利用权益资本。另外，由于LJ公司的产品技术不完善，产品质量上不去，成本高，但是价格又不能抬高，市场占有份额很低。此阶段利润很微薄甚至出现亏损，这也影响了创业期LJ公司的负债能力。所以该阶段LJ公司的资本结构主要是权益资本，负债资本的比例很低，可以不作为考虑筹资决策的因素。

2．集合阶段

这是LJ公司发展的成长期。这一时期，其所面临的内外部条件都发生了一系列的变化。追加扩张投资使LJ公司的资金需求猛增，同时随着企业规模的扩大，可用于抵押的资产增加，产品的市场占有份额扩大，产量增加，成本下降，销售额逐步提高，利润显著增加，并且有了初步的业务记录，信息透明度有所提高，LJ公司开始较多地依赖金融中介的债务融资。为了保持这种快速发展的趋势，企业需要扩充和壮大自身，而仅仅依靠权益资本显然不能满足这种快速发展的要求。因此，成长期的LJ公司进行举债成为必然。由于此阶段的企业在社会上被广泛认知，与外界交往增多，举债的渠道相应增加。各类银行和金融机构都愿意提供资金，企业举债的资信条件得到满足，通常能贷到数额大、成本低、附有优惠条件的贷款。在这一时期，LJ公司销售额提高，利润增加，并呈持续增加的趋势，这使其具备偿还债务的能力。同时，由于债务资本的成本一般低于权益资本的成本，所以成长期的LJ公司需要筹集与扩充规模相匹配的债务资金，用筹集的资金向市场进一步深层次地推出自己的产品。当然，前提是债务筹资能给企业权益资本带来额外收益。此时债务资本由于各种条件的成熟会增加很快，高于权益资本的增长速度。因此，此时资本结构中债务资本的比例会略高于权益资本的比例。LJ公司此时所处的环境使企业通过举债筹集扩张所需的资金成为可能。在这一阶段，资金迅速流动，但盈余资金很少，具有一定的资金需求，资金周转率高。

3. 规范化阶段

LJ公司进入成熟期，该时期是企业发展的鼎盛时期。此时业务记录和财务管理趋于完善，经验丰富，产品被社会广泛熟知，市场趋于饱和，资信度高，销售量持续增长，但速度较之成长期有所下降。企业可获得各种优惠的贷款机会，并具备进入公开市场发行有价证券的资产规模和信息条件。LJ公司此阶段的主要问题不是生存而是如何延长成熟期。因此，处于成熟期的LJ公司尽管有众多可供选择的资本成本低的债务资金来源，但不可过度举债，适度的负债是其明智选择。一则此时企业有了一定的积累，对外界举债并不十分依赖；再则，企业销售额和利润虽然在增长，但速度减慢是企业逐渐萎缩的前兆。如果没有非常有利的投资项目，过度负债没有必要。此时企业实力强，资信度高，财务状况良好，企业已积累了一定资金，获利能力处于巅峰状态，个别分支机构、子公司开始出现闲置资金。资金需求量下降。

4. 衰退阶段

随着企业的成熟，企业的规模扩大，LJ公司进入衰退期。产品的销量将加速下滑，利润大幅度减少，企业可能出现亏损，产品缺乏竞争力，设备老化，工艺落后，创新意识淡薄，各种企业病纷纷出现，种种不利的条件使LJ公司筹资非常困难。不但如此，债权人甚至会因为担心LJ公司破产清算而要求其提前偿还债务。LJ公司前期积累的资金大部分要用来偿还债务，以及实现平滑过渡的相关支出。该阶段举债筹资不具备实际条件。同时，衰退期的企业通常缺乏有力的报资项目。因此，LJ公司债务筹资的价值并不大。由此可知，对于衰退期的LJ公司而言，资本结构好像又回到了创业期的时候，主要是权益资本，负债的比例非常小，企业从各方面都要为将来的隐退打好基础。此阶段的LJ公司可能因为克服不了上一阶段存在的问题，而走向衰退；也可能因为通过了企业的组织变革与创新，获得了再次发展，更加成熟和稳定。成熟后阶段的LJ公司处于发展瓶颈，此时有可能进入资金需要量迅速下降或缓慢上升阶段。

小　结

企业在资本市场面临的筹资方式和筹资渠道多种多样。如何选择，首先要掌握各种筹资方式的特点、优缺点并加以比较分析。

练习题

一、知识点训练

（一）不定项选择

1. 企业筹集的资金，按资金性质的不同，可分为（　　）。

   A. 直接筹资和间接筹资　　B. 内源筹资和外源筹资
   C. 权益资金和债务资金　　D. 短期资金和长期资金

2. 相对于债券筹资方式而言，吸收直接投资方式的优点是（　　）。

   A. 资金成本相对较低　　B. 有利于保障股东对公司的控制权
   C. 能提高企业对外负债的能力　　D. 可利用财务杠杆作用

3. 相对于长期借款而言，股票筹资的优点是（　　）。

   A. 筹资迅速　　B. 成本低

C. 易于企业保守财务秘密　　D. 无到期日，不需要归还

4. 筹资渠道包括（　　）。

A. 银行信贷资金　　B. 居民个人资金　　C. 融资租赁　　D. 吸收直接投资

5. 下列各项中，属于“吸收直接投资”与“发行普通股”筹资方式所共有特点的是（　　）。

A. 使用限制多　　B. 财务风险大

C. 所筹集的资金都是企业的权益资金　　D. 筹资成本比较高

6. 影响债券发行价格的因素有（　　）。

A. 债券面值　　B. 票面利率　　C. 市场利率　　D. 债券期限

（二）判断

1. 企业权益资金的筹集相对于债务资金的筹集，其财务风险小，但付出的资金成本相对较高。（　　）

2. 与股票筹资相比，吸收直接投资方式筹资速度相对较慢。（　　）

3. 长期资金可以通过商业信用的方式筹集。（　　）

二、课后任务

在网上查找企业筹资管理实例，了解企业筹资的一般程序，并试着分析筹资方式决策的原因。

子项目三 资金结构决策

核心知识：资本成本的运用、经营杠杆和财务杠杆、融资方案的决策。

核心技能：资本成本的计算、杠杆系数的计算、每股收益无差别点法。

相关知识

一、资本成本

1．资本成本的含义

资本成本是企业取得和使用资本而支付的代价。广义的资本成本是指筹集和使用所有资金的成本，狭义的资本成本是指筹集和使用长期资金的成本。

资本成本包括资本筹集费和资本占用费。资本筹集费是指取得资本而发生的费用。如发行股票和债券所发生的申请、登记、印刷、注册以及向承销机构支付的手续费等与发行有关的费用。这部分费用与使用的时间无关，仅是在资本筹集时发生，是一项固定费用。资本占用费是指企业在一定时间里占用筹集过来的资本而支付给所有者的报酬，如红利、利息等。这部分费用与企业使用的时间有关，是一项变动费用。

2．资本成本的作用

（1）资本成本是企业选择资金来源，进行筹资决策的依据。企业在比较多个筹资方案时，考虑的一个重要因素就是资本成本，即应该选择资本成本最低的方案。

（2）资本成本是企业评价投资项目的标准。国际上将资本成本视作投资项目的最低收益率，视为是否采用投资项目的取舍标准。一个投资项目，只有当其投资收益高于其资本成本，在经济上才合理。

（3）资本成本是考核企业经营业绩的依据。企业总资产报酬率高于资本成本率，则认为企业经营有利，且越高越好；反之，则认为经营不利，业绩不佳。

3．资本成本的种类

资本成本主要有个别资本成本和综合资本成本。

（1）个别资本成本。个别资本成本是指单一融资方式的资本成本，包括银行借款资本成本、公司债券资本成本、融资租赁资本成本、优先股资本成本、普通股资本成本和留存收益成本等，其中前三类是债务资本成本，后三类是权益资本成本。个别资本成本率可用于比较和评价各种筹资方式。个别资本成本计算的基本模式有一般模式和折现模式。

① 一般模式。为了便于分析比较，资本成本计算的一般通用模型不考虑时间价值，用相对数即资本成本率表示。计算时，将初期的筹资费用作为筹资额的一项扣除，扣除筹资费用后的筹资额称为筹资净额，通用的计算公式是

$$\text{资本成本率}=\frac{\text{年资本占用费}}{\text{筹资总额}-\text{筹资费用}}=\frac{\text{年资本占用费}}{\text{筹资总额（1}-\text{筹资费用率）}}$$

$$K=\frac{D}{P-F}=\frac{D}{P(1-f)} \tag{2-3-1}$$

式中，K 为资本成本率，P 为筹资总额，D 为年资本占用费，F 为筹资费用，f 为筹资费用率。

请注意 若资金来源为负债，还存在税前资本成本和税后资本成本的区别。计算税后资本成本需要从年资金占用费中减去资金占用费税前列支产生的所得税节约额。

② 折现模式。对于金额大、时间超过一年的长期资本，更准确一些的资本成本计算方式是采用折现模式，即将债务未来还本付息或股权未来股利分红的折现值与目前筹资净额相等时的折现率作为资本成本率，即

由，筹资净额现值-未来资本清偿额现金流量现值 =0　得，

$$资本成本率 = 所采用的折现率 \quad (2\text{-}3\text{-}2)$$

（2）综合资本成本。由于受多种因素的制约，企业不可能只使用某种单一的筹资方式，往往需要通过多种方式筹集所需资金。为进行筹集决策，需要计算确定企业全部资本的总成本即综合资本成本。

综合资本成本是一种加权资本成本。加权平均资本成本是企业全部长期资金的总成本，用相对数，即资本成本率表示，是对个别资本成本率进行加权平均确定的。其计算公式为

$$K_W = \sum_{j=1}^{n} K_j \times W_j \quad (2\text{-}3\text{-}3)$$

式中，K_W 为加权平均资本成本率；K_j 为第 j 类个别资本成本率；W_j 为第 j 类个别资金占全部资金的比重。

二、资本结构

资本结构是指企业各种资本的构成及其比例关系。在实务中资本结构有广义和狭义之分。广义的资本结构是指企业全部资本的构成及其比例关系，不仅包括长期资本，还包括短期资本。狭义的资本结构是指长期资本的构成及其比例关系。

最佳资本结构是指能使企业综合资本成本最低，且企业价值最大，并能最大限度地调动利益相关者积极性的资本结构。现实中，不同行业的企业在资本结构的选择上是存在差异的，这显示着不同的行业存在着各自的最佳的资本结构。

资本结构的决策方法主要有两种：一是比较资本成本法；二是每股收益无差别点法。

比较资本成本法是通过计算不同资本结构的加权平均资本成本率，并以此为标准，选择其中加权平均资本成本率最低的资本结构。

每股收益无差别点法是利用每股收益（非股份公司为资本利润率）无差异点的分析来选择和确定资本结构。所谓每股收益无差异点是指两种筹资方式下每股收益相等时的息税前利润，也称无差异点。它是通过每股收益的变化来衡量资本结构合理与否。

工作任务

一、资本结构决策

在现实运营中，企业要进行筹资。应用比较资本成本法进行筹资决策首先要综合考虑不同筹

资方式的优缺点及筹资环境等因素，设计出几种筹资方案，通过对不同筹资方案综合资本成本进行计算比较后选取出最优方案。应用每股收益无差别点法是利用每股收益的大小来选择和确定资本结构。资本结构决策的流程如图 2-3-1 所示。

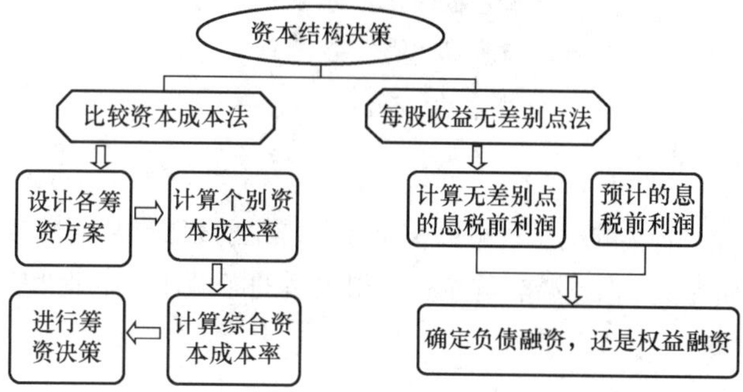

图 2-3-1　资本结构决策流程

1．比较资本成本法

（1）设计筹资方案。筹资方案的设计需要综合考虑不同筹资方式的优缺点及筹资环境等因素，通常有三大类：一是负债筹资；二是权益筹资；三是同时采用负债和权益方式进行筹资。

【任务 2-3-1】某企业原有总资本 10 000 万元，其中权益资本普通股 6 000 万元，负债资本长期借款 4 000 万元，年利率 8%。目前企业为了扩大经营规模，拟增资 5 000 万元。

要求：请设计出至少三个备选方案。

解析：设计出如下三种筹资方案。

A 方案，按面值发行长期债券 5 000 万元，票面利率为 12%。

B 方案，发行优先股 3 000 万元，年股利率为 14%。向银行借入长期借款 2 000 万元，年利率为 10%。

C 方案，增发普通股 500 万股，每股市价 10 元。

（2）计算个别资本成本率。

① 长期借款资本成本率。借款的利息可以在企业所得税前列支，从而减轻税负，具有减税效应。所以借款的利息抵消因利息支出而减轻的企业所得税后的净额才是企业为支付借款利息而增加的费用。其计算公式为

$$K_1=\frac{I\times(1-T)}{L\times(1-f)}=\frac{L\times i\times(1-T)}{L\times(1-f)} \qquad (2\text{-}3\text{-}4)$$

式中，K_1 为银行借款成本率；I 为银行借款年利息；T 为所得税税率；L 为银行借款筹资总额；i 为银行借款利息率；f 为银行借款筹资费用率。

【任务 2-3-2】某公司向银行借入一笔长期资金，计 1 000 万元，银行借款的年利率为 12%，每年结息一次，到期一次还本。同时需支付借款额 1%的手续费。公司所得税率为 25%。

要求：计算该银行借款的资本成本率。

解析：长期借款资本成本率 $K_1 = 1\,000 \times 12\% \times（1-25\%）/1\,000 \times（1-1\%）= 9.09\%$

一般来说，银行借款的筹资费很低，常常可以忽略不计，则公式 2-3-4 可简化为

$$K_1 = i \times（1-T） \qquad (2\text{-}3\text{-}5)$$

其中，i 代表借款利率。

任务训练

长期借款资本成本率的计算

某企业取得长期借款 100 万元，年利率 8%，期限为 5 年，每年付息一次，到期一次还本，筹措借款的费用率为 0.2%，企业所得税率为 25%。

要求：计算其资本成本率。

② 债券资本成本率。债券的利息也可以在企业所得税前列支，从而减轻税负，具有减税效应。所以债券的利息抵消因利息支出而减轻的企业所得税后的净额才是企业为支付债券利息而增加的费用。其计算公式为

$$K_b=\frac{I\times(1-T)}{B_0\times(1-f)}=\frac{B\times i\times(1-T)}{B_0\times(1-f)} \tag{2-3-6}$$

式中，K_b 为债券资本成本率；I 为债券每年支付的利息；T 为所得税税率；B 为债券面值；i 为债券票面利息率；B_0 为债券实际筹资额，按发行价格确定；f 为债券筹资费用率。

【任务 2-3-3】某企业发行一笔期限为 10 年的债券，债券面值为 1 000 元，票面利率 12%，每年付一次利息，发行费率为 3%，所得税税率为 25%。

要求：（1）若债券等价发行，计算该笔债券的资本成本率。

（2）若债券溢价 50%发行，计算该笔债券的资本成本率。

解析：（1）债券资本成本率 $K_b=\frac{1\,000\times12\%\times(1-25\%)}{1\,000\times(1-3\%)}=9.28\%$

（2）债券资本成本率 $K_b=\frac{1\,000\times12\%\times(1-25\%)}{1\,000\times(1+50\%)\times(1-3\%)}=6.19\%$

任务训练

债券资本成本率的计算

某企业发行面值 1 000 元的债券 1 000 张，票面利率 8%，期限为 5 年，每年付息一次，发行费用率为 2%，企业所得税率为 25%，债券按面值发行。

要求：计算其资本成本率。

③ 优先股的资本成本率。权益资本成本，其资金使用费是向股东分派的股利和股息，而股利和股息是以所得税后的净利支付的，不能抵减所得税。优先股属于权益资金，所以优先股股利不能抵税。其计算公式为

$$K_p=\frac{D}{P_0\times(1-f)} \tag{2-3-7}$$

式中，K_p 为优先股资本成本率；D 为优先股每年的股利；P_0 为发行优先股总额；f 为优先股筹资费率。

【任务 2-3-4】某股份公司拟发行优先股，其面值总额为 100 万元。确定优先股股利为 15%，筹资费率预计为 5%。设股票溢价发行，其筹资总额为 120 万元。

要求：计算其优先股的资本成本率。

解析：优先股资本成本率 $K_{p}=\frac{100\times15\%}{120\times(1-5\%)}=13.16\%$

提示

优先股的资本成本率通常要高于债券的资本成本率。

任务训练

优先股资本成本率的计算

某企业发行优先股，每股发行价为 8 元，每股每年支付股利 1 元，发行费用率为 2%。

要求：计算其资本成本率。

④ 融资租赁资本成本率。融资租赁各期的租金中，包含有每期偿还的本金和各期手续费用（即租赁公司的各期利润），其资本成本率只能按贴现模式计算。

【任务 2-3-5】设备价值 60 万元，租期 6 年，租赁期满时预计残值为 5 万元，归租赁公司所有。每年租金为 131 283 元，计算该融资租赁资本成本率。

解析：$600\,000-50\,000\times(P/F,\ K_{b},\ 6)=131\,283\times(P/A,\ K_{b},\ 6)$

用内插法可得 $K_{b}=10\%$

⑤ 普通股的资本成本率。普通股资本成本主要是向股东支付的各期股利。由于各期股利并不一定固定，随企业各期收益及股利分配政策波动，因此普通股的资本成本只能按贴现模式计算。

- 如果公司每年股利固定不变，可视为永续年金，则普通股成本的计算公式可简化为

$$K_{s}=\frac{d}{p_{0}\times(1-f)} \tag{2-3-8}$$

式中，d 为每股股利，p_0 为每股发行价，f 为筹资费率。

- 如果公司股利不断增加，假设股利年增长率为 g，则普通股成本的计算公式可简化为

$$K_{s}=\frac{d_{0}\times(1+g)}{p_{0}\times(1-f)}+g=\frac{d_{1}}{p_{0}\times(1-f)}+g \tag{2-3-9}$$

式中，K_s 为普通股资本成本率；p_0 为每股发行价；d_0 为上一年的每股股利；d_1 为预计第 1 年的每股股利；f 为普通股筹资费率；g 为股利年增长率。

【任务 2-3-6】东方公司普通股每股发行价格为 100 元，筹资费率为 5%，第一年股利为 12 元，以后每年增长 4%，计算该普通股资本成本率。

解析：普通股资本成本率 $K_{s}=\frac{d_{1}}{p_{0}\times(1-f)}+g$

$$=\frac{12}{100\times(1-5\%)}+4\%\approx16.63\%$$

任务训练

普通股资本成本率的计算

某企业发行普通股，每股发行价为 8 元，第一年支付股利 1 元，发行费用率为 2%，预计股利增长率为 5%，计算其资本成本率。

提示

普通股的资本成本率在各种筹资方式中最高。

⑥ 留存收益的资本成本率。留存收益是企业资金的一项重要来源，其所有权归属于股东。因此，这部分资本成本的计算，可视同普通股筹资成本来计算，所不同的是留存收益无筹资费用。

在普通股股利固定的情况下，留存收益筹资成本的计算公式为

$$K_e = \frac{d}{p_0} \qquad (2\text{-}3\text{-}10)$$

在普通股股利逐年固定增长的情况下，留存收益筹资成本的计算公式为

$$K_e = \frac{d_1}{p_0} + g \qquad (2\text{-}3\text{-}11)$$

式中，K_e为留存收益资本成本率。

（3）计算综合资本成本率。上一步骤所计算的个别资本的资本成本率，是比较、评价各种筹资方式的依据。在确定筹资方案时，一般应考虑综合资本成本，在其他条件相同时，企业筹资应选择综合资本成本率最低的方式。

企业综合资本成本率，是以各项个别资本在企业总资本中的比重为权数，对各项个别资本成本率进行加权平均而得到的总资本成本率。计算公式为

$$K_w = \sum_{j=1}^{n} K_j \times W_j \qquad (2\text{-}3\text{-}12)$$

式中，K_w为加权平均资本成本率；K_j为第 j 类个别资本成本率；W_j为第 j 类个别资金占全部资金的比重。

【任务 2-3-7】某企业现有资本总额 8 000 万元，其中长期借款 1 500 万元，长期债券 1 000 万元，普通股 5 000 万元，留存收益 500 万元。其各种长期资本成本率分别为 5%、7%、12%和 11%。计算该企业的综合资本成本率。

解析：第一步，计算各种长期资本的比重。

长期借款占资本总额的比重 = 1 500/8 000 = 18.75%

长期债券占资本总额的比重 = 1 000/8 000 = 12.5%

普通股占资本总额的比重 = 5 000/8 000 = 62.5%

留存收益占总资本的比重 = 500/8 000 = 6.25%

第二步，计算综合资本成本率。

K_w = 5% × 18.75% + 7% × 12.5% + 12% × 62.5% + 11% × 6.25% = 10%

任务训练

综合资本成本率的计算

万达公司 2013 年年末的长资本账面总额为 1 000 万元，其中：银行长期贷款 400 万元，占 40%；长期债券 150 万元，占 15%；普通股 450 万元，占 45%。长期贷款、长期债券和普通股的个别资本成本分别为 5%、6%、9%。普通股价值为 1 600 万元，债务市场价值等于账面价值。计算公司的综合资本成本率。

【任务 2-3-8】某企业原有总资本 10 000 万元。其中权益资本普通股 600 万股，每股面值 1 元，发行价 10 元，目前价格也为 10 元，今年预计股利为 1 元/股，以后每年增加股利 5%。负债资本为长期借款 4 000 万元，年利率为 8%。目前企业为了扩大经营规模，拟增资 5 000 万元，现有 A、B、C 三个备选方案。为方便计算，假设发行的各种证券无筹资费。有关资料如下。

A 方案：按面值发行长期债券 5 000 万元，票面利率为 12%。由于财务风险加大，预计普通股市价降至 8 元/股。

B 方案：发行优先股 3 000 万元，年股利率为 14%。向银行借入长期贷款 2 000 万元，年利率为 10%。

C 方案：增发普通股 500 万股，每股市价 10 元，预计股利不变。

假定企业适用的所得税税率为 25%。

要求：分别计算其加权平均资本成本率。

解析：（1）企业现有加权平均资本成本率的计算如下。

各种资本的比重为

普通股比重 =（6 000/10 000）× 100% = 60%

长期借款比重 =（4 000/10 000）× 100% = 40%

各种资本成本率为

普通股资本成本率 = 1/10 + 5% = 15%

长期借款资本成本率 = 8% ×（1−25%）= 6%

企业现有加权资本成本率 = 15% × 60% + 6% × 40% = 11.4%

（2）A 方案加权平均资本成本率的计算如下。

各种资本的比重为

普通股比重 =（6 000/15 000）× 100% = 40%

长期借款比重 =（4 000/15 000）× 100% = 26.67%

长期债券比重 =（5 000/15 000）× 100% = 33.33%

各种资本成本率为

普通股资本成本率 = 1/8 + 5% = 17.5%

长期借款资本成本率 = 8% ×（1−25%）= 6%

长期债券资本成本率 = 12% ×（1−25%）= 9%

企业 A 方案的加权平均资本成本率

= 17.5% × 40% + 6% × 26.67% + 9% × 33.33% = 11.6%

（3）B 方案加权平均资本成本率的计算如下。

各种资本的比重为

普通股比重 =（6 000/15 000）× 100% = 40%

原长期借款比重 =（4 000/15 000）× 100% = 26.67%

新长期借款比重 =（2 000/15 000）× 100% = 13.33%

优先股比重 =（3 000/15 000）× 100% = 20%

各种资本成本率为

普通股资本成本率 = 1/10 + 5% = 15%

原长期借款资本成本率 = 8% ×（1−25%）= 6%

新长期借款资本成本率 = 10% ×（1−25%）= 7.5%

优先股资本成本率 = 14%

企业 B 方案的加权平均资本成本率

= 15% × 40% + 6% × 26.67% + 7.5% × 13.33% + 14% × 20% = 11.4%

（4）C 方案加权平均资本成本率的计算如下。

各种资本的比重为

普通股比重 =（11 000/15 000）× 100% = 73.33%

长期借款比重 =（4 000/15 000）× 100% = 26.67%

各种资本成本率为

普通股资本成本率 = 1/10 + 5% = 15%

长期借款资本成本率 = 8% ×（1−25%）= 6%

企业 C 方案的加权平均资本成本率 = 15% × 73.33% + 6% × 26.67% = 12.6%

（5）进行最佳资本结构决策。在各种首选方案中，以加权平均资本成本率最低的为最优选择。从任务 2-3-8 的计算结果可以看出，B 方案的加权平均资本成本率最低，所以 B 方案形成的资本结构为最佳筹资结构。

2．每股收益无差别点法

（1）计算每股收益无差别点的 EBIT（息税前利润）。

在每股收益无差别点上，无论是采用债务筹资还是股权筹资方案，每股收益都是相等的。当预期息税前利润或业务量水平大于每股收益无差别点时，应当选择财务杠杆效应较大的负债筹资方案，反之应当选择权益筹资方案。在每股收益无差别点上，不同筹资方案的 EPS（每股利益）是相等的，如图 2-3-2 所示。

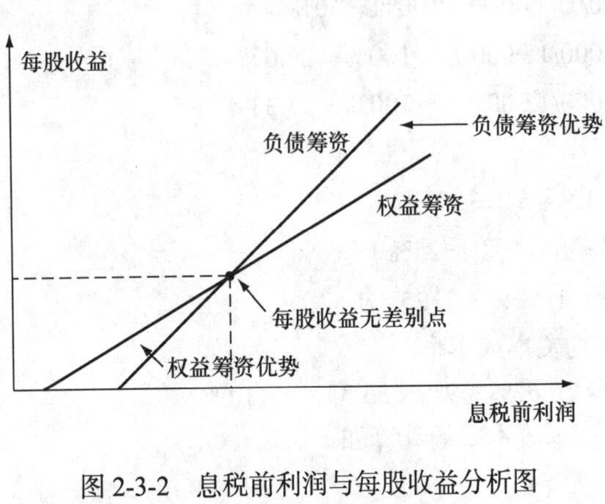

图 2-3-2　息税前利润与每股收益分析图

假设有两个筹资方案，分别采用负债筹资和权益筹资，两个筹资方案的利息分别为 I_1，I_2，两个筹资方案下的股数分别为 N_1，N_2，假设每股收益无差别点为 $EBIT_0$，则两个方案下的每股收益计算公式为

$$EPS_1=\frac{(EBIT_0-I_1)(1-T)-D}{N_1}$$

$$EPS_2=\frac{(EBIT_0-I_2)(1-T)-D}{N_2}$$

令 $EPS_1=EPS_2$，

$$\frac{(EBIT_0-I_1)(1-T)-D}{N_1}=\frac{(EBIT_0-I_2)(1-T)-D}{N_2} \quad (2\text{-}3\text{-}13)$$

式中，T 为所得税税率，D 为优先股股利。

求出每股收益无差别点 $EBIT_0$ 后，即可进行筹资决策。

（2）将预计的 $EBIT$ 与每股利润无差别点的 $EBIT_0$ 比较，进行筹资决策。

当预计的 $EBIT$ 大于每股利润无差别点的 $EBIT_0$ 时，运用负债筹资可获得较高的每股收益；

当预计的 $EBIT$ 小于每股利润无差别点的 $EBIT_0$ 时，运用权益筹资可获得较高的每股收益。

【任务 2-3-9】某企业原有资本 7 000 万元，其中债务资本 2 000 万元（每年负担利息 240 万元），普通股资本 5 000 万元（发行普通股 100 万股，每股 50 元）。由于业务扩大需要，需追加筹资 3 000 万元。经测算有两种追加筹资方案：

（1）增加权益资本，发行普通股 60 万股，每股 50 元；

（2）增加负债，筹借长期债务 3 000 万元，利率为 12%，利息 360 万元。所得税率为 25%。

解析： $EPS_1=\frac{(EBIT_0-240)(1-25\%)}{160}$；$EPS_2=\frac{(EBIT_0-240-360)(1-25\%)}{100}$

令 $EPS_1=EPS_2$

则 $\frac{(EBIT_0-240)(1-25\%)}{160}=\frac{(EBIT_0-240-360)(1-25\%)}{100}$

$EBIT_0=1\ 200$（万元）

此时 $EPS_1=EPS_2=4.5$（元）

$EBIT_0$ 为 1 200 万元的意义在于：当息税前利润大于 1 200 万元时，增加债务筹资比增发普通股较为有利；当息税前利润小于 1 200 万元时，则不应再增加债务，而应增发股票，才对企业有利；当息税前利润等于 1 200 万元时，两种方案都可以选择。

提示

只有当预计息税前利润足够多的时候，才能选择负债筹资。

任务训练

每股收益无差别点的运用

光华公司目前总资本为 1 000 万元，其中债务资本 400 万元（年利息 40 万元）；普通股资本 600 万元（600 万股，面值 1 元，市价 5 元）。企业由于有一个较好的新投资项目，需要追加

筹资 300 万元，有以下两种筹资方案。

甲方案：向银行取得长期借款 300 万元，利息率 16%。

乙方案：增发普通股 100 万股，每股发行价 3 元。

预计 *EBIT* 为 280 万元

试在两种方案中做出选择。

Excel 应用

Excel 办公软件运用于每股收益无差别点法

仍以【任务 2-3-9】为例，如图 2-3-3 所示。

	A	B	C	D	E	F	G	H
1	已知条件							
2	现有资本结构				追加筹资方案			
3	股东权益（万元）	5000	普通股份数（万股）	100	方案A			
4	债务（万元）	2000	每年利息（万元）	240	股票筹资额（万元）	3000	新增股份数（万股）	60
5	现有资本（万元）	7000			方案B			
6	所得税税率	25%			债务筹资额（万元）	3000	新增债务利息	360
7	计算过程							
8	A、B方案每股收益之差:			0				
9	可变单元格(息税前利润):			1200				
10	无差别点的每股收益:			4.5				

每股收益无差别点法 / Sheet2 / Sheet3

图 2-3-3　每股收益无差别点分析决策模型

具体操作步骤如下。

① 在单元格 D8 中输入公式 "=（D9-D4）*（1-B6）/（D3+H4）-（D9-D4-H6）*（1-B6）/D3" 计算两个方案的每股收益之差，并将其作为目标函数。

② 在【工具】菜单中选择【单变量求解】，系统会自动弹出单变量求解对话框，在目标单元格中输入 D8，在目标值中输入 "0"，在可变单元格中输入 "D9"，最后单击【确定】按钮，即可求出两个方案无差别点的息税前利润。

③ 在单元格 D10 中输入公式 "=（D9-D4）*（1-B6）/（D3+H4）" 计算两个方案无差别点的每股收益。

技能拓展

资本结构的调整

最佳资本结构并不是固定不变的，因为最佳资本结构因时而异，不同时间点的最佳资本结构是不同的。不能因为在上一期达到了最佳资本结构，就认为当期的资本结构也是最佳的，因而对最佳资本结构的追求，不是一蹴而就的，而是一个长期的、不断优化的过程。影响资本结构的诸多因素都是变量，即使资本总量不变，企业也不能以不变的资本结构应万变。

资本结构调整的原因主要可归纳为以下方面：①成本过高；②风险过大；③弹性不足；

④约束过严。

当企业现有资金结构与目标资金结构存在较大差异时，企业需要进行资金结构的调整。资金结构调整的方法有存量调整、增量调整和减量调整。

存量调整，是在不改变现有资产规模的基础上，根据目标资金结构要求，对现有资金结构进行必要的调整。

存量调整的方法有：①债转股、股转债；②增发新股偿还债务；③调整现有负债结构，如与债权人协商，将短期负债转为长期负债，或将长期负债列入短期负债；④调整权益资金结构，如优先股转为普通股，以资本公积转增股本。

增量调整，即通过追加筹资量，以增加总资产的方式来调整资金结构。其主要途径是从外部取得增量资本，如发行新债、举借贷款、进行融资租赁、发行新股票等。

减量调整，即通过减少资产总额的方式来调整资金结构，如收回发行在外的可提前收回债券，股票回购减少公司股东，进行企业分立等。

二、杠杆计算与风险衡量

财务管理中存在着类似于物理学中的杠杆效应，表现为由于特定固定支出或费用的存在，导致当某一财务变量以较小幅度变动时，另一相关变量会以较大幅度变动。财务管理中的杠杆效应，包括经营杠杆、财务杠杆和总杠杆三种效应形式。杠杆效应既可以产生杠杆利益，也可能带来杠杆风险。

杠杆计算与风险衡量的步骤如图 2-3-4 所示。

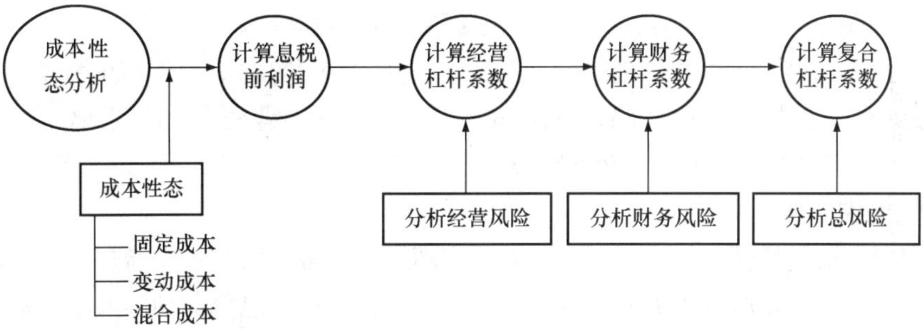

图 2-3-4　杠杆计算与风险衡量步骤

1. 成本性态分析

企业存在固定成本，就存在杠杆效应。根据成本性态，在一定产销量范围内，产销量的增加一般不会影响固定成本总额，但会使单位产品固定成本降低，从而提高单位产品利润，并使利润增长率大于产销量增长率；反之，产销量减少，会使单位产品固定成本升高，从而降低单位产品利润，并使利润下降率大于产销量的下降率。

成本习性，是指成本总额与业务量之间在数量上的依存关系。成本按习性可划分为固定成本，变动成本和混合成本三类。

（1）固定成本。固定成本是指其总额在一定时期和一定业务量范围内不随业务量发生任何变动的那部分成本，包括直线折旧法计提的折旧费、保险费、广告费、培训费、办公费等。

（2）变动成本。变动成本是指其总额随着业务量成正比例变动的那部分成本。如直接材料、直接人工等都属于变动成本。

（3）混合成本。在实际工作中，往往有一些成本虽然也随业务量的变动而变动，但又不成同比例变动，同时还有些成本是固定不变的。这类兼有变动和固定两种不同性质的成本，称为混合成本。

总成本习性模型。混合成本可以按一定方法分解成变动部分和固定部分，那么，总成本习性模型可以表示为

$$y = a+bx \tag{2-3-14}$$

式中，y 代表总成本；a 代表固定成本；b 代表单位变动成本；x 代表业务量（如产销量）。

2．计算息税前利润

（1）边际贡献，是指销售收入减去变动成本以后的差额。其计算公式为

$$\begin{aligned}\text{边际贡献}(M) &= \text{销售收入}(S) - \text{变动成本}(V)\\ &= PQ-bQ = (P-b)Q = mQ\end{aligned} \tag{2-3-15}$$

式中，M 代表边际贡献总额；S 代表总销售收入；V 代表总变动成本；P 代表销售单价；b 代表单位变动成本；Q 代表产销量；m 代表单位边际贡献。

（2）息税前利润，是指企业支付利息和交纳所得税前的利润。其计算公式为

$$\begin{aligned}\text{息税前利润}(EBIT) &= \text{销售收入}-\text{变动成本}-\text{固定成本}\\ &= PQ-bQ-a = (P-b)Q-a\\ &= M-a\end{aligned} \tag{2-3-16}$$

式中，$EBIT$ 表示息税前利润，a 代表固定成本。

注：上式的固定成本和变动成本中不应包括利息费用因素。

【任务 2-3-10】 A 企业本年度销售 A 产品，销售量为 5 000 件，每件售价为 5 元，其中固定成本为 5 000 元，单位变动成本为 3 元/件，试计算本年度 A 企业的息税前利润。

解析： 息税前利润（$EBIT$）$= PQ-bQ-a = (P-b)Q-a = (5-3)\times 5\,000-5\,000 = 5\,000$（元）

3．经营杠杆系数

在一定的产销量规模内，由于固定成本并不随产品销售量的增长而增加。因此，随着销售量的增长，单位销售量所负担的固定成本相应减少，使企业的息税前利润大幅度地增加。这种由于固定成本的存在所带来的息税前利润变动率大于产销售量（额）变动率的杠杆效应，称为经营杠杆。

为了反映经营杠杆的作用程度，通常采用经营杠杆系数来表示，通过息税前利润的变动率与销售量（额）变动率之间的比率关系来确定。其公式为

$$DOL = \frac{\Delta EBIT / EBIT_0}{\Delta Q / Q_0} \tag{2-3-17}$$

为了便于计算，可将公式 2-3-17 变换为

$$DOL = \frac{M_0}{M_0 - a} = \frac{M_0}{EBIT_0} \tag{2-3-18}$$

式中，DOL 代表经营杠杆系数；$\Delta EBIT$ 代表息税前利润变动额；$EBIT_0$ 代表变动前息税前利润；ΔQ 代表销售变动量；Q_0 代表变动前销售量。

【任务 2-3-11】假设某企业目前产品销售量为 8 000 件，销售单价为 20 元，单位变动成本为 10 元，固定成本为 50 000 元。在销售量增减下，经营杠杆对其利润的影响如表 2-3-1 所示。

表 2-3-1　经营杠杆对利润影响表　（单位：元）

项　目	销　售　情　况		
	本期	增长 10%	下降 10%
销售数量	8 000	8 800	7 200
销售收入	160 000	176 000	144 000
变动成本	80 000	88 000	72 000
边际利润	80 000	88 000	72 000
固定成本	50 000	50 000	50 000
息税前利润	30 000	38 000	22 000
变动情况		+26.67%	−26.67%

从表 2-3-1 中可以看出，当销售量增长 10%时，息税前利润增长 26.67%；当销售量减少 10%时，息税前利润下降 26.67%。息税前利润的增减为销售量的 2.67 倍。这种增减幅度的不同步性，即为经营杠杆影响所致。

解析：$DOL=[(38\,000-30\,000)/30\,000]/(8\,800-8\,000)/8\,000=2.67$

或$DOL=\dfrac{80\,000}{30\,000}=2.67$

提示：固定成本越大，经营杠杆系数越大，经营风险也就越大。

任务训练

计算经营杠杆系数

泰华公司产销某种服装，固定成本为 500 万元，变动成本率为 70%。2011 年产销额为 5 000 万元时，变动成本为 3 500 万元，固定成本为 500 万元，息税前利润为 1 000 万元；2012 年产销额为 7 000 万元时，变动成本为 4 900 万元，固定成本仍为 500 万元，息税前利润为 1 600 万元。计算该公司 2012 年的经营杠杆系数。

4．财务杠杆系数

在长期资本总额不变的条件下，企业支付的债务利息和优先股股利通常是不变的，当息税前利润增大或减少时，每一元盈余所负担的债务成本就会相应地减少或增大，从而给企业所有者带来额外的收益或损失。这种由于固定财务费用的存在所带来的每股收益变动率大于息税前利润变动率的杠杆效应，称为财务杠杆。

【任务 2-3-12】仍以【任务 2-3-11】资料为例，假定企业的资本来源为债券 100 000 元，年利率 5%；优先股 40 000 股，每股面值 1 元，年股利率 6.25%，该企业在外流通的普通股为 50 000 股，设企业所得税税率为 25%。则财务杠杆对每股收益的影响如表 2-3-2 所示。

表 2-3-2　　财务杠杆对每股收益的影响表　　（单位：元）

项　目	销　售　情　况		
	本期	增长 10%	下降 10%
息税前利润（*EBIT*）	30 000	38 000	22 000
利息	5 000	5 000	5 000
税前利润	25 000	33 000	17 000
所得税	6 250	8 250	4 250
税后利润	18 750	24 750	12 750
优先股股利	2 500	2 500	2 500
每股收益（*EPS*）	0.325	0.445	0.205
变动情况		+36.92%	−36.92%

从表 2-3-2 中可以看出，当企业 *EBIT* 增长 26.67%时，其 *EPS* 增长 36.92%；当企业 *EBIT* 下降 26.67%时，其 *EPS* 减少 36.92%。这种增减幅度的不同步性，即为财务杠杆影响所致。*EPS* 增长的幅度是 *EBIT* 增长幅度的 1.38 倍，即 36.92%/26.67%。

为了反映财务杠杆的影响程度，通常用财务杠杆系数表示。财务杠杆系数是普通股每股收益的变动率相当于息税前利润变动率的倍数。其计算公式为

$$\text{财务杠杆系数}=\frac{\text{普通股每股收益变动率}}{\text{息税前利润变动率}}=\frac{\Delta EPS/EPS_0}{\Delta EBIT/EBIT_0}$$

$$EPS=\frac{(EBIT-I)\ (1-T)-D}{N} \qquad (2\text{-}3\text{-}19)$$

可将公式 2-3-19 做如下变换，以便用简化公式计算:

$$DFL=\frac{EBIT_0}{EBIT_0-I-D/(1-T)} \qquad (2\text{-}3\text{-}20)$$

式中，*DFL* 为财务杠杆系数，*I* 为利息费用，*D* 为优先股股利，*T* 为所得税税率。

【任务 2-3-13】某公司全部资本为 5 000 万元，其中债务资本占 40%，利率为 12%，所得税率为 25%，当息税前利润为 600 万元时，税后净利润为 370 万元。

解析：财务杠杆系数为 $DFL=\dfrac{600}{600-5\,000\times40\%\times12\%}=1.67$

由计算结果可知，当息税前利润增长（减少）1 倍时，普通股每股收益增长（减少）1.67 倍。

任务训练

计算财务杠杆系数

某公司全部资本为 100 万元，负债比率为 40%，负债利率 10%，息税前利润为 14 万元，计算该公司的财务杠杆系数。

提示

在资本总额、息税前盈余相同的情况下，负债比率越高，财务杠杆系数越高，财务风险越大，但预期每股盈余也越大。

5．复合杠杆系数

由于固定成本和固定财务费用的共同存在而导致的每股收益变动率大于产销业务量变动率的杠杆效应，称为复合杠杆。

对复合杠杆进行计量的最常用的指标是复合杠杆系数。所谓复合杠杆系数，是指每股收益变动率相当于业务量变动率的倍数。其计算公式为

$$\text{复合杠杆系数}=\frac{\text{普通股每股利润变动率}}{\text{产销业务量变动率}}=\frac{\Delta EPS/EPS_0}{\Delta Q/Q_0} \quad (2\text{-}3\text{-}21)$$

可将上式做如下变换，以便用简化公式计算：

$$DCL=DOL\times DFL=\frac{M_0}{EBIT_0-I-D/(1-T)} \quad (2\text{-}3\text{-}22)$$

式中，DCL 为复合杠杆系数，DOL 为经营杠杆系数，DFL 为财务杠杆系数，M_0 为基期的边际贡献，$EBIT_0$ 为基期的息税前利润，I 为利息费用，D 为优先股股利，T 为所得税税率。

提示 企业总风险是指企业未来每股收益（EPS）的不确定性。它是经营风险和财务风险共同影响的结果。

复合杠杆可用来衡量企业的总体风险，财务杠杆用来衡量企业的财务风险，经营杠杆用来衡量企业经营风险。企业可以在总风险不变的条件下，通过调整各自的风险大小来控制总风险。即较高的经营风险可以被较低的财务风险相抵，或者相反。合适的企业总风险水平需要在企业总风险和期望收益之间进行权衡。

任务训练

计算杠杆系数

某企业只生产和销售 A 产品，其总成本习性模型为 y=10 000+3x，假定企业 2011 年 A 产品的销售量为 10 000 件，每件售价 5 元，按市场预测 2012 年 A 产品的销售量将增加 10%，要求计算：

（1）2011 年该企业的边际贡献总额；

（2）2011 年该企业的息税前利润；

（3）销售量为 10 000 件时的经营杠杆系数；

（4）2012 年的息税前利润增长率；

（5）假定 2011 年发生负债利息 5 000 元，且无优先股股息，计算复合杠杆系数。

阅读案例

福满花园项目筹资

福满花园项目是位于南宁市的房地产开发项目，项目总用地 47 375.75m^2，经南宁市规划国土局批准，用地功能为商住及配套设施，实际建设用地面积 39 390.36 m^2。计容积率总建筑面积为

149 652.53m^2，其中住宅 141 125.49m^2，商业部分 8 527.04m^2，另外不计容积率之地下室建筑面积为 8 036.54m^2，共 494 个车位，项目总建筑面积为 157 689.07m^2，拟建 21 栋 18 层商住楼。

1．预测资金需求

在房地产开发中，大量的资金周转使开发商很难单凭自身的经济实力进行项目的开发，福满花园项目总投资（含贷款建设期利息）为 37 725.35 万元，整个建设经营期为 3 年，是一个建设周期长、资金投入量大的建设项目。所以，一般采用投资的多种组合运用，一方面可减低融资的压力，有助资金的流通；另一方面可相对降低开发商的风险，使项目顺利开发。

福满花园项目开发投资的资金来源有三个渠道，一是自有资金；二是向银行贷款；三是预售收入用于投资部分。资金运作方式如下：将自有资金全部用于投资；销售收入扣除与销售有关税费后用于投资，初步估算按销售收入 15.5%计算；此外还缺少的资金，则向银行借贷。本项目开发总投资（含贷款利息）共计 37 725.35 万元，自有资金 10 000 万元，占总投资的 26.5%，销售收入再投入合计 7 725.35 万元，另需贷款额合计 20 000 万元。

本项目开发商投入自有资金10 000万元作为启动资金，另需向银行贷款20 000万元用于投资，剩余部分 7 725.35 万元由销售收入补充，总投资为 37 725.35 万元，其中 2 260.6 万元的银行贷款利息从住宅销售收入中支付。

2．贷款偿还能力分析

资金来源与运用表集中体现了项目自身平衡的生存能力，是财务评价的重要依据。经计算，本项目住宅销售和商铺与车位租赁每年都有盈余的资金，也就是说，每年的资金流入大于资金流出，本项目具有较强的贷款偿还能力和自身平衡力。故本项目筹资方案可行。

3．预计项目风险

经分析，本项目住宅销售部分的风险较大，而商铺与车位租赁部分的风险明显偏小。一方面原因是商铺与车位租赁的经营期限较长，资金回收较慢，而住宅销售回收资金的速度较快，回收资金马上又投入项目中去，减少了商铺与车位的资金投入量，比如贷款利息，就是全部用住宅销售收入来支付的；另一方面，在项目建设成本分摊上，由于商铺与车位的成本价格较低，而本地段的商铺与车位投资回报较大，这也使得本项目商铺与车位租赁风险程度降低。

4．管理建议

总体来说，项目经营阶段风险较大，主要集中在两方面，即住宅部分能不能按计划销售完毕，资金能否尽快回收。针对这些问题，现提出以下两个建议。

建议在原来的租售并举的方案中采取投资风险计划控制。实施计划控制，即在充分分析现有和未来资金条件下，妥善地安排资源，谨慎考虑项目的营销策略是否得当，促销时机是否合理，销售和租赁计划是否能如期完成，市场定位及价格定位是否合理。利用一切可利用的机会，为项目的经营制定尽可能周密、科学、详细的计划，并在实施过程中，尽可能地严格按照计划去进行，将风险减至最小。

小　结

最佳资金结构是指在一定条件下使企业加权平均资金成本最低、企业价值最大的资金结构。最佳资金结构的决策方法有息税前利润—每股收益分析法、比较资金成本法等。

在其他因素不变的情况下，固定成本越高，经营杠杆系数越大，经营风险越大。在其他因素不变的情况下，利息、优先股股利越大，财务杠杆系数越大，财务风险也越大；只要企业同时存在固定的生产经营成本和固定的利息费用等财务支出，就会存在复合杠杆的效应。

练 习 题

一、知识点训练

（一）不定项选择

1. 在个别资本成本的计算中，不必考虑筹资费用影响因素的是（　　）。

A. 长期借款成本　B. 债券成本　C. 留存收益成本　D. 普通股成本

2. 下列项目中，同优先股资本成本成反比例关系的是（　　）。

A. 优先股年股利　B. 所得税税率　C. 优先股筹资费率　D. 发行优先股总额

3. 企业向银行取得借款 100 万元，年利率 6%，期限 3 年。每年付息一次，到期还本，所得税税率 25%，手续费忽略不计，则该项借款的资本成本为（　　）。

A. 3.5%　B. 6%　C. 4.5%　D. 3%

4. 某企业发行 5 年期债券，债券面值为 1000 元，票面利率 10%，每年付息一次，发行价为 1 100 元，筹资费率 3%，所得税税率为 25%，则该债券的资本成本是（　　）。

A. 9.7%　B. 6.56%　C. 7.5%　D. 7.03%

5. 某公司普通股目前的股份为 10 元/股，筹资费率为 8%，刚刚支付的每股股利为 2 元，股利固定增长率 3%，则该股票的资本成本为（　　）。

A. 22.39%　B. 21.74%　C. 24.74%　D. 25.39%

6. 在固定成本不变的情况下，销售额越大（　　）。

A. 经营杠杆系数越小，经营风险越大　B. 经营杠杆系数越大，经营风险越大

C. 经营杠杆系数越小，经营风险越小　D. 经营杠杆系数越大，经营风险越小

7. 某公司财务杠杆系数为 1.5，每股收益目前为 2 元，如果其他条件不变，企业息税前盈余增长 50%，那么每股收益将增长为（　　）。

A. 1.5 元/股　B. 5 元/股　C. 3 元/股　D. 3.5 元/股

8. 影响企业经营风险的因素主要有（　　）。

A. 产品售价　B. 产品成本　C. 固定成本比重　D. 利润

（二）判断题

1. 一般而言，债券成本要高于长期借款成本。（　　）

2. 在长期资金的各种来源中，普通股的成本是最高的。（　　）

3. 如果企业负债筹资为零，则财务杠杆系数为 1 。（　　）

4. 当财务杠杆系数为 1.5，经营杠杆系数为 2 时，复合杠杆系数应为 3.5。（　　）

二、课后任务

分小组讨论，每组收集一家企业的背景数据，计算并分析各类资金的个别资金成本及企业经营杠杆系数、财务杠杆系数和复合杠杆系数，并试评价企业的财务风险，分析如何控制筹资的成本和风险。

项目训练

一、单项技能训练

1. 某公司2009年销售收入为20 000万元，2009年12月31日的资产负债表（简表）如表2-1所示。

表2-1 资产负债表（简表）

2009年12月31日

单位：万元

资产	期末余额	负债及所有者权益	期末余额
货币资金	1 000	应付账款	1 000
应收账款	3 000	应付票据	2 000
存货	6 000	长期借款	9 000
固定资产	7 000	实收资本	4 000
无形资产	1 000	留存收益	2 000
资产总计	18 000	负债与所有者权益合计	18 000

该公司2010年计划销售收入比上年增长20%，为实现这一目标，公司需新增设备一台，需要320万元资金。据历年财务数据分析，公司流动资产与流动负债随销售额同比率增减。假定该公司2010年的销售净利率可达到10%，净利润的60%分配给投资者。

要求：（1）计算2010年公司需增加的总的资金需求量；

（2）计算2010年增加的留存收益；

（3）预测2010年需要对外筹集的资金量。

2. 某公司目前拥有资金2 000万元。其中，长期借款800万元，年利率为10%；普通股1 200万元，上年每股股利为2元，预计股利增长率为5%，发行价格为每股20元，目前价格也为20元。该公司计划筹集资金100万元，企业所得税税率为25%，有以下两种筹资方案。

方案1：增加长期借款100万元，借款利率上升为12%，股价下降到每股18元，假设公司其他条件不变。

方案2：增发普通股40 000股，普通股市价增加到每股25元，假设公司其他条件不变。

要求：根据以上资料

（1）计算该公司筹资前加权平均资本成本率；

（2）计算采用方案1的加权平均资本成本率；

（3）计算采用方案2的加权平均资本成本率；

（4）用比较资本成本法确定该公司最佳的资金结构。

3. 某公司目前发行在外普通股为100万股（每股1元），已发行10%利率的债券400万元。该公司打算为一个新的投资项目融资500万元，新项目投产后公司每年息税前利润增加到200万元。现有两个方案可供选择：按 12%的利率发行债券（方案 1）；按每股 20 元发行新股（方案 2）。公司适用所得税税率 25%。

要求：（1）计算两个方案的每股收益；

（2）计算两个方案的每股收益无差别点的息税前利润；

（3）计算两个方案的财务杠杆系数；

（4）判断哪个方案更好，并分析原因。

4. 红星公司 2007 年度的利润表如表 2-2 所示。

表 2-2 利润表 单位：元

主营业务收入	5 000 000
减：变动成本	2 400 000
固定成本	1 300 000
息税前利润（*EBIT*）	1 300 000
减：利息	300 000
税前利润（*EBT*）	1000 000
减：所得税（25%）	250 000
税后利润（*EAT*）	750 000

要求：（1）计算红星公司在表中销售水平上的经营杠杆系数和财务杠杆系数。

（2）计算红星公司的复合杠杆系数。

二、综合技能训练

B 公司为一家上市公司，适用的企业所得税税率为 25%，相关资料如下。

资料一：2008 年 12 月 31 日发行在外的普通股为 10 000 万股（每股面值 1 元），公司债券为 24 000 万元（该债券发行于 2006 年年初，期限 5 年，每年年末付息一次，利息率为 5%），该年息税前利润为 5 000 万元。假定全年没有发生其他应付利息债务。

资料二：B 公司打算在 2009 年为一个新投资项目筹资 10 000 万元，该项目当年建成并投产。预计该项目投产后公司每年息税前利润会增加 1 000 万元。

现有甲、乙两个方案可供选择，其中，甲方案为增发利息率为 6%的公司债券，乙方案为增发 2 000 万股普通股。假定各方案的筹资费用均为零，且均在 2009 年 1 月 1 日发行完毕。

部分预测数据如表 2-3 所示。

表 2-3 筹资方案预测数据

项目	甲方案	乙方案
增资后息税前利润（万元）	6 000	6 000
增资前利息（万元）	*	1 200
新增利息（万元）	600	*
增资后利息（万元）	（A）	*

续表

项目	甲方案	乙方案
增资后税前利润（万元）	*	4 800
增资后税后利润（万元）	*	3 600
增资后普通股股数（万股）	*	*
增资后每股收益（元）	0.315	（B）

说明：表中“*”表示省略的数据。

要求：（1）根据资料一计算 B 公司 2009 年的财务杠杆系数。

（2）确定表 2-3 中用字母表示的数值（不需要列示计算过程）。

（3）计算甲、乙两个方案的每股收益无差别点的息税前利润。

（4）用每股收益分析法判断应采取哪个方案，并说明理由。

项目三
项目投资管理工作

引导案例

A 公司是目前国内最大的家电生产企业，公司考虑在北京建立一个工厂，生产某新型产品。

公司在 2 年前曾在北京以 500 万元购买了一块土地，原打算建立北方地区配送中心，后来由于收购了一个物流企业，便取消了配送中心的建设项目。现计划在该土地上建工厂，目前土地评估价为800万元。预计建设工厂的固定资产投资成本为1 000万元，该工程将承包给某建设公司，工程款在完工投产时一次付清，因此可将建设期设为 0，此外，工厂投产时需要营运资本 750 万元。该工厂投入营运后，每年生产和销售 30 万台产品，售价为 200 元/台，单位产品变动成本为 160 元，预计每年发生固定成本 400 万元。因该项目的风险比目前公司的平均风险高，管理当局要求项目的报酬率比公司当前的加权平均税后资本成本高出 2 个百分点，已知当前的加权平均税后资本成本为 8%。公司平均所得税税率为 25%，新工厂固定资产折旧年限为 8 年（净残值为 0）。土地不提取折旧。该工厂（包括土地）在运营 5 年后整体出售，预计出售价为 1 000 万元，投入的运营资本在工厂出售时可全部收回。

案例启示：对项目投资评估时应考虑这个项目投资所引起的收入、成本、所得税等增减变化情况。

项目导图

项目投资是一种以特定建设项目为对象，直接与新建项目或更新改造项目有关的长期投资行为。项目投资的管理包括新建项目的投资管理和更新改造的投资管理。

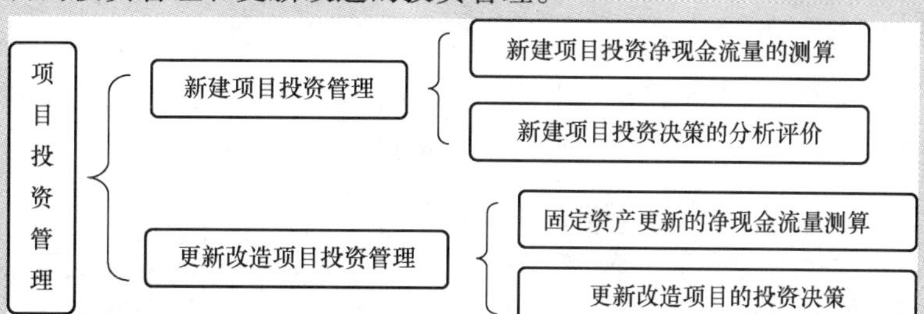

学习目标

知识目标：

1. 了解项目投资有关概念；
2. 掌握项目投资现金流量的构成和计算；
3. 掌握项目投资决策的方法。

技能目标：

1. 熟练掌握净现金流量的计算；
2. 运用项目投资决策评价指标对新建项目和更新改造项目进行决策；
3. 编写项目投资可行性研究报告。

情境讨论

金山公司是一家生产电子产品的上市公司，公司准备投资新建一个分厂，董事会让财务部门对该投资项目进行可行性分析。

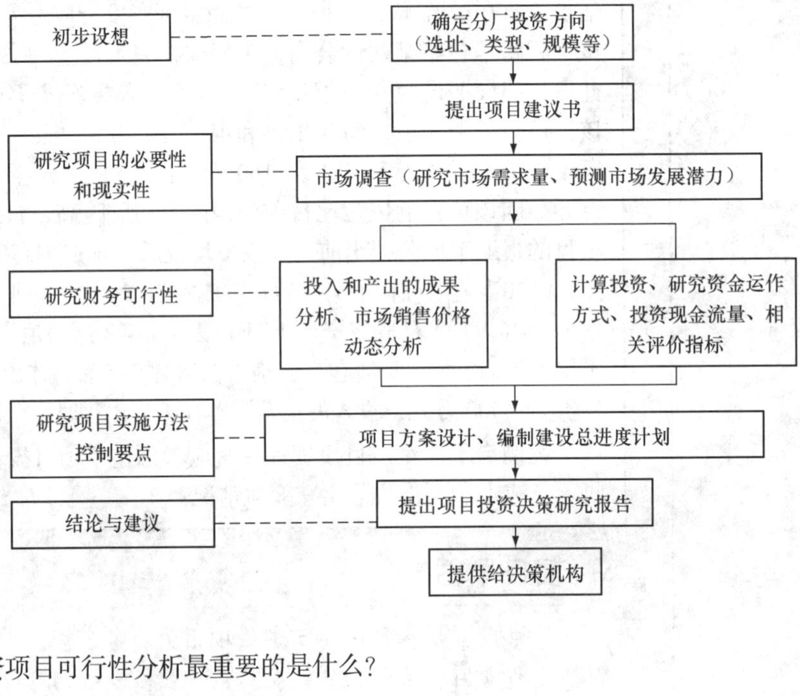

问题：

1. 投资项目可行性分析最重要的是什么？
2. 项目投资评价指标包含哪些？

子项目一 新建项目投资管理

核心知识：投资项目的净现金流量、项目投资的评价指标。

核心技能：净现金流量的测算、评价指标计算及其运用。

相关知识

一、项目投资的含义与特点

项目投资是一种以特定建设项目为对象，直接与新建项目或更新改造项目有关的长期投资行为。从性质上看，它是企业直接的、生产性的对内实物投资，通常包括固定资产投资、无形资产投资、开办费投资和流动资金投资等内容。

与其他形式的投资相比，项目投资具有以下主要特点。

1. 投资金额大

项目投资，特别是战略性的扩大生产能力投资一般都需要较多的资金，其投资额往往是企业及其投资人多年的资金积累，在企业总资产中占有相当大的比重。因此，项目投资对企业未来的现金流量和财务状况都将产生深远的影响。

2. 影响时间长

项目投资期及发挥作用的时间都较长，至少一年或一个营业周期以上，对企业未来的生产经营活动和长期经营活动将产生重大影响。

3. 变现能力差

项目投资一般不准备在一年或一个营业周期内变现，而且即使在短期内变现，其变现能力也较差。因为，项目投资一旦完成，要想改变是相当困难的，不是无法实现，就是代价太大。

4. 投资风险大

因为影响项目投资未来收益的因素特别多，加上投资额大、影响的时间长和变现能力差，必然造成投资风险比其他投资大，对企业未来的命运产生决定性影响。无数实例证明，一旦项目投资决策失败，会给企业带来先天性的、无法逆转的损失。

二、项目投资的类型

本书所介绍的工业企业项目投资主要包括以新增生产能力为目的的新建项目和以恢复或改善生产能力为目的的更新改造项目两大类。

新建项目按其涉及内容还可进一步细分为单纯固定资产投资项目和完整工业投资项目。单纯固定资产投资项目简称固定资产投资，其特点在于，在投资中只包括为取得固定资产而发生的垫支资本投入而不涉及周转资本的投入；完整工业投资项目则不仅包括固定资产投资，而且还涉及流动资金投资，甚至包括其他长期资产项目（如无形资产、递延资产）的投资。因此，不能将项目投资简单地等同于固定资产投资。

更新改造项目包括两类：一是更新项目，即以全新的固定资产替换原有的旧固定资产，该类项目的目的在于恢复固定资产的生产能力；二是改造项目，主要是指应用现代科学技术的新成果，对旧设备的结构进行局部改革，如安装新部件、新附件或新装置以改善旧设备的生产能力。

图 3-1-1 概括了项目投资的类型。

- 投资项目
  - 新建项目（新增生产能力）
    - 单纯固定资产投资项目（只投资固定资产）
    - 完整工业投资项目（投资固定资产、流动资金等）
  - 更新改造项目（恢复或改善生产能力）

图 3-1-1　项目投资的类型

三、项目计算期的构成

项目计算期指投资项目从投资建设开始到最终清理结束整个过程的全部时间，即该项目的有效持续时间。完整的项目计算期包括建设期和生产经营期。其中建设期（记作 s，$s \geq 0$）的第 1 年年初（记作第 0 年）称为建设起点，建设期的最后一年年末（第 s 年）称为投产日，项目计算期的最后一年年末（记作第 n 年）称为终结点。从投产日到终结日之间的时间间隔称为生产运营期（记作 p），生产运营期包括试产期和达产期（完全达到实际生产能力）。项目计算期、建设期和生产运营期之间存在如下关系：

项目计算期（n）= 建设期（s）+ 运营期（p）

运营期 = 试产期 + 达产期

项目计算期的构成如图 3-1-2 所示。

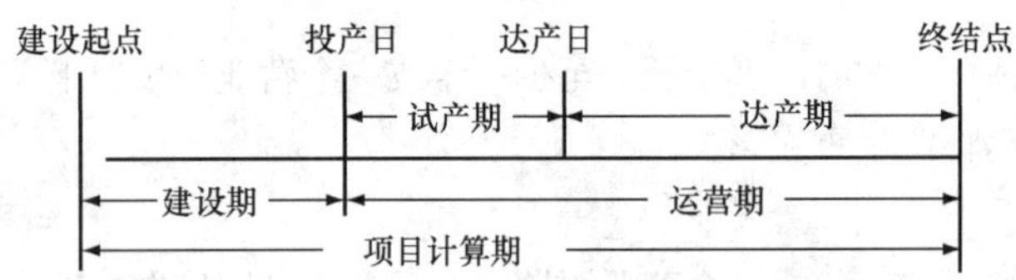

图 3-1-2　项目计算期的构成

四、项目投资的内容

原始投资又称为初始投资，是反映项目所需现实资金水平的价值指标。从项目投资的角度看，原始投资等于企业为使该项目完全达到设计生产能力、开展正常经营而投入的全部现实资金，包括建设投资和流动资金投资两项内容。

建设投资是指在建设期内按一定生产经营规模和建设内容进行的投资，包括固定资产投资、无形资产投资和开办费投资三项内容。流动资金投资是指项目投产前后分次或一次性投放于流动资产项目的投资增加额，又称垫支流动资金。

投资总额是一个反映项目投资总体规模的价值指标，它等于原始总投资与建设期资本化利息之和。其中建设期资本化利息是指在建设期发生的与构建项目所需的固定资产、无形资产等长期资产有关的借款利息。

相关计算公式为

原始投资 = 建设投资 + 流动资金投资。

项目总投资 = 原始投资 + 建设期资本化利息

项目投资的内容构成如图 3-1-3 所示。

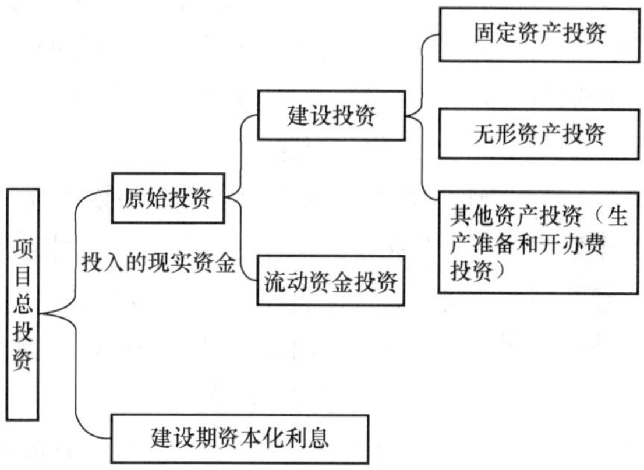

图 3-1-3　项目投资的内容

关于项目投资的内容，应注意以下几点。

（1）原始投资不受企业投资资金来源的影响，但项目总投资受企业投资资金来源的影响。比如，原始投资 100 万元，全部来自银行借款，利率为 10%，建设期为 1 年，则项目总投资为 110 万元；如果资金来源是自有资金 50 万元，银行借款 50 万元，则项目总投资就是 105 万元。

（2）固定资产投资中不包括资本化利息，但是，在以后计提折旧时，包括资本化利息，即按固定资产原值计提折旧，而不是按固定资产投资计提折旧。二者的关系是

固定资产原值=固定资产投资+建设期资本化借款利息

（3）项目总投资这个数据，只在计算会计投资收益率时使用，计算其他投资评价指标时不使用。

比如，A 企业拟新建一条生产线，需要在建设起点一次性投入固定资产投资 200 万元，在建设期末投入无形资产投资 25 万元。建设期为 1 年，建设期资本化利息为 10 万元，全部计入固定资产原值。流动资金投资合计为 20 万元。则：①固定资产原值 = 200+10 = 210（万元）；②建设投资 = 200+25 = 225（万元）；③原始投资 = 225+20 = 245（万元）；④项目总投资 = 245+10 = 255（万元）。

五、项目投资现金流量的概念及作用

1. 现金流量的概念

所谓现金流量，是指一个项目引起的企业现金支出和现金收入增加的数量。这里的“现金”是广义的现金，它不仅包括各种货币资金，而且还包括项目需要投入的企业现有的非货币资源的变现价值。例如，一个项目需要使用原有的厂房、设备和材料等，则相关的现金流量是指它们的变现价值，而不是其账面成本。

项目投资现金流量可分为现金流出量、现金流入量和净现金流量。

（1）现金流出量（CO_t）。一个投资项目的现金流出量是指该投资项目引起的企业现金支出的增加额。现金流出量包括的主要内容有，建设投资、流动资金投资、经营成本、维持运营投资、营业税金及附加和企业所得税等。例如，企业购置一条生产线，通常会引起以下的现金流出量。

① 购建生产线的价款。它可能是一次性支出，也可能是分几次支出。

② 生产线的维护、修理等费用。在该生产线的整个使用期限内，会发生保持生产能力的各种费用。它们都是由于购建该生产线引起的，应该作为购建生产线的现金流出量。

③ 垫支流动资金。由于该生产线扩大了企业的生产能力，引起对流动资产需求的增加。企业需要追加的流动资金，也是购建该生产线引起的，应该作为购建生产线的现金流出量。只有在投资项目寿命期终结或出售、报废该生产线时才能收回这些资金。

（2）现金流入量（CI_t）。一个投资项目的现金流入量是指该投资项目引起的企业现金收入的增加额。现金流入量的主要内容有，营业收入、补贴收入、回收固定资产残值和回收垫支的流动资金等。例如，企业购置一条生产线，通常会引起下列现金流入量。

① 营业现金流入。购建生产线扩大了企业的生产能力，使企业销售收入增加，扣除有关的付现成本增量后的余额，就是该生产线引起的一项现金流入。

② 该生产线寿命期终结或出售、报废时的残值收入。资产出售或报废时的残值收入是由于当初购建该生产线引起的，应当作为项目投资的一项现金流入量。

③ 收回的流动资金。该生产线寿命期终结或出售、报废时，企业可以相应减少流动资金垫支，收回的资金可以用于别处，因此，应将其作为该投资项目的一项现金流入量。

（3）净现金流量（NCF_t）。净现金流量是指一定期间现金流入量与现金流出量的差额。这里的“一定期间”，根据投资项目的决策需要而定，有时是指一年间，有时是指投资项目持续的整个有效年限内。一定期间的现金流入量大于现金流出量时，净现金流量为正值；反之，净现金流量为负值。计算公式为

某年净现金流量 = 该年现金流入量-该年现金流出量

$$NCF_t = CI_t - CO_t (t = 0，1，2，…，n) \quad （3\text{-}1\text{-}1）$$

2．现金流量的作用

以现金流量作为项目投资的重要价值信息，其主要作用表现在以下方面。

（1）现金流量信息所揭示的未来期间现实货币资金收支运动，可以序时动态地反映项目投资的流出与回收之间的投入产出关系，使决策者在投资主体的立场上，完整、准确、全面地评价具体投资项目的经济效益。

（2）利用现金流量指标代替利润指标作为反映项目效益的信息，可以克服因贯彻财务会计的权责发生制原则而带来的计量方法和计算结果的不可比和不透明等问题。即由于不同的投资项目可能采取不同的固定资产折旧方法、存货估价方法或费用摊配方法，从而导致不同方案的利润信息相关性差、透明度不高和可比性差。

（3）利用现金流量信息排除了非现金收付内部周转的资本运动形式，从而简化了有关投资决策评价指标的计算过程。

（4）由于现金流量信息与项目计算期的各个时点密切结合，有助于在计算投资决策评价指标时应用资金时间价值的形式进行动态投资效果的综合评价。

3．计算投资项目现金流量时应注意的问题

（1）必须考虑现金流量的增量。这里实际上是提出了相关现金流量的观点。相关现金流量，是指与某一特定项目相关联的现金流量，如果决定投资于某一项目，则会发生相关现金流量，如果不投资于某一项目，则不会发生相关现金流量。例如，某企业在投资某一项目之前，每年有营业收入 100 万元，投资某一项目后，营业收入为 150 万元，则相关现金流量就是 50 万元。相关现

金流量表现为增量现金流量。

（2）区分相关成本和非相关成本。相关成本是指与特定决策有关的、在分析评价时必须考虑的成本。例如，未来成本、重置成本、机会成本都属于相关成本。以此相反，与特定决策无关的、在分析评价时不必加以考虑的成本是非相关成本。例如，过去成本、账面成本等则是非相关成本。

比如，某公司在 2011 年曾经打算新建一个车间，聘请一家投资咨询公司做过可行性分析，支付咨询费 8 万元。后来由于该公司有了更好的投资机会，该项目被搁置下来，该笔咨询费作为费用已经入账。2013 年旧事重提，在进行投资分析时这笔咨询费是否仍是相关成本呢？答案应当是否定的。因为该笔费用已经支出，不管这家公司是否采纳当时的可行性方案，它都已经无法收回，与公司未来的总现金流量无关。

（3）不要忽视机会成本。在投资方案的选择中，如果选择了一个投资方案，则必须放弃投资于其他项目的机会。而其他投资机会可能取得的收益就是实行本方案的一种代价，因此被称为这项投资方案的机会成本。

比如，某公司购入一批价值 20 万元的专用材料，因规格不符无法投入使用，拟以 15 万元变价处理，并已找到购买单位。此时，技术部门完成一项新产品开发，并准备支出 50 万元购入设备当年投产。经化验，上述专用材料完全符合新产品使用，故不再对外处理，可使企业避免损失 5 万元，并且不需要再为新项目垫支流动资金。因此，在评价该项目时第一年的现金流出应按 65 万元（购买设备 50 万元+放弃材料变价处理收益 15 万元）计算。

（4）要考虑投资方案对公司其他部门的影响。比如，某公司下属两个分厂,一分厂从事生物医药产品生产和销售,年销售收入 3 000 万元，现在二分厂准备投资一项目从事生物医药产品生产和销售，预计该项目投产后每年为二分厂带来销售收入 2 000 万元，但由于和一分厂形成竞争，每年使得一分厂销售收入减少 400 万元，那么从该公司的角度出发，二分厂投资该项目预计的年现金流入为 1 600（2 000-400）万元。

提示

在一般情况下，投资决策中的现金流量通常指现金净流量（*NCF*）。

工作任务

一、新建项目净现金流量的测算

净现金流量是投资项目财务可行性分析的主要分析对象，净现值、内部收益率、投资回收期等财务评价指标都是以净现金流量为对象进行可行性评价的。由于一个项目从准备投资到项目结束，经历了项目建设期、运营期、终结期，因此投资项目净现金流量包括建设期净现金流量、运营期净现金流量，终结期净现金流量。净现金流量的确定流程如图 3-1-4 所示。

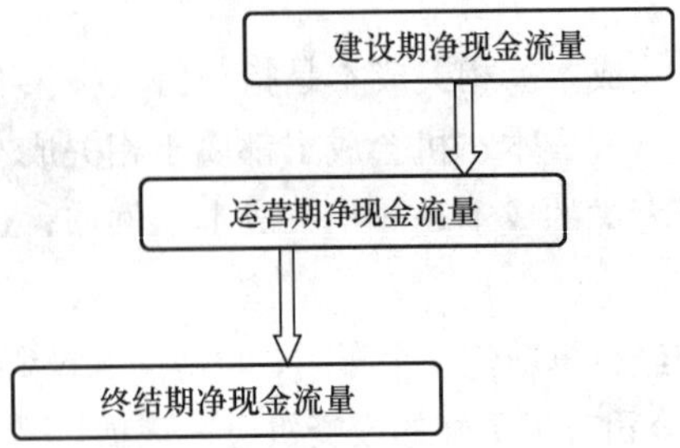

图 3-1-4　净现金流量的确定流程

1．建设期净现金流量

建设期的现金流量主要是现金流出量，即在该投资项目上的原始投资，包括在长期资产上的投资和垫支的营运资金。

$$\text{建设期某年净现金流量}(NCF_t)=-\text{该年原始投资额}=-I_t(t=0,1,\ldots,s,s\geqslant 0) \tag{3-1-2}$$

式中，I_t为第 t 年原始投资额；s 为建设期年数。

由公式（3-1-2）可见，当建设期 s 不为零时，建设期净现金流量的数量特征取决于其投资方式是分次投入还是一次性投入。

> **提示**　如果该项目的筹建费、开办费较高，也可以作为初始阶段的现金流出量计入长期待摊费用。

【任务 3-1-1】假定某公司拟购建一项固定资产，需投资 200 万元，在建设起点一次性投入，建设期为两年，在完工投产日垫支流动资金 50 万元，请计算项目的建设期净现金流量。

解析：NCF_0=−200 万元

NCF_1=−0 万元

NCF_2=−50 万元

任务训练

建设期净现金流量的确定

凌云公司拟购建一条生产线，需投资 500 万元，建设期为两年，投资额分两期均匀投入，在完工投产日垫支流动资金 50 万元。

要求：计算该项目在建设期各年的净现金流量。

2．运营期净现金流量

购置生产线扩大了企业的生产能力，使企业销售收入增加，扣除有关的付现成本（即经营成本）增量后的余额，是该生产线引起的一项净现金流入。

（1）根据现金净流量的定义计算。由于缴纳所得税是企业的一项现金流出，因此营运期净现金流量计算公式为

$$\text{运营期现金净流量}=\text{营业收入}-\text{付现成本}-\text{调整所得税} \tag{3-1-3}$$

式中，付现成本是指需要支付现金的成本，如直接材料费、直接人工费等。在项目投资决策中，按照是否需要支付现金，将总成本费用分成付现成本和非付现成本两类。调整所得税是项目可行性研究中的一个专有术语，它是简化计算而设计的虚拟企业所得税，其计算公式为

$$调整所得税=息税前利润\times所得税税率=EBIT\times T$$

上式中，$EBIT$ 为息税前利润（=营业收入−不包括财务费用的总成本费用），T 为企业适用的所得税税率。

（2）根据年末营业结果来计算。企业每年现金增加两个来自主要方面：一是当年增加的净利；二是计提的折旧，以现金形式从销售收入中扣回，留在企业里。因此营运期净现金流量计算公式为

$$运营期净现金流量=息前税后利润+折旧 \tag{3-1-4}$$

上式中，息前税后利润=息税前利润×（1−所得税率）=税后净利+利息×（1−所得税率），即

$$运营期净现金流量=税后净利+利息\times（1-所得税率）+折旧 \tag{3-1-5}$$

在企业投资的资金全部来自自有资金，没有利息的情况下，

$$运营期净现金流量=税后净利润+折旧$$

（3）根据所得税对收入、成本和折旧的影响计算

在这种方法下，营运期净现金流量计算公式为

$$运营期净现金净流量=营业收入\times（1-所得税率）-付现成本\times（1-所得税率）+折旧\times所得税率 \tag{3-1-6}$$

提示 若存在无形资产摊销、长期待摊费用的摊销等非付现成本，其处理方法和折旧一样。

【任务 3-1-2】某固定资产项目预计投产后可使用 8 年，每年为企业创造增量收入 100 万元，发生付现成本 60 万元，固定资产按直线法折旧，每年折旧额为 20 万元，期末无残值，所得税率为 25%。要求：计算该项固定资产经营期的净现金流量。

解析：运营期净现金流量=销售收入 – 付现成本 – 调整所得税

由，调整所得税=（收入 – 总成本）×所得税率

=（100 – 60 – 20）×25%=5（万元）

得，$NCF_{1\sim8}$=100 – 60 – 5=35（万元）

【任务 3-1-3】假定某公司拟购建一项固定资产，需投资 100 万元，在建设起点一次性投入，建设期为两年，在完工投产日垫支流动资金 50 万元。假定该公司为购建固定资产，在建设起点向银行借款 100 万元，利率为 10%，期限 3 年。投产后固定资产项目预计可使用 6 年，每年为企业创造净利润 30 万元。固定资产按直线法折旧，期末无残值，所得税率为 25%。请计算该项固定资产运营期的净现金流量。

解析：年折旧=（100+100×10%×2）/6=20（万元）

根据公式（3-1-5）

NCF_3=30+100×10%×（1−25%）+20=57.5（万元）

$NCF_{4\sim8}$=30+20=50（万元）

任务训练

运营期净现金流量的确定

某投资项目需要3年建成，从明年开始每年年初投入建设资金90万元，共投入270万元。建成投产之时，需投入营运资金140万元，以满足日常经营活动需要。生产出A产品，估计每年可获净利润60万元。固定资产使用年限为7年，资产使用期满后，估计有残值净收入11万元，采用年限法折旧。项目期满时，垫支营运资金全额收回。

要求：计算该项目在运营期各年的净现金流量。

3. 终结期净现金流量

投资项目在终结时，会有一定的现金流入，主要包括固定资产的净残值收入和收回原投入的流动资金。在投资决策中，一般假设当项目终止时，将项目初期投入在流动资产上的资金全部收回。因此运营期最后一年的净现金流量包括运营时产生的净流量和终结点的现金流量。

【任务3-1-4】假定某个5年的投资项目运营期的净现金流量均为18万元，报废时的变价收入为0.8万元，原投入该项目的流动资金为50万元。要求计算终结点净现金流量及第5年的净现金流量。

解析：终结点净现金流量=50+0.8=50.8 （万元）

第5年净现金流量=18+50.8=68.8 （万元）

【任务3-1-5】云顶公司计划年度拟投资A项目，经可行性分析，有关资料如下。

（1）A项目共需固定资产投资450 000元， 其中第1年年初和第2年年初分别投资250 000元和200 000元，建设期为2年。

（2）A项目投产时需垫支相应流动资金120 000元，用于购买材料、支付工资等。

（3）A项目经营期预计为5年，固定资产按直线法计提折旧。A项目正常终结处理时预计发生清理费用3 000元，残余价值123 000元。

（4）根据市场预测，A项目投产后第1年营业收入为320 000元，以后4年每年营业收入均为450 000元。第1年的付现成本为150 000元，以后4年每年的付现成本均为210 000元。

（5）该企业适用所得税税率为25%。

试计算A项目在项目计算期内的净现金流量。

解析：① 计算A项目的每年折旧额。年折旧额=（450 000−123 000+3 000）/5=66 000（元）

② 计算经营期净现金流量（见表3-1-1）。

表3-1-1　**经营期净现金流量计算表**　单位：元

项目	第1年	第2年	第3年	第4年	第5年
营业收入	320 000	450 000	450 000	450 000	450 000
减：付现成本	150 000	210 000	210 000	210 000	210 000
折旧	66 000	66 000	66 000	66 000	66 000
税前利润	104 000	174 000	174 000	174 000	174 000
减：所得税	26 000	43 500	43 500	43 500	43 500
税后净利	78 000	130 500	130 500	130 500	130 500
加：折旧	66 000	66 000	66 000	66 000	66 000
经营期净现金流量	144 000	196 500	196 500	196 500	196 500

③ 在 A 项目经营期净现金流量计算出来后，便可通过加进项目建设期的投资现金流量和报废时的终结现金流量，一并计算该项目的全部现金流量。计算过程如表 3-1-2 所示。

表 3-1-2　　计算期现金流量计算表　　单位：元

t	0	1	2	3	4	5	6	7
固定资产投资	−250 000	−200 000						
流动资金投资			−120 000					
经营期净现金流量				144 000	196 500	196 500	196 500	196 500
固定资产净残值								120 000
流动资金回收								120 000
净现金流量合计	−250 000	−200 000	−120 000	144 000	196 500	196 500	196 500	436 500

注：在表 3-1-2 中，t=0 代表第 1 年年初；t=1 代表第 1 年年末；t=2 代表第 2 年年末；……t=7 代表第 7 年年末。

各期净现金流量计算如下。

NCF_0= – 250 000（元）

NCF_1= – 200 000（元）

NCF_2= – 120 000（元）

NCF_3=320 000 ×（1−25%）−150 000 ×（1−25%）+66 000 × 25%=144 000（元）

$NCF_{4\sim6}$=450 000 ×（1−25%）−210 000 ×（1−25%）+66 000 × 25%=196 500（元）

NCF_7=196 500+120 000+（123 000-3 000）=436 500（元）

提示　在实务中，对某一投资项目在不同时点上现金流量数额的测算，通常通过编制“投资项目现金流量计算表”进行。

任务训练

项目投资在计算期内各年净现金流量的确定

安达公司为了扩大经营规模，拟新建一条生产线。生产线投资项目的 A 方案如下：项目原始投资额为 600 万元，其中，固定资产投资为 500 万元，流动资产投资为 100 万元，全部资金的来源均为自有资金。该项目建设期为 2 年，经营期为 10 年。除流动资金投资于项目完工时（第 2 年年末）投入外，其余投资均于建设起点一次性投入。

固定资产的寿命期为 10 年，按直线法计提折旧，期满有 50 万元的净残值；流动资金于终点一次收回。

预计项目投产后，每年发生的相关营业收入（不含增值税）和付现成本分别为 400 万元和 155 万元，所得税率为 25%，该项目不享受减免所得税的待遇。

要求：计算该项目 A 方案的下列净现金流量指标。

（1）建设期各年的净现金流量；

（2）经营期每年的净现金流量；

（3）终结点净现金流量。

二、新建项目投资决策的分析评价

项目投资决策的分析评价，需要采用一些专门的评价指标和方法。常用的财务可行性评价指标有投资回收期、净现值、现值指数、内部收益率等指标，围绕这些评价指标进行评价也相应产生了回收期法、净现值法、内部收益率法等评价方法。按照是否考虑资金时间价值，可以分为非折现方法和折现方法，前者不考虑资金时间价值，后者考虑资金时间价值。

投资评价指标体系如图 3-1-5 所示。

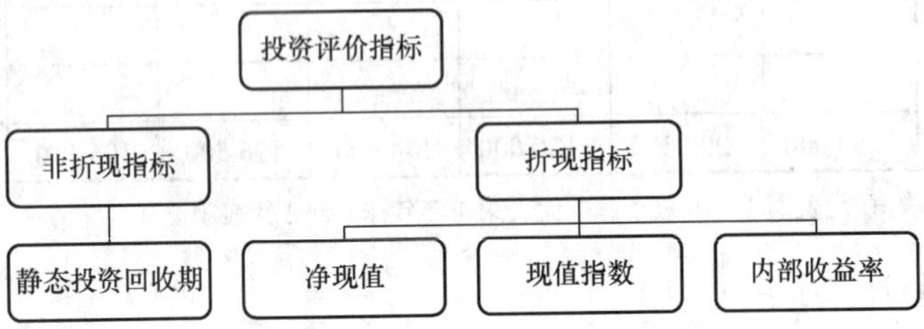

图 3-1-5　投资评价指标体系

1．静态投资回收期法

投资回收期是指投资项目引起的现金流入量累计到与投资额相等时所需要的时间。它代表收回投资项目的投资额所需要的年限。它有“包括建设期的投资回收期（记作 PP）”和“不包括建设期的投资回收期（记作 PP'）”两种形式。

（1）计算原理。投资回收期的具体计算与投资项目净现金流量的特点有关。

① 如果某一项目运营期内前若干年（假定为 $s+1\sim s+m$ 年，共 m 年）每年净现金流量相等，且其合计大于或等于建设期发生的原始投资合计，可按以下简化公式直接求出投资回收期：

$$\text{不包括建设期的回收期}（PP'）=\frac{\text{建设期发生的原始投资合计}}{\text{运营期内前若干年每年相等的净现金流量}} \tag{3-1-7}$$

$$\text{包括建设期的回收期}（PP）=\text{不包括建设期的回收期}+\text{建设期}=PP'+s \tag{3-1-8}$$

② 如果投资项目的现金流入量各期不相等，即混合型的情况，则

$$\text{包括建设期的投资回收期}（PP）=\text{累计净现金流量开始出现正值的年份}-1+\frac{\text{上年累计净现金流量绝对值}}{\text{当年净现金流量}} \tag{3-1-9}$$

（2）静态投资回收期法的决策准则。静态投资回收期是一个无量纲的指标，单独的投资回收期指标无法对投资项目做出优劣的评价，它需要一个参照系。这个参照系就是基准投资回收期（公司自行确定或根据行业标准确定，在实务中常用项目计算期的一半或者运营期的一半作为基准投资回收期）。

对于单一投资项目，只要投资项目的投资回收期小于或等于基准投资回收期，投资项目就可以接受；反之，投资项目的投资回收期大于基准投资回收期，项目不可接受。在多个投资项目中选择最优时，从可行方案中选择投资回收期最短的项目。

（3）静态投资回收期法的评价。静态投资回收期的优点是能够直观地反映原始投资的返本期限，便于理解，计算也不难，可以直接利用回收期之前的净现金流量信息。缺点是没有考虑资金时间价值因素和回收期满后继续发生的净现金流量，不能正确反映投资方式不同对项目的影响。

【任务 3-1-6】凌云公司准备从甲、乙两种机床中选购一种机床。甲机床购价为 35 000 元，投入使用后，每年净现金流量为 7 000 元；乙机床购价为 36 000 元，投入使用后，每年净现金流量为 8 000 元。

要求：用静态回收期指标决策该公司应选购哪种机床。

解析：甲机床回收期=35 000/7 000=5（年）

乙机床回收期=36 000/8 000=4.5（年）

计算结果表明，乙机床的回收期比甲机床短，该公司应选择乙机床。

【任务 3-1-7】根据投资项目现金流量预测表（见表 3-1-3）的资料计算静态投资回收期。

表 3-1-3　　现金流量预测表　　单位：元

t	0	1	2	3	4	5
NCF	−170 000	39 800	50 110	67 117	62 782	78 972
累计 NCF	−170 000	−130 200	−80 090	−12 973	49 809	128 781

要求：计算该投资项目的投资回收期。

解析：静态投资回收期$=4-1+\dfrac{|-12\,973|}{62\,782}$=3.2（年）

任务训练

静态投资回收期的计算

表 3-1-4 中所列是两个投资方案的净现金流量。

表 3-1-4　　现金流量预测表　　单位：元

项目	0	1	2	3	4	5
甲方案 NCF	−50 000	16 000	16 000	16 000	16 000	16 000
乙方案 NCF	−75 000	19 760	18 560	17 360	16 160	37 960

要求：计算两个方案的静态投资回收期，并分析应选择哪个方案。

2. 净现值法

净现值是指特定投资项目未来现金流入量现值与未来现金流出量现值之间的差额（记为 NPV）。即所有未来现金流入量和现金流出量都要按预定的折现率折算为现值，然后再计算它们的差额。

（1）计算原理。净现值的计算公式为

NPV=未来现金流入量的现值之和−未来现金流出量现值之和=各年净现金流量现值之和

$$NPV=\sum_{t=0}^{n}\frac{CI_t}{(1+i)^t}-\sum_{t=0}^{n}\frac{CO_t}{(1+i)^t}=\sum_{t=0}^{n}\frac{NCF_t}{(1+i)^t} \quad (3\text{-}1\text{-}10)$$

式中，n 为投资涉及的年限；CI_t 为第 t 年的现金流入量；CO_t 为第 t 年的现金流出量；i 为预定的折现率；NCF_t 为第 t 年的净现金流量。

折现率的参考标准有：①以市场利率为标准；②以投资者希望获得的预期最低投资报酬率为标准；③以企业平均资本成本率为标准。

（2）净现值法的决策准则。对于单一投资项目，净现值大于或等于零，说明投资项目的报酬率大于或等于预定的报酬率，投资项目可以接受；反之，净现值小于零，说明投资项目的报酬率小于预定的报酬率，投资项目不可接受。在多个投资项目中选择最优时，选择净现值大于零（所有可行方案）且净现值最大的项目。

（3）净现值法的评价。净现值指标的优点是综合考虑了资金时间价值、项目计算期内全部净现金流量信息和投资风险；缺点在于，无法从动态的角度直接反映投资项目的实际收益率水平，与静态投资回收期指标相比，计算过程比较繁琐。

【任务 3-1-8】投资项目 A 的初始投资额为 24 000 元，第 1 年至第 10 年的预计净现金流量每年均为 5 000 元，折现率为 10%。

要求：计算该项目的净现值，并判断该项目是否值得投资。

解析：NPV=−24 000+5 000（P/A，10%，10）

=−24 000+5 000 × 6.145=6 725（元）

根据计算结果可知该项目净现值大于零，因此，该项目值得投资。

【任务 3-1-9】假设 A 公司目前存在 3 个投资机会，公司要求的最低报酬率为 10%。有关资料如表 3-1-5 所示。

表 3-1-5　　各方案预计净现金流量表　　单元：元

期间	现金流量		
	A 方案	B 方案	C 方案
0	−20 000	−9 000	−12 000
1	11 800	1 200	4 600
2	13 240	6 000	4 600
3		6 000	4 600
合计	5 040	4 200	1 800

要求：利用净现值法评价三种投资方案。

解析：
$$NPV_A=\frac{11\,800}{1+10\%}+\frac{13\,240}{(1+10\%)^2}-20\,000$$
$$=11\,800\times(P/F,10\%,1)+13\,240\times(P/F,10\%,2)-20\,000$$
$$=11\,800\times0.909\,1+13\,240\times0.826\,4-20\,000=1\,669\text{（元）}$$

$$NPV_B=\frac{1\,200}{1+10\%}+\frac{6\,000}{(1+10\%)^2}+\frac{6\,000}{(1+10\%)^3}-9\,000$$
$$=1\,200\times(P/F,10\%,1)+6\,000\times(P/F,10\%,2)+6\,000\times(P/F,10\%,3)-9\,000$$
$$=1\,200\times0.909\,1+6\,000\times0.826\,4+6\,000\times0.751\,3-9\,000=1\,557\text{（元）}$$

$$NPV_C=4\,600\times(P/A,10\%,3)-12\,000$$
$$=4\,600\times2.486\,9-12\,000=-560\text{（元）}$$

A 方案和 B 方案净现值大于零，可以接受，C 方案净现值小于零，不可接受。对于多个投资项目选择最优，选择净现值大于零（所有可行方案）且净现值最大的方案，因此，应该选择 A 方案。

Excel 应用

Excel 办公软件在计算项目净现值中的运用

本法是指在 Excel 环境下，通过插入财务函数“NPV”，并根据计算机系统的提示正确地输入已知的基准折现率和电子表格中的净现金流量，来直接求得净现值指标的方法。

本法的应用步骤如下。

（1）将已知的各年净现金流量的数值输入 Excel 电子表格的任意一行（列）。

（2）在该电子表格的另外一个单元格中插入财务函数 NPV，并根据该函数的提示输入折现率 i 和净现金流量 NCF 的参数，并将该函数的表达式修改为

$$\text{“}= NPV(i，NCF_1 : NCF_n) + NCF_0\text{”}$$

上式中的 i 为已知的数据；NCF_1 为第一期净现金流量所在的单元格参数；NCF_n 为最后一期净现金流量所在的单元格参数；NCF_0 为第零期净现金流量所在的单元格参数。

（3）回车，NPV 函数所在单元格显示的数值即为所求的净现值。

仍采用【任务 3-1-9】中有关数据，如图 3-1-6 所示，利用插入函数法计算各方案净现值，具体步骤如下。

（1）将表 3-1-5 中的各期间净现金流量数据及折现率输入 Excel 电子表格。

（2）在 B7 单元格中输入公式“=NPV（$E$3，B4:B6）+B3”，按 Enter 键后，即可得到 A 方案净现值为 166 9.42 元；然后向右填充至 D7，可分别得到 B 方案和 C 方案净现值分别为 1 557.48 元和-560.48 元。

B7　　fx =NPV($E$3,B4:B6)+B3

	A	B	C	D	E
1	投资决策				
2	期间	A方案 净现金流量	B方案 净现金流量	C方案 净现金流量	折现率
3	0	-20000	-9000	-12000	10%
4	1	11800	1200	4600	
5	2	13240	6000	4600	
6	3		6000	4600	
7	净现值	1,669.42	1,557.48	-560.48	
8					

图 3-1-6　净现值计算模型

任务训练

利用净现值法进行投资决策分析

某企业准备购入设备以扩充生产能力。该设备需投资 30 000 元，采用直线法计提折旧，使用寿命是 5 年，5 年后有残值收入 4 000 元，5 年中每年销售收入为 17 000 元，付现成本第一年为 5 000 元，以后逐年增加修理费用 200 元。另需垫支营运资金 3 000 元。假设所得税税率为 25%，资金成本为 12%。

要求：利用净现值法分析是否可以投资该设备。

3. 现值指数法

现值指数，又称为获利指数，是未来现金流入量现值与现金流出量现值的比率（记为 PI）。它说明单位投资的现值可以获得的现金流入量现值。

（1）计算原理。现值指数的计算公式为

现值指数=未来现金流入量现值之和÷未来现金流出量现值之和

$$PI=\sum_{t=0}^{n}\frac{CI_t}{(1+i)^t}\div\sum_{t=0}^{n}\frac{CO_t}{(1+i)^t} \tag{3-1-11}$$

（2）现值指数法的决策准则。对于单一投资项目，如果投资项目的现值指数大于或等于 1，说明项目的报酬率大于等于预定的报酬率，投资项目可以接受；反之，投资项目不可接受。对于多个投资项目选择最优，选择现值指数大于 1 且最大的项目。

（3）现值指数法的评价。现值指数的优点是可以从动态的角度反映项目的资金投入与总产出之间的关系，其缺点是无法反映投资项目本身的实际收益率。

【任务 3-1-10】对【任务 3-1-9】采用现值指数法评。

解析：$PI_A=\frac{21\,669}{20\,000}=1.08$

$PI_B=\frac{10\,557}{9\,000}=1.17$

$PI_C=\frac{11\,440}{12\,000}=0.95$

A 方案和 B 方案的现值指数大于 1，可以接受，C 方案的现值指数小于 1，不可接受。对于多个投资项目选择最优，选择现值指数大于 1 且最大的方案，因此应该选择 B 方案。

任务训练

利用现值指数法进行投资决策分析

凌云企业准备购入设备以扩充生产能力。该设备需投资 60 000 元，采用直线法计提折旧，使用寿命是 8 年，8 年后有残值收入 4 000 元，8 年中每年营业收入为 20 000 元，付现成本每年为 9 000 元，另需垫支营运资金 5 000 元。假设所得税税率为 25%，资金成本为 10%。

要求：利用现值指数法判断是否可以投资该设备。

4．内部收益率法

内部收益率又叫作内含报酬率，是指项目投资实际可达到的收益率（记为 *IRR*）。实质上，它是指能使投资项目的净现值等于零的折现率。

（1）计算原理。内部收益率的计算就是求解一元 *n* 次方程的过程，即当 *IRR* 为多少时，净现值为零。

内部收益率的计算公式为

$$NPV=\sum_{t=0}^{n}\frac{CI_t}{(1+i)^t}-\sum_{t=0}^{n}\frac{CO_t}{(1+i)^t}=\sum_{t=0}^{n}\frac{NCF_t}{(1+i)^t}=0 \tag{3-1-12}$$

如果投资项目的现金流量模式是年金型现金流量模式，可以先计算年金现值系数（*P*/*A*，*IRR*，*n*），然后，查表依据左右相邻的两个现值系数及其折现率（*i*）求内部收益率（*IRR*）。如果投资项目的现金流量模式是混合型现金流量模式，这时要通过“逐次测试法”计算内部收益率（*IRR*）。首先估算使净现值由正值到负值相邻的两个折现率（*i*），如果 $NPV>0$，则 $i<IRR$，反之，如果 $NPV<0$，则 $i>IRR$。然后依据使净现值正负相邻的折现率，用内插法计算内部收益率（*IRR*）。

其计算公式为

$$IRR = i_1 + (i_2 - i_1) \times \frac{0 - NPV_1}{NPV_2 - NPV_1} \tag{3-1-13}$$

（2）内部收益率法的决策准则。对于独立投资项目，内部收益率同样是一个无量纲指标，它本身不能判断投资项目的优劣。在应用内部收益率法时，必须寻找一个参照指标。这个指标就是最低期望报酬率。如果投资项目的内部收益率大于或等于最低期望报酬率，投资项目可以接受；反之，如果投资项目的内部收益率小于最低期望报酬率，项目不可接受。对于多个投资项目选择最优，应该从可接受项目中，选择内部收益率最高的项目。

（3）内部收益率法的评价。内部收益率的优点是既可以从动态的角度直接反映投资项目的实际收益率水平，又不受基准收益率高低的影响，比较客观。缺点是计算过程复杂，尤其当运营期内大量追加投资时，有可能导致多个内部收益率出现，或偏高或偏低，缺乏实际意义。

【任务 3-1-11】对【任务 3-1-9】采用内部收益率法评价。

解析：A 方案　$NPV_A = 11\,800 \times (P/F, IRR_A, 1) + 13\,240 \times (P/F, IRR_A, 2) - 20\,000 = 0$

前面已经计算当 i =10%时，NPV_A=1 669 元，说明方案本身的报酬率高于 10%，因此，应提高折现率进一步测试。测试过程见表 3-1-6（结果取整数）。

表 3-1-6　　A 方案内部收益率测试表

年份	现金净流量	折现率 i =16%		折现率 i =18%	
		折现系数	现值	折现系数	现值
0	−20 000	1	−20 000	1	−20 000
1	11 800	0.862 1	10 173	0.847 5	10 001
2	13 240	0.743 2	9 840	0.718 2	9 509
净现值			13		−490

A 方案内部收益率为　$IRR_A = 16\% + (18\% - 16\%) \times \frac{13}{13 + 490} = 16.05\%$

B 方案　$NPV_B = 1\,200 \times (P/F, IRR_B, 1) + 6\,000 \times (P/F, IRR_B, 2) + 6\,000 \times (P/F, IRR_B, 3) - 9\,000 = 0$

测试过程见表 3-1-7（结果取整数）。

表 3-1-7　　B 方案内部收益率测试表

年份	现金净流量	折现率 i =16%		折现率 i =18%	
		折现系数	现值	折现系数	现值
0	−9 000	1	−9 000	1	−9 000
1	1 200	0.862 1	1 035	0.847 5	1 017
2	6 000	0.743 2	4 459	0.718 2	4 309
3	6 000	0.640 7	3 844	0.608 6	3 652
净现值			338		−22

B 方案内部收益率为　$IRR_B = 16\% + (18\% - 16\%) \times \frac{338}{338 + 22} = 17.88\%$

C 方案　$NPV_C = 4\,600 \times (P/A, IRR_C, 3) - 12\,000 = 0$

各期现金流入量相等，符合年金形式，可利用年金现值系数表来确定。

$$(P/A，IRR_C，3)=\frac{12\ 000}{4\ 600}=2.608\ 7$$

查阅“年金现值系数表”，在 n=3 这一栏下寻找到最接近 $(P/A,i,3)=2.608\ 7$ 的 i 是

$$i_1=7\%，\quad (P/A，7\%，3)=2.624\ 3$$

$$i_2=8\%，\quad (P/A，8\%，3)=2.577\ 1$$

这说明内部收益率处于 7%和 8%之间，具体为

$$IRR_c=7\%+(8\%-7\%)\times\frac{2.624\ 3-2.608\ 7}{2.624\ 3-2.577\ 1}=7.33\%$$

A 方案和 B 方案的内部收益率都大于最低期望报酬率（10%），可以接受，C 方案的内部收益率低于最低期望报酬率，不可以接受。对于多个投资项目选择，应该从可接受方案中，选择内部收益率最高的方案，因此应该选择 B 方案。

Excel 应用

Excel 办公软件在计算项目内部收益率中的运用

本法是在 Excel 环境下，通过插入财务函数“IRR”，并根据计算机系统的提示正确地输入已知的电子表格中的净现金流量，来直接求得内部收益率指标的方法。

本法的应用步骤如下。

（1）将已知的各年净现金流量的数值输入 Excel 电子表格的任意一行（列）。

（2）在该电子表格的另外一个单元格中插入财务函数 IRR，输入净现金流量 NCF 参数，其函数的表达式为

“=IRR（NCF_0:NCF_n）”

（3）回车，IRR 函数所在单元格显示的数值即为所求的内部收益率。

仍采用【任务 3-1-9】中的数据，如图 3-1-7 所示，利用插入函数法计算各方案内部收益率，具体步骤如下。

（1）将表 3-1-5 中的各期间净现金流量数据及折现率输入 Excel 电子表格。

（2）在 B8 单元格中输入公式“=IRR（B3:B6）”，回车后，即可得到 A 方案内部收益率为 16.05%；然后向右填充至 D8，可分别得到 B 方案和 C 方案内部收益率分别为 17.87%和 7.33%。

B8 ▼ fx =IRR(B3:B6)

	A	B	C	D	E
1	投资决策				
2	期间	A方案净现金流量	B方案净现金流量	C方案净现金流量	折现率
3	0	-20000	-9000	-12000	10%
4	1	11800	1200	4600	
5	2	13240	6000	4600	
6	3		6000	4600	
7	净现值	1,669.42	1,557.48	-560.48	
8	内部收益率	16.05%	17.87%	7.33%	

图 3-1-7　内部收益率计算模型

任务训练

利用内部收益率法进行投资决策分析

某企业拟投资200万元新建一项目。项目的建设期为2年，第3年年初投产，投产后每年能给企业带来的净利为10万元，项目的计算期为7年，假设企业采用直线法计提折旧，使用期满后无残值。假如市场利率为6%。

要求：用内部收益率法评价该项目是否可行。

提示

（1）当净现值>0时，现值指数>1，内部收益率>基准收益率；

（2）当净现值=0时，现值指数=1，内部收益率=基准收益率；

（3）当净现值<0时，现值指数<1，内部收益率<基准收益率。

任务训练

利用多个财务评价指标进行投资决策分析

华腾企业拟建造一项生产设备。预计建设期为2年，所需原始投资200万元于建设起点一次投入。该设备预计使用寿命为5年，使用期满报废清理时无残值。该设备折旧方法采用直线法。该设备投产后每年息税前利润为80万元。该企业所得税率为25%。

要求：（1）计算项目计算期内各年净现金流量。

（2）计算该设备的静态投资回收期。

（3）假定适用的行业基准折现率为10%，计算项目净现值。

（4）计算项目内部收益率。

（5）评价其财务可行性。

技能拓展

年金净流量（ANCF）在项目投资决策中的应用

投资项目的未来现金净流量与原始投资额的差额，构成该项目的现金净流量总额。将项目期间内各年净现金流量的总现值（净现值）折算为等额年金的平均现金净流量，称为年金净流量（Annual NCF）。年金净流量的计算公式为

年金净流量=净现值/年金现值系数

年金净流量指标的结果大于零，说明每年平均的现金流入能抵补现金流出，投资项目的净现值大于零，方案的报酬率大于所要求的报酬率，方案可行。在两个以上寿命期不同的投资方案比较时，年金净流量越大，方案越好。

【任务3-1-12】甲、乙两个投资方案，甲方案需一次性投资10 000元，可用8年，残值2 000元，每年取得净利润3 500元，乙方案需一次性投资10 000元，可用5年，无残值，第一年获利3 000元，以后每年递增10%，如果资本成本率为10%，应采用哪种方案？

由于两项目使用年限不同，净现值是不可比的，应考虑它们的年金净流量。

甲方案 $NCF_{1\sim8}$=3 500+（10 000－2 000）/8=4 500（元）

乙方案各年 NCF:

NCF_1=3 000+10 000/5=5 000（元）

NCF_2=3 000（1+10%）+10 000/5=5 300（元）

NCF_3=3 000（1+10%）^{2}+10 000/5=5 630（元）

NCF_4=3 000（1+10%）^{3}+10 000/5=5 993（元）

NCF_5=3 000（1+10%）^{4}+10 000/5=6 392.30（元）

甲方案净现值=4 500 × 5.335+2 000 × 0.467 – 10 000=14 941.50（元）

乙方案净现值=5 000 × 0.909+5 300 × 0.826+5 630 × 0.751+5 993 × 0.683+6 392.3 × 0.621 – 10 000=11 213.77（元）

$ANCF_{甲}$=14 941.50/（P/A，10%，8）=2 801（元）

$ANCF_{乙}$=11 213.77/（P/A，10%，5)=2 958（元）

因此，乙方案优于甲方案。

年金净流量法属于净现值法的辅助方法，在各方案寿命期相同时，实质上就是净现值法。因此它适用于期限不同的投资方案决策。

阅读案例

某学生投资书店项目的财务分析

某职业学院2010级毕业生穆某通过父母帮助和自己的积攒，筹集资金20万元，准备在学院南区投资一家40平方米左右的书店。下面是穆某为投资书店项目所做的财务方面可行性分析。

1．初始投资及净利润预算

初始投资见表3-1-8。

表3-1-8　　初始投资　　单元：元

一、固定资产		二、流动资金	
书架及书柜	5 000	书	50 000
电　脑	3 000	租铺及相关费用	70 000
打复印机	5 000	资金周转费用	10 000
装　修	5 000	销售启动费用	3 000
其　他	2 000		
小　计	20 000	小　计	133 000
资产合计		153 000	

预计未来三年净利润为53 178元。

2．折旧费（直线折旧法）

折旧期为三年，期末残值为原值的5%，年折旧额为

（原值–5% × 原值）/3 =（20 000–20 000 × 5%）/3 = 6 333（元）

3．财务分析

（1）现金流量。

NCF_0 = –（20 000+133 000）= –153 000（元）

$NCF_{1\sim2}$ = 53 178+6333=59 511（元）

NCF_3 = 53 178+6 333 + 20 000 × 5%=60 511（元）

（2）净现值 *NPV*。

该行业基准折现率为 5%。

NPV = − 153 000 + 59 511（*P*/*A*，5%，2）+ 60 511（*P*/*F*，5%，3）

= − 153 000 + 59 511 × 1.859 4 + 60 511 × 0.863 8 = 9 924.155（元）

在本次计算中净现值最后得出结果是远远大于零，意味着该投资方案为投资者带来了较多收益，所以通过以上方法判断此方案可行。

（3）内部收益率。

NPV = − 153 000 + 59 511（*P*/*A*，*IRR*，2）+ 60 511（*P*/*F*，*IRR*，3）

经逐步测试及使用内插法，得出 *IRR*=8.42%。

由于内含报酬率越高方案越优，本方案的内部收益率为 8.42%，相对比较高，所以通过此方法得出该方案可行。

（4）静态投资回收期。

该方案净现金流量表如表 3-1-9 所示。

表 3-1-9　　净现金流量表　　单元：元

时间	NCF	累计 NCF
第一年年初（原始投资）	−153 000	−153 000
第一年年末	59 511	−93 489
第二年年末	59 511	−33 978
第三年年末	60 511	26 533

静态投资回收期=2 +（33 978 ÷ 60 511）=2.56（年）。若穆某希望回收期为 2 年，则本方案计算出的投资回收期长于投资者期望的回收时间，用此方法判断此方案不可行。

综合以上分析得出以下结论：净现值 *NPV*，内部收益率 *IRR* 判定其可行，但静态投资回收期判定其不可行。由于在判定中静态投资回收期属于辅助性方法，当静态投资回收期同净现值、内部收益率判定结果出现矛盾时，取后者判定结果为准，所以该方案可行。但在计算中也暴露出静态投资回收期长的问题，所以投资者在实施时应该慎重，注意节约成本，增加收益。

小　结

（1）在项目投资决策中，现金流量是指一个投资项目引起的企业现金支出和现金收入增加的数量。现金流量包括现金流入量、现金流出量、净现金流量。

（2）项目投资的评价指标按是否考虑资金时间价值，分为动态指标和静态指标。动态指标是考虑资金时间价值的指标，包括净现值、年金净流量、现值指数和内部收益率；静态指标是不考虑资金时间价值的指标，如静态投资回收期。这五个指标具有各自的优缺点，有着不同的判断标准，投资决策时应综合加以利用。

练 习 题

一、知识点训练

（一）不定项选择

1. 在财务管理中，将以特定项目为对象，直接与新建项目或更新改造项目有关的长期投资行为称作（　　）。

A. 项目投资　　B. 证券投资　　C. 固定资产投资　　D. 流动资产投资

2. 如果其他因素不变，一旦折现率提高，则下列指标数值会变小的有（　　）。

A. 净现值　　B. 现值指数　　C. 内部收益率　　D. 投资回收期

3. 某投资项目，若使用10%作为贴现率，其净现值为500万元，使用12%作为贴现率，净现值为-400万元，该项目的内部收益率是（　　）。

A. 9.6%　　B. 12.8%　　C. 10.53%　　D. 11.11%

4. 已知某投资项目的原始投资额为100万元，建设期为2年，投产后第1～8年每年*NCF*＝25万元，第9～10年每年*NCF*＝20万元，则该项目包括建设期的静态投资回收期为（　　）。

A. 4年　　B. 5年　　C. 6年　　D. 7年

5. 当某方案的净现值大于零时，其内部收益率（　　）。

A. 可能小于零　　B. 一定等于零

C. 一定大于设定折现率　　D. 可能等于设定折现率

6. 甲投资项目原始投资额为150万元，使用寿命为10年，已知该项目第10年的经营净现金流量为37.5万元，期满处置固定资产残值收入及回收流动资金共12万元，则该投资项目第10年的净现金流量为（　　）万元。

A. 12　　B. 37.5　　C. 49.5　　D. 43

7. 关于项目投资，下列说法不正确的是（　　）。

A. 投资风险大，投资数额多，变现能力差

B. 是以特定建设项目为投资对象的长期投资行为

C. 影响时间可以短于一年或者一个营业周期

D. 每个项目都至少涉及一项形成固定资产的投资

8. 不属于净现值指标缺点的是（　　）。

A. 不能从动态的角度直接反映投资项目的实际收益率水平

B. 当各项目投资额不等时，仅用净现值无法确定投资方案的优劣

C. 净现金流量的测量和折现率的确定比较困难

D. 没有考虑投资的风险性

9. 下列各项中，不会对投资项目内部收益率指标产生影响的因素是（　　）。

A. 原始投资　　B. 现金流量　　C. 项目计算期　　D. 设定折现率

10. 如果项目完全不具备财务可行性，则下列说法中正确的有（　　）。

A. 净现值小于0

B. 净现值率小于1

C. 内部收益率大于设定的折现率

D. 不包括建设期的静态投资回收期大于运营期的一半

11. 评价投资方案的投资回收期指标的主要缺点是（　　）。

A. 不能衡量企业的投资风险　　B. 没有考虑资金时间价值

C. 没有考虑回收期后的现金流量　　D. 不能衡量投资方案总投资收益率的高低

12. 某投资项目终结点年度的税后利润为 100 万元，折旧为 10 万元，回收流动资金 20 万元，回收固定资产残值 5 万元，下列表述正确的是（　　）。

A. 终结点回收额为 25 万元　　B. 终结点回收额为 5 万元

C. 经营净现金流量为 110 万元　　D. 终结点净现金流量为 135 万元

13. 下列指标中，需要以已知的行业基准折现率计算的有（　　）。

A. 现值指数　　B. 内部收益率　　C. 净现值　　D. 投资回收期

14. 净现值法的优点有（　　）。

A. 考虑了资金时间价值　　B. 考虑了项目计算期的全部净现金流量

C. 考虑了投资风险　　D. 可从动态上反映项目的实际投资收益率

15. A 项目全部投资于建设起点一次投入，建设期为 0，计算期为 N，投产后每年净现金流量相等，该项目的静态投资回收期为 4 年，则（P/A，IRR，n）（　　）。

A. 等于 4　　B. 等于 5　　C. 无法计算　　D. 等于 $n-4$

（二）判断

1. 所谓净现值是指某项目未来各年现金流入与现金流出差额的现值之和。（　　）

2. 因为固定资产投资是用于购建固定资产的支出，所以固定资产原值一定等于固定资产投资。（　　）

3. 在对同一个独立投资项目进行评价时，用净现值、现值指数和内部收益率指标会得出完全相同的决策结论，而采用静态投资回收期则有可能得出与上述结论相反的决策结论。（　　）

4. 在运营期内的净现金流量一定大于或等于 0。（　　）

5. 一般情况下，使某投资方案的净现值小于零的折现率，一定高于该投资方案的内部收益率。（　　）

6. 净现值指标的计算考虑了资金时间价值，但没有考虑风险性。（　　）

二、课后任务

在多个投资项目中选择最优项目时，分别利用净现值法及现值指数法进行决策得出的结论是否相同？说明原因。

子项目二　更新改造项目投资管理

核心知识：使用新设备的净现金流量、使用旧设备的净现金流量。

核心技能：更新改造的净现金流量计算、更新改造项目决策方法。

相关知识

固定资产更新改造是指以新的固定资产替换到期报废的固定资产，或以新的技术装备对原有的固定资产进行改造。这是实现以内涵为主的扩大再生产的重要方式。固定资产更新改造项目的决策意味着企业面临两种选择：①继续使用旧设备；②卖掉旧设备，购置新设备来替换旧设备。两者之间属于互斥投资方案，方案之间互相排斥，不能并存，选择其中一个方案，必须淘汰另一个方案。从经济效益最大化的要求出发，以方案的获利数额作为评价标准。因此，一般采用净现值法和年金净流量法进行择优决策。

工作任务

一、固定资产更新的净现金流量测算

将固定资产更新改造项目看成两个投资方案，分别计算继续使用旧设备和购置新设备替换旧设备的净现金流量，如图 3-2-1 所示。

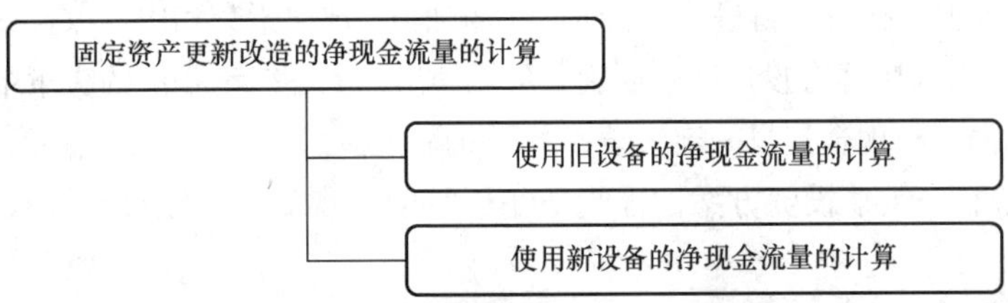

图 3-2-1　更新改造项目的净现金流量计算

使用新旧设备两方案净现金流量的计算和子项目一中新建项目的净现金流量的计算公式相同。但继续使用旧设备的净现金流量的估算中要注意以下几个问题。

（1）旧设备的初始投资应以其变现价值确定。例如，假设某更新改造项目旧设备的原值是 10 万元，账面净值为 5 万元，变现价值为 3 万元，则旧设备的初始投资为其变现价值 3 万元。

（2）旧设备的变现损失具有抵税作用，变现收益需要纳税。例如，旧设备的账面净值为 5 万，变现价值为 3 万，假设企业的所得税税率为 25%，则旧设备的变现会出现亏损，此时需要考虑亏损抵税，数额为（5−3）×25%，如果旧设备的账面净值为 5 万元，变现价值为 8 万元，则旧设备的变现会出现收益，此时需要考虑收益纳税，数额为（8−5）×25%。

相对于使用新设备来说，因使用旧设备失去变现损失的抵税额作为使用旧设备的现金流出，因使用旧设备失去变现收益的纳税额作为使用旧设备现金流入。

（3）计算旧设备的折旧按照原有的价值，而不能按照旧设备的变现价值。

【任务 3-2-1】某甲公司计划用新设备替换现有的旧设备。旧设备预计尚可使用 5 年，旧设备账面价值为 60 000 元，目前变价净收入为 35 000 元。新设备投资额为 100 000 元，预计使用 5 年。至第 5 年年末，新设备的预计残值为 5 000 元，旧设备的预计残值为 1 000 元。使用旧设备时年营业收入为 80 000 元，付现成本为 55 000 元。使用新设备后预计可使企业每年增加营业收入 20 000 元，使用新设备可使企业每年降低付现成本 10 000 元。该企业按直线法计提折旧，所得税税率为 25%。

要求：计算使用新旧设备两方案的净现金流量。

解析：（1）使用旧设备的净现金流量计算如下。

旧设备年折旧额=（60 000−1 000）/5=11 800（元）

旧设备提前处理发生的固定资产净损失抵税额=（60 000-35 000）×25%=6 250（元）

NCF_0=−35 000−6 250=−41 250（元）

$NCF_{1\sim4}$=80 000×（1−25%）−55 000×（1−25%）+11 800×25%=21 700（元）

NCF_5=21 700+1 000=22 700（元）

（2）使用新设备的净现金流量计算如下。

新设备年折旧额=（100 000−5 000）/5=19 000（元）

NCF_0=－100 000（元）

$NCF_{1\sim4}$=（80 000+20 000）×（1−25%）−（55 000−10 000）×（1−25%）+19 000×25%
=46 000（元）

NCF_5=46 000+5 000=51 000（元）

任务训练

更新改造项目的净现金流量计算

某企业打算变卖一套尚可使用 5 年的旧设备，另购置一套新设备来替换它。取得新设备的投资额为 180 000 元，旧设备的折余价值为 90 000 元，其变价净收入为 80 000 元，到第 5 年年末新设备与继续使用的旧设备的预计净残值均为 5 000 元。新旧设备的替换将在当年内完成(即更新改造的建设期为零)。使用新设备前年营业收入为 100 000 元，付现成本为 60 000 元。使用新设备后可使企业在第 1 年增加营业收入 50 000 元，增加付现成本 25 000 元；第 2～5 年每年增加营业收入 60 000 元，增加付现成本 30 000 元。设备采用直线法计提折旧。企业所得税税率为 25%，假设处理旧设备不涉及营业税金，全部资金来源均为自有资金。

要求：分别计算使用新旧设备的净现金流量。

二、更新改造项目的投资决策

当新旧设备寿命期相同时，采用净现值法进行决策，选择净现值大的方案；当新旧设备寿命期不同时，采用年金净流量法进行决策，选择年金净流量高的方案，如图 3-2-2 所示。

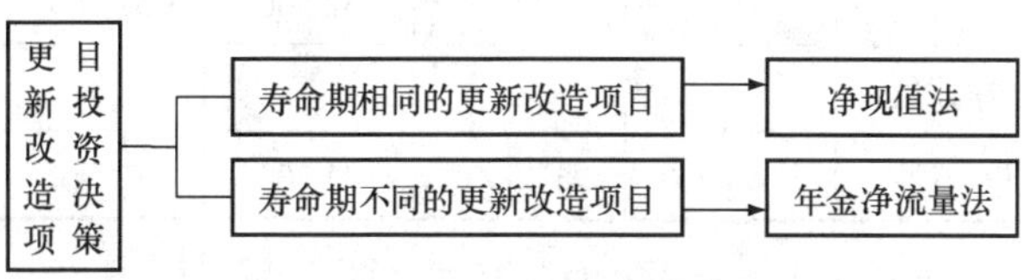

图 3-2-2　更新改造项目的投资决策

1. 寿命期相同的更新改造项目决策

【任务 3-2-2】 使用新设备的原始投资的现值为 150 万元，第 1～10 年的净现金流量为 29.29 万元；继续使用旧设备的原始投资额为 100 万元，第 1～10 年的净现金流量为 20.18 万元。行业基准折现率为 10%。

要求：分析是否值得更新设备。

解析：因新旧设备寿命期相同，采用净现值法。

使用旧设备净现值=20.18×（P/A，10%，10）−100

=20.18×6.144 6−100=24（万元）

使用新设备净现值=29.29×（P/A，10%，10）−150

=29.29×6.144 6−150=29.98（万元）

因更新后的净现值大于更新前的，所以值得更新。

【任务 3-2-3】 假设某公司为降低每年的生产成本，准备用一台新设备代替旧设备。旧设备原值 100 000 元，已提折旧 25 000 元，估计还可用 5 年，5 年后的残值为零。如果现在出售，可得价款 80 000 元。新设备的买价、运费和安装费共需 160 000 元，可用 5 年，第 5 年年末预计净残值为 10 000 元。用新设备时每年付现成本可节约 30 000 元(新设备年付现成本为 50 000 元，旧设备年付现成本为 80 000 元)。假设销售收入不变，均为 110 000 元，所得税率为 25%，公司的最低期望报酬率为 10%，新旧设备均按直线法计提折旧。

解析：第一步，计算使用新旧设备的净现金流量。

旧设备年折旧额=（100 000−25 000−0）/5=15 000（元）

新设备年折旧额=（160 000−10 000）/5=30 000（元）

使用新设备处置旧设备产生的收益纳税=［80 000−（100 000−25 000）］×25%=1 250（元）

使用旧设备经营期净现金流量=（110 000−80 000−15 000）×（1−25%）+15 000=26 250（元）

使用新设备经营期净现金流量=（110 000−50 000−30 000）×（1−25%）+30 000=52 500（元）

使用新旧设备计算期的净现金流量计算如表 3-2-1 所示。

表 3-2-1　　两方案的净现金流量计算表　　单位：元

	时间	0	1	2	3	4	5
使用旧设备	固定资产投资	−80 000					
	变现净收益纳税	1 250					
	营业净现金流量		26 250	26 250	26 250	26 250	26 250
	现金流量合计	−78 750	26 250	26 250	26 250	26 250	26 250
使用新设备	固定资产投资	−160 000					
	营业净现金流量		52 500	52 500	52 500	52 500	52 500
	固定资产净残值						10 000
	现金流量合计	−160 000	52 500	52 500	52 500	52 500	62 500

第二步，计算使用新旧设备的净现值。

使用旧设备的净现值 NPV=26 250×（P/A，10%，5）−78 750

=26 250×3.790 8−78 750=20 758.5（万元）

使用新设备的净现值 NPV=52 500×（P/A，10%，4）+ 62500×（P/F，10%，5）−160 000

=52 500×3.166 9 + 62 500×0.620 9−160 000=45 068.5（万元）

第三步，根据计算结果，做出决策。

因为使用新设备净现值大于使用旧设备的净现值，所以公司应进行设备的更新改造。

任务训练

寿命期相同的更新改造项目决策

凌云企业五年前购置一设备，价值 75 万元，购置时预期使用寿命为 15 年，残值为零。该设备进行直线折旧，目前已提折旧 25 万元，账面净值为 50 万元。利用这一设备，企业每年消耗的付现成本为 70 万元，产生的营业收入为 100 万元。现在市场上推出一种新设备，价值 120 万元（含运输、安装、调试等所有费用），使用寿命 10 年，预计 10 年后残值为 20 万元（新设备也使用直线法折旧）。该设备由于技术先进，效率较高，预期可使产品营业收入由原来每年 100 万元增加到每年 110 万元，同时可使付现成本由每年 70 万元下降到每年 50 万元。如果现在将旧设备出售，估计售价为 10 万元。设该公司的资本成本为 10%，所得税税率为 25%。

要求：分析该企业是否应用新设备替换旧设备。

2. 寿命期不同的更新改造项目决策

寿命期不同的更新改造项目，用净现值指标可能无法得出正确决策结果，应当采用年金净流量法决策，选择年金净流量最大的项目。

【任务 3-2-4】凌云公司现有旧设备一台，由于节能减排的需要，准备予以更新。旧设备还可使用 6 年，新设备寿命期为 10 年。当期折现率为 10%，所得税率为 25%，更新前后预计的净现金流量如表 3-2-2 所示。

表 3-2-2 两方案的净现金流量 单位：元

年限	0	1	2	3	4	5	6	7	8	9	10
新设备	−36 000	7 500	7 500	7 500	7 500	7 500	7 500	7 500	7 500	7 500	10 200
旧设备	−10 000	4 125	4 125	4 125	4 125	4 125	7 250				

要求：请分析是否更新设备。

解析：使用旧设备的净现值

NPV=−10 000+4 125 ×（P/A，10%，5）+7 250 ×（P/F，10%，6）

=−10 000+4 125 × 3.790 8+7 250 × 0.564 5=9 729.675（元）

$ANCF$=9 729.675/（P/A，10%，6）=9 729.675/4.355 3=2 233.985（元）

使用新设备的净现值

NPV=−36 000+7 500 ×（P/A，10%，9）+10 200 ×（P/F，10%，10）

=−36 000+7 500 × 5.759+10 200 × 0.385 5=11 124.6（元）

$ANCF$=11 124.6/（P/A，10%，10）=11 124.6/6.144 6=1 810.47（元）

继续使用旧设备的年金净流量 2 233.985 元，高于购买新设备的年金净流量 1 810.47 元，因此应采用继续使用旧设备的方案。

技能拓展

项目投资可行性研究报告编写

项目投资可行性研究报告是企业从事建设项目投资活动之前，由可行性研究主体（一般是专业咨询机构）对政治法律、经济、社会、技术等项目影响因素进行具体调查、研究、分析，确定有利和不利的因素，分析项目必要性、项目是否可行，评估项目经济效益和社会效益，为项目投资主体提供决策支持意见或申请项目主管部门批复的文件。

项目投资可行性研究报告的内容一般包括以下方面：项目总论；市场分析与预测；投资条件与项目选址；技术方案；环境保护与劳动安全；企业组织和劳动定员；项目实施进度安排；投资估算与资金筹措；财务可行性分析；国民经济与社会效益分析；可行性研究结论与建议。项目可行性研究报告的内容如图 3-2-3 所示。

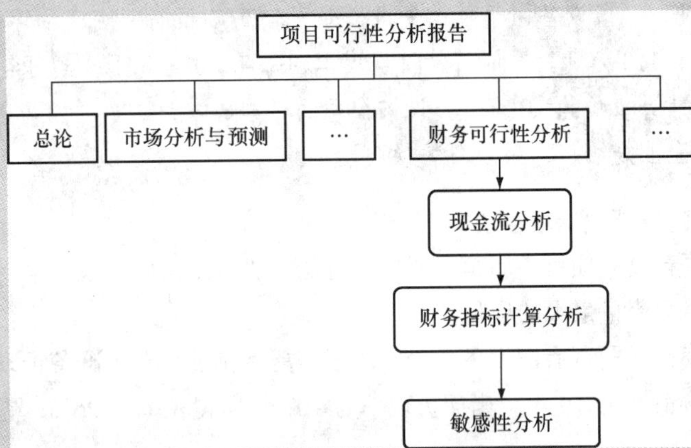

图 3-2-3　项目可行性研究报告内容

阅读案例

某机械厂设备改造决策

凌云公司在两年前用 240 万元购进了 A 专用成套设备，目前账面净值为 200 万元，折旧年限为 12 年，为使问题简单起见，假定净残值为 0。最近，新产品展销市场出现了比 A 设备技术性能更好的 B 设备，其技术寿命为 10 年，但售价仅为 A 的一半即 120 万元；在生产相同产品时，在材料费和人工费方面，如按凌云公司目前的生产规模计算，B 比 A 每年能节省 30 万元。同行的一家 Y 公司立即注意到并采用了 B 设备，效果确实很好。

竞争对手采用了新设备，凌云公司经理得知此消息后立即召开有关部门负责人会议，对应否购入 B 设备进行论证。若购入 B，现在使用的 A 就须淘汰，其收益估计相当于清理费用，如果 A 按现有状态使用，估计还能使用 10 年，产品生产销售规模基本维持不变。凌云公司最近 1 年的 A 设备所生产产品的损益计算如表 3-2-3 所示。

表 3-2-3　　A 设备生产产品的年损益计算表　　单位：万元

项目	金额
销售额	1 000
成本	920
其中：材料与人工费	500
间接费（折旧费除外）	400
折旧费	20
利润	80

在论证会上，首先生产部门的负责人发了言，认为应立即购入 B 设备，因为在今后的 10 年中，采用 B 比继续使用 A 能使产品成本节约 380 万元，见表 3-2-4，一目了然，何乐而不为？

表 3-2-4　　生产负责人主张的设备有利差额计算表　　单位：万元

A 与 B 不同的成本要素项目	使用 A 设备 10 年间的成本	使用 B 设备 10 年间的成本	B 设备的有利差额
1. 材料与人工费	5 000	4 700	300
2. 折旧费	200	120	80
B 的有利差额合计			380

对生产部门负责人的主张，财会部门负责人发表了强烈的反对意见。理由如下。

第一，现有的 A 设备，购进后才使用 2 年，还是新的，尚能继续使用，没必要浪费资金。第二，若现在废除 A 设备购进 B 设备，若不考虑资金利息，10 年间的核算如下所示，结果不赚钱反而要亏损 20 万元：10 年间采用 B 设备取得的材料、人工费成本节约额 300 万元（30 万元×10 年）−采用 B 设备处置 A 设备亏损 200 万元−B 设备折旧 120 万元=−20 万元。若是在这上面再加上因购买 B 新设备向银行借款的利息，损失会更大。按照现行会计制度，若今年处理 A 设备，今年利润总额便会减少 200 万元。这就是财会负责人的见解。如此完全相反的意见提出后，其他部门负责人的意见也发生了分歧，支持财会部门负责人的意见者居然占多数。公司经理也只好说暂时散会，以后再议。就这样坐失了设备投资更新的良机。

案例分析：这个案例系设备更新投资决策，一般人较难很快判断谁对谁错。其实，两个人都有错。首先，生产部门负责人计算的采用 B 设备比采用 A 设备 10 年间节约的成本额 380 万元，是按独立的计划（方案）形式进行比较的，即重新选购 A 设备还是 B 设备，从二者选其一。显然这种算法不符合凌云公司目前的设备现状，即 A 设备已经投入使用，是否要把 A 设备更新为 B 设备的问题。事实上，如果将 A 设备更新为 B 设备，则 10 年间利润增加额应该为，10 年间采用 B 设备在材料与人工费方面节约额 300 万元（30 万元 × 10 年）−B 设备的折旧 120 万元=180 万元，这样年平均增加利润总额 18 万元（180 万元 ÷ 10 年）。其次，财会负责人的错误在于对将 A 设备更新为 B 设备与继续使用 A 设备的方案比较时，错误地多扣减了 A 设备的账面净值 200 万元沉落成本。显然，无论对 A 设备更新为 B 设备还是继续使用 A 设备，A 设备的账面净值 200 万元都是凌云公司的已投入成本，是计算企业损益的两个方案共同扣减因素，故在计算投资决策的比较方案时应略去沉落成本这个因素。

正确的两个方案损益比较表如表 3-2-5 所示。

表 3-2-5　　10 年间损益比较表　　单位：万元

项　目	A 更新为 B 项目	继续使用 A 设备	差　异
销售额	10 000	10 000	
成本	8 820	9 200	
其中：材料、人工费	4 700	5 000	-300
间接费	4 000	4 000	
折旧费	120	200	-80
处理 A 设备损失	200	0	200
利润	980	800	180

此外，在 A 设备更新为 B 设备的方案中，将被淘汰的 A 设备的账面净值 200 万元损失按现行会计制度最终转入“营业外支出”来冲减利润，虽使企业当年不能完成利润指标，但会带来延迟交纳企业所得税的好处。二者方案的更为精确的损益比较，尚需通过 10 年间现金流量及有关资金时间价值进行计算，而表 3-2-5 足以说明更新方案有利。

小　结

固定资产更新改造项目的决策意味着企业面临两种选择：①继续使用旧设备；②卖掉旧设备，购置新设备来替换旧设备。当新旧设备寿命期相同时，采用净现值法进行决策；当新旧设备寿命期不同时，采用年金净流量法进行决策。

练习题

一、知识点训练

（一）不定项选择

1. 某企业打算变卖一套尚可使用 5 年的旧设备，另购置一套新设备来替换它。旧设备系 2 年前购入，原值 150 万元，预计净残值为 10 万元，目前变价净收入 90 万元。购置新设备预计需要投资 210 万元，可使用 5 年，预计净残值为 10 万元。如果新旧设备均采用直线法计提折旧，则每年因更新改造而增加的固定资产折旧为（　　）万元。

A. 20　　B. 16　　C. 4　　D. 6

2. 估算固定资产更新项目的净现金流量时需要注意的问题不包括（　　）。

A. 项目的计算期不取决于新设备的使用年限，而是由旧设备可继续使用的年限决定

B. 需要考虑在建设起点旧设备可能发生的变价净收入，并以此作为估计继续使用旧设备至期满时的净残值的依据

C. 由于以旧换新决策相当于在使用新设备投资和继续使用旧设备两个原始投资不同的备选方案中做出比较与选择，因此，应分别计算各自的净现金流量

D. 在此类项目中，所得税后净现金流量同所得税前净现金流量具有相同的意义

（二）判断

1. 固定资产更新决策利用净现值法时，当使用旧设备的净现值小于使用新设备的净现值时，应当进行更新。（　　）

2. 对于更新改造投资项目而言，在计算净现金流量中应考虑“旧固定资产提前报废发生的净损失”。 (　　)

二、课后任务

查找更新改造投资项目可行性分析报告，重点阅读财务可行性分析部分，分析其是用哪种方法评价项目是否可行。

项目训练

一、单项技能训练

1. 某企业投资 15 500 元购入一台设备。该设备预计残值为 500 元，可使用 3 年，折旧按直线法计算。设备投产后每年营业收入增加额分别为 10 000 元、20 000 元、15 000 元，除折旧外的费用增加额分别为 4 000 元、1 2000 元、5 000 元。企业适用的所得税率为 25%，要求的最低总投资收益率为 10%，目前年税后利润为 20 000 元。

要求：（1）假设企业经营无其他变化，预测未来 3 年企业每年的税后利润；

（2）计算该投资方案的净现值。

2. 某企业投资 15000 万元建一设备，在初始一次性投入，建设期为 2 年。该设备预计残值为 0 元，可使用 10 年，折旧按直线法计算。设备投产后每年营业收入增加额均为 10 000 万元，付现成本增加额均为 4 000 万元。企业适用的所得税率为 25%，要求的最低投资报酬率为 10%。

要求：（1）计算该投资方案各年度净现金流量；

（2）计算该投资方案含建设期投资回收期；

（3）计算项目的净现值，并评价该项目的可行性。

3. 某公司拟购入一设备以扩充生产能力。现有 A、B 两个方案可供选择。A 方案需投资 10 000 元，使用寿命为 4 年，采用直线法计提折旧，4 年后设备无残值，4 年中每年营业收入为 5 000 元，每年的付现成本为 2 000 元。B 方案需投资 12 000 元，采用直线法计提折旧，使用寿命为 4 年，4 年后有残值收入 3 000 元，4 年中每年收入为 7 000 元，付现成本第一年为 2 500 元，以后随着设备陈旧，逐年将增加修理费 200 元，另需垫支营运资金 1 000 元。假设所得税率为 25%，资金成本率为 10%。

要求：（1）计算两个方案的净现金流量；

（2）计算两个方案的净现值；

（3）计算两个方案的现值指数；

（4）计算两个方案的内部收益率；

（5）计算两个方案的投资回收期；

（6）试判断应选哪个方案。

4. 某工业投资项目的 A 方案如下：项目原始投资额为 650 万元，其中，固定资产投资为 500 万元，流动资金投资为 100 万元，其余为无形资产投资。全部资金的来源均为自有资金。该项目建设期为 2 年，经营期为 10 年。除流动资金投资于项目完工时（第 2 年年末）投入外，其余投资均于建设起点一次投入。

固定资产的寿命期为 10 年，按直线法计提折旧，期满有 40 万元的净残值；无形资产从投产年份起分 10 年摊销完毕；流动资金于终点时一次收回。

预计项目投产后，每年发生的相关营业收入（不含增值税）和付现成本分别为 380 万元和 129 万元，所得税率为 25%，该项目不享受减免所得税的待遇。

要求：（1）计算该项目 A 方案的下列指标。

① 项目计算期；

② 固定资产原值；

③ 固定资产年折旧；

④ 无形资产投资额；

⑤ 无形资产年摊销额。

（2）计算该项目 A 方案的下列净现金流量指标。

① 建设期各年的净现金流量；

② 投产后第 1～10 年每年的经营现金流量；

③ 项目计算期期末回收额。

（3）按 14%的行业基准折现率计算 A 方案净现值指标，并评价该方案的财务可行性。

（4）该项目的 B 方案比 A 方案多投入 50 万元的原始投资，建设期为零年，经营期不变，其净现金流量为 NCF_0=−700 万元，$NCF_{1\sim10}$=161.04 万元，请计算该项目 B 方案的净现值指标，并据此评价该方案的财务可行性。

5. 某企业计划变卖一套尚可使用 5 年的旧设备，另购置一套新设备来替换它。旧设备的折余价值为 80 000 元，目前变价收入为 60 000 元。新设备投资额为 150 000 元，预计使用 5 年。至第 5 年年末，新、旧设备的预计残值均为 5 000 元。使用新设备可使企业在未来 5 年内每年营业收入由原来的 60 000 元增加到 76 000 元，付现成本由原来的 36 000 元降至 25 000 元。该企业按直线法计提折旧，所得税税率为 25%。

要求：（1）计算使用新、旧设备的净现金流量。

（2）若行业基准折现率为 10%，确定是否应用新设备替换现有旧设备。

二、综合技能训练

宏大照相机厂是生产照相机的中型企业，该厂生产的照相机质量优良、价格合理，长期以来供不应求。为扩大生产能力，宏大厂准备新建一条生产线。

王禹是该厂助理会计师，主要负责筹资和投资工作。总会计师张力要求王禹搜集建设新生产线的有关资料，写出投资项目的财务评价报告，以供厂领导决策参考。

王禹经过十几天的调查研究，得到以下有关资料。该生产线的初始投资是 12.5 万元，分批投入。第一年投入 10 万元，第 2 年初投入 2.5 万元，第 2 年可建成并正式投产。投产后，每年可生产照相机 1 000 架，每架售价 300 元，每年可获销售收入 30 万元。投资项目可使用 5 年，5 年后残值为 2.5 万元。在投资项目经营期间要垫支流动资金 2.5 万元，这笔资金在项目结束时可如数收回。产品年总成本的构成为，原材料费用 20 万元，工资费用 3 万元，管理费（扣除折旧）2 万元，折旧费 2 万元。

王禹又对宏大厂的各种资金来源进行了分析研究，得出该厂加权平均资金成本为 10%。王禹根据以上资料，计算出该投资项目的营业现金流量、现金流量、净现值，并把这些数据资料（见表 3-1～表 3-2）提供给全厂各部门负责人参加的投资决策会议。

表 3-1　　投资项目的营业现金流量计算表　　单位：元

项　目	第 1 年	第 2 年	第 3 年	第 4 年	第 5 年
销售收入	300 000	300 000	300 000	300 000	300 000
付现成本	250 000	250 000	250 000	250 000	250 000
其中：原材料	200 000	200 000	200 000	200 000	200 000
工资	30 000	30 000	30 000	30 000	30 000
管理费	20 000	20 000	20 000	20 000	20 000
折旧费	20 000	20 000	20 000	20 000	20 000
税前利润	30 000	30 000	30 000	30 000	30 000
所得税（50%）	15 000	15 000	15 000	15 000	15 000
税后利润	15 000	15 000	15 000	15 000	15 000
现金流量	35 000	35 000	35 000	35 000	35 000

表 3-2　　投资项目的现金流量计算表　　单位：元

项　目	第-1 年	第 0 年	第 1 年	第 2 年	第 3 年	第 4 年	第 5 年
初始投资	-100 000	-25 000					
流动资金垫支		-25 000					
营业现金流量			35 000	35 000	35 000	35 000	35 000
设备残值							25 000
流动资金收回							25 000
现金流量合计	-100 000	-50 000	35 000	35 000	35 000	35 000	85 000

表 3-3　　投资项目的净现值计算表　　单位：元

时　间	现金流量	10%的贴现系数	现　值
-1	-100 000	1	-100 000
0	-50 000	0.909 1	-45 455
1	35 000	0.826 4	28 924
2	35 000	0.751 3	26 295.5
3	35 000	0.683 0	23 905
4	35 000	0.620 9	21 731.5
5	85 000	0.564 4	47 982.5
净现值=3 383.5			

在投资决策会议上，王禹对他提供的有关数据做了必要的说明。他认为，建设新生产线有 3353 元的净现值，所以这个项目是可行的。

投资决策会议对王禹提供的资料进行了分析研究，认为王禹在搜集资料方面做了很大努力，计算方法正确，但忽略了物价变动问题，这使小王提供的资料失去了客观性和准确性。

总会计师张力认为，在项目投资和使用期间内，通货膨胀率大约为10%左右，他要求有关负责人认真研究通货膨胀对投资项目各有关方面的影响。

基建处长李明认为，由于受物价变动的影响，初始投资将增长10%，投资项目终结时，设备残值将增加到37 500元。

生产处长赵方认为，由于物价变动的影响，原材料费用每年将增加14%，工资费用也将增加10%。

财务处长周定认为，扣除折旧后的管理费用每年将增加4%，折旧费用每年仍为20 000元。

销售处长吴宏认为，产品销售价格预计每年可增加10%。

厂长郑达指出，除了考虑通货膨胀对现金流量的影响外，还要考虑通货膨胀对货币购买力的影响。他要求王禹根据以上同志的意见，重新计算投资项目的现金流量和净现值，提交下次会议讨论。

思考题：（1）你认为王禹的分析存在什么问题?

（2）结合各位负责人的意见，请对该投资项目进行正确的评价。

项目四 营运资金管理工作

引导案例

在企业的日常经营中，总会有一些流动环节资金的占用，从而形成诸如应收账款、存货等形式的流动资产。特别是传统管理下的企业根据生产计划进行采购，由于不知道市场在哪里，所以是为库存采购，企业的库存严重占用了企业的资金，成为企业发展的沉重负担。

海尔在实施信息化管理的过程中，通过采购、送料、配送三个环节加快存货的周转。按照计算机系统的采购计划，需要多少，采购多少。各种零部件暂时存放在海尔立体库，然后由计算机进行配套，把配置好的零部件直接送到生产线。海尔在全国建有物流中心系统，无论在全国什么地方，海尔都可以快速送货，实现及时配送。

案例启示：海尔采用及时配送来满足用户的要求，最终消灭库存的空间。这种做法意味着减少库存，减少资金占用，实现了成本的降低。

项目导图

营运资金是指企业维持日常经营活动所需的资金，通常指企业流动资产与流动负债的差额。营运资金的管理包括流动资产的管理和流动负债的管理。

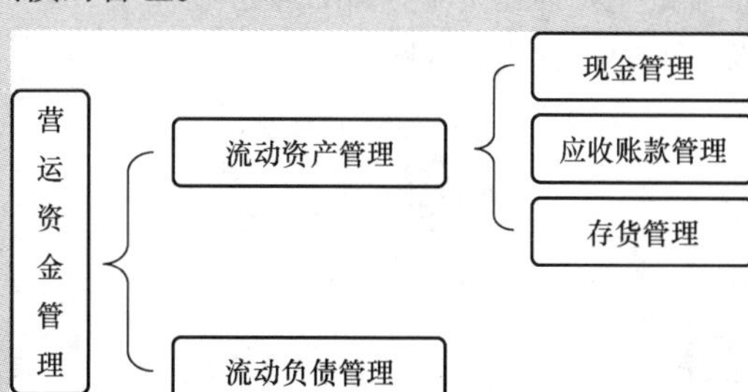

学习目标

知识目标：

1．理解持有现金的动机，掌握最佳现金持有量的确定方法；

2．理解应收账款产生的原因及管理的目标，掌握信用政策制定的方法与应用；

3．理解存货的功能与成本，掌握存货控制的方法与应用；

4．掌握短期借款实际利率的计算，及应付账款现金折扣的选择决策。

技能目标：

1．运用现金最佳持有量的确定方法解决实际问题；

2．运用应收账款中成本收益原则选择合适的信用条件的备选方案；

3．学会运用存货日常管理的 ABC 分类法分析问题、解决问题；

4．运用现金折扣的信用成本率进行商业信用决策。

情境讨论

张总是一家集团公司的老总兼财务总监，但公司目前存在存货积压、销售资金回笼速度慢、流动资金短缺等问题，在很大程度上制约了集团的扩张步伐。

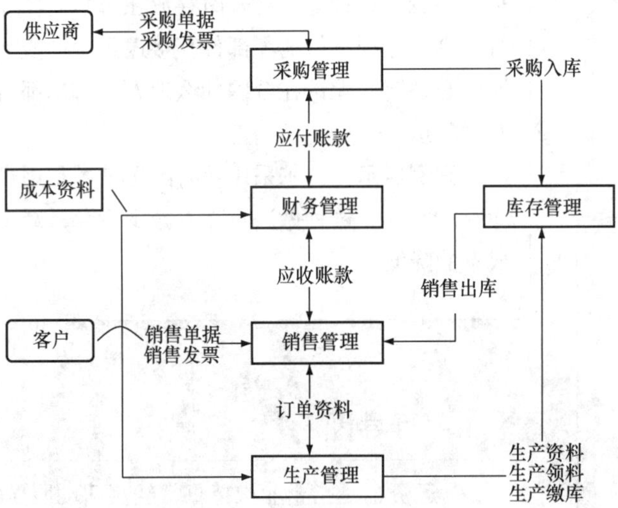

问题：

1. 张总面临的主要问题是哪方面的问题？

2. 如果你是张总，你会采取哪些措施？

子项目一 现金管理

核心知识：持有现金的动机与成本、现金的日常管理。

核心技能：最佳现金持有量的计算、现金收支管理。

相关知识

一、现金的含义

现金有广义、狭义之分。广义的现金是指企业在生产经营过程中以货币形态存在的资金，包括库存现金、银行存款和其他货币资金等。狭义的现金仅指库存现金。本教材所讲现金是指广义的现金。

现金是企业变现能力最强的资产，可以随时用来购买所需的物资，支付有关费用，偿还债务，上交税收等。企业为保证生产经营活动的正常进行，必须拥有一定数额的现金。但现金是唯一的不创造价值的资产，对其持有量不是越多越好。合理地确定现金持有量，既能保证企业生产经营对现金的需求，降低企业风险，同时又能避免库存过多的闲置现金，提高现金的收益。

提示

现金是流动性最强，收益性最差的资产。

二、现金的持有动机与成本

1. 现金的持有动机

（1）交易需求。交易需求又称为支付需求，是指企业为满足正常生产经营活动中的各种支付需要而持有的现金，包括原材料的购买、支付工资、上交税收等。这是企业持有现金的主要需求。由于企业每天的现金收入和现金支出很少同时等额发生，因此，保留适当的现金余额是完全必要的，以避免企业的现金收支不平衡导致中断正常的生产经营活动。企业所保持现金数量的多少，取决于其销售水平和应收账款的回收能力。

（2）预防需求。预防需求是指企业为应付突发事件需要保持一定数量的现金，如应付自然灾害、生产事故、未能及时收回货款等。预防性现金量的多少主要取决于以下三个方面：一是企业现金收支预测的可靠性；二是企业临时举债能力的强弱；三是企业愿意承担现金短缺风险的程度。

（3）投机需求。投机需求是指用于不寻常的获利机会而持有的现金。如遇有廉价原材料或其他资产供应的机会，便可用手头现金大量购入；再如在适当时机购入价格有利的股票和其他有价证券；等等。除了金融机构和投资公司外，其他企业专为投机性需要而持有的现金不多。

一般来说，企业持有现金，并非谋求从转瞬即逝的投机机会中得到收益，主要考虑交易需求和预防需求。

我坚持认为现金是最重要的。如果一个公司没有现金的话，公司的流动性就不存在，结果就是破产。现金是衡量一个公司实力的重要标准，足够的现金储备能够为公司的投资提供支付保障。

——柯达公司财务总监　毕盛

2. 现金的持有成本

（1）管理成本。现金的管理成本是指因企业保留现金而发生的管理费用，包括支付给管理人员的工资以及安全措施费用等。这部分成本与现金持有量的多少没有关系，属于固定成本。

（2）机会成本。现金的机会成本是企业由于持有现金而放弃的对外投资的收益。如果某企业的机会成本率为 5%，年均持有 10 万元的现金，则该企业每年丧失对外投资的收益为 5 000 元，即为持有现金的机会成本。机会成本与现金持有量的多少密切相关，属于变动成本，现金持有量越大，机会成本越大，反之就越小。

（3）转换成本。现金的转换成本是现金转换成有价证券以及有价证券转换成现金的成本，如手续费、印花税以及其他费用等。一般而言，每次的转换成本是固定的，现金持有量越大，转换次数越少，转换成本越小，反之越大，转换成本与现金持有量成反比。

（4）短缺成本。现金的短缺成本是指因现金持有量不足且又无法及时通过有价证券变现加以补充而给企业造成的损失。短缺成本与现金持有量成反比，现金持有量越大，短缺成本越小，反之就越大。

提示

现金持有量与现金持有成本之间有什么关系？

工作任务

一、确定最佳现金持有量

现金犹如企业的血液，是维系企业生存与发展的根本。良好的现金管理可以为企业的各项生产经营活动提供充实的资金保障。在现金的流动性和收益性之间权衡，保持适当的现金持有量，是现金管理工作的重要内容。现金管理工作流程如图 4-1-1 所示。

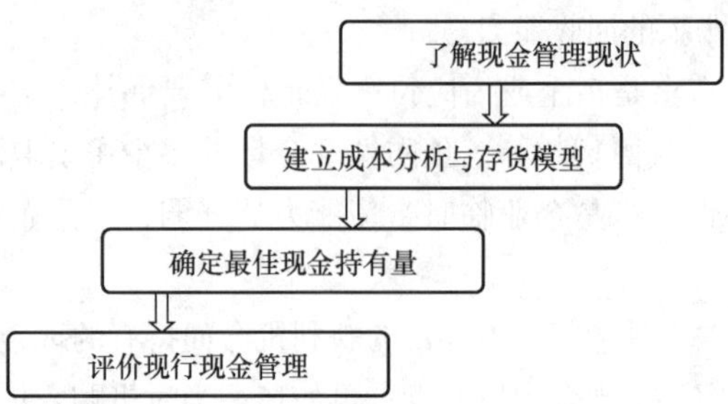

图 4-1-1　现金管理工作流程

1. 成本分析模式

成本分析模式是根据现金有关成本，分析预测其总成本最低时现金持有量的一种方法。运用成本分析模式确定现金最佳持有量时，只考虑因持有一定量的现金而产生的管理成本、机会成本及短缺成本，而不考虑转换成本。

在不同的现金持有方案之间选择时可运用成本分析模式确定最佳现金持有量。

第一步，根据需要拟定各种现金持有量方案。

第二步，计算不同方案下的现金持有成本，并编制最佳现金持有量测算表。

第三步，测算表中总成本最低的方案即为最佳现金余额方案，即

$$最佳现金持有量\ Q^*=\min（管理成本+机会成本+短缺成本）$$

提示

在成本分析模式下，机会成本=$Q\times i$。

【任务 4-1-1】甲企业现有 A、B、C、D 四种现金持有方案，有关成本资料如表 4-1-1 所示。

表 4-1-1　　现金持有方案表　　单位：元

项　目	A	B	C	D
现金持有量 Q	10 000	20 000	30 000	40 000
管理成本	1 800	1 800	1 800	1 800
机会成本率 i	10%	10%	10%	10%
短缺成本	4 200	3 200	900	0

要求：运用成本分析模式确定最佳现金持有量。

解析：根据现金持有方案表编制最佳现金持有量测算表，如表 4-1-2 所示。

表 4-1-2　　最佳现金持有量测算表　　单位：元

方　案	现金持有量	管理成本	机会成本	短缺成本	总成本
A	10 000	1 800	1 000	4 200	7 000
B	20 000	1 800	2 000	3 200	7 000
C	30 000	1 800	3 000	900	5 700
D	40 000	1 800	4 000	0	5 800

通过分析比较表中各方案的总成本可知，C 方案的总成本最低，即当企业持有 30 000 元现金时，各方面的总代价最低，30 000 元为最佳现金持有量。

任务训练

应用成本分析模式确定最佳现金持有量

富达自行车有限公司财务经理为了尽量减少企业闲置的现金数量，提高资金收益率，考虑确定最佳现金持有量，财务科对四种不同现金持有量的成本做了测算，具体数据见表 4-1-3。

表 4-1-3　　现金持有方案　　单位：元

方　案	A	B	C	D
现金持有量	25 000	50 000	75 000	100 000
管理成本	20 000	20 000	20 000	20 000
短缺成本	10 000	6 000	2 000	0

财务经理根据上述数据，结合企业的资本收益率 12%，利用成本分析模式，确定企业最佳现金持有量为 75 000 元。

要求：（1）计算不同现金持有量方案的机会成本。

（2）财务经理为什么确定 75 000 元为企业最佳现金持有量?。

2．存货模式

存货模式又称为鲍莫模式，最早是由美国学者 William J.Baumol 于 1952 年提出的。它认为企业现金持有量的确定与存货的持有量有相似之处，可以借鉴存货经济订货批量模型来确定现金持有量。在存货模式中，假设收入是每间隔一定时期发生的，而支出是在一定时期内均衡发生的。在此时期内，企业可通过转换有价证券获得现金。用图 4-1-2 加以说明。

在图 4-1-2 中，假定企业现金支出在一定时期内稳定均衡。企业保持现金持有量 Q，当企业现金超过 Q 时，可以把多余的现金购买有价证券，以获取较高的收益，当企业现金使用不够时，可以出售有价证券来补充。如此不断重复。

运用存货模式确定最佳现金持有量时，只考虑现金的机会成本和现金的转换成本。由于机会成本与持有量有关，在企业现金需要量一定时，现金持有量越大，机会成本越高，但转换次数就少，相应转换成本就低。如果降低现金持有量，机会成本可以降低，但转换次数就增多，转换成本相应增加。这两种成本之和最低时的现金持有量即为最佳现金持有量，如图 4-1-3 所示。

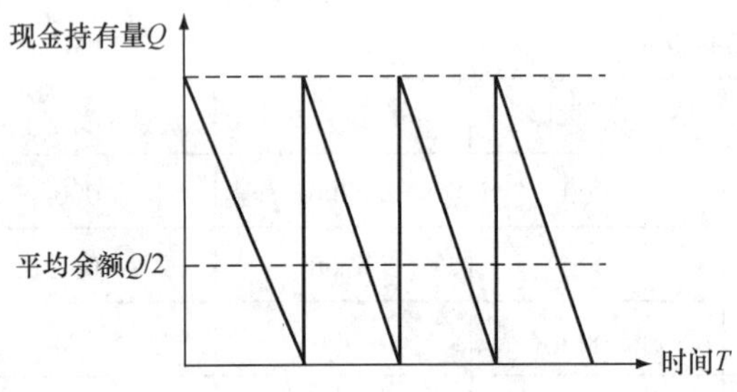

图 4-1-2　存货模式

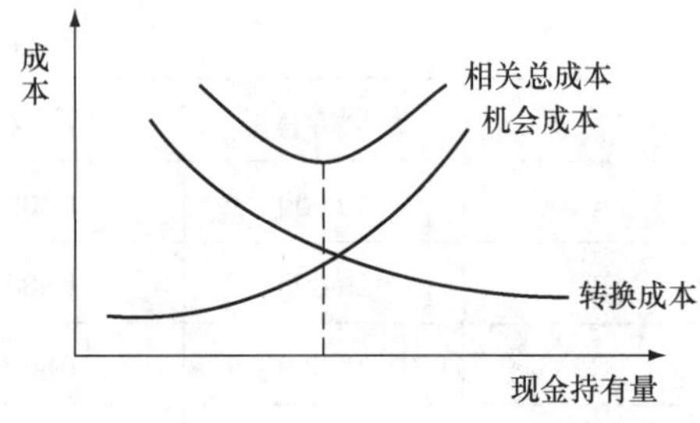

图 4-1-3　存货模式的现金相关总成本

最佳现金持有量 Q^*=min（机会成本+转换成本）

假设，TC 为相关总成本，b 为每次转换费用，D 为一定时期现金需求总量，i 为机会成本率，Q^*为最佳现金持有量。

则持有现金的相关总成本的计算公式为

相关总成本 = 机会成本 + 转换成本

$$TC=\frac{Q}{2}\times i+\frac{D}{Q}\times b \quad （4\text{-}1\text{-}1）$$

提示

在存货模式下，机会成本=$Q/2\times i$，知道为什么吗？

相关总成本最低时的现金持有量即为最佳现金持有量：

$$Q^*=\sqrt{\frac{2Db}{i}} \tag{4-1-2}$$

最佳现金持有量下的相关总成本为

$$TC^*=\sqrt{2Dbi} \tag{4-1-3}$$

有价证券交易次数为

$$N=\frac{D}{Q^*} \tag{4-1-4}$$

有价证券交易间隔期为

$$T=\frac{360}{N} \tag{4-1-5}$$

【任务 4-1-2】假如乙企业现金收支平衡，预计全年（按 360 天计算）现金需要量为 250 000 元，现金与有价证券的转换成本为每次 500 元，有价证券年利率为 10%。

要求：（1）采用存货模式确定最佳现金持有量。

（2）计算最佳现金持有量下的相关总成本、转换成本和机会成本。

（3）计算最佳现金持有量下的全年有价证券交易次数和有价证券交易间隔期。

解析：（1）$Q^*=\sqrt{\frac{2\times 250\,000\times 500}{10\%}}=50\,000$(元)

（2）$TC^*=\sqrt{2\times 250\,000\times 500\times 10\%}=5\,000$(元)

转换成本=（250 000/50 000）× 500=2 500（元）

机会成本=（50 000/2）× 10%=2 500（元）

（3）N=250 000/50 000=5（次）

T=360/5=72（天）

Excel 应用

Excel 办公软件在现金管理中的运用

沿用任务 4-1-2 中的有关数据。首先根据已知条件在表格中输入基本数据，然后根据有关计算公式定义分析区，得出计算结果，如图 4-1-4 所示。各单元格的计算公式设置如图 4-1-5 所示。

	A	B
1	最佳现金持有量存货模型	
2	全年需要量（元）	250000
3	每次转换成本（元）	500
4	有价证券年利率	10%
5	最佳现金持有量决策分析区	
6	最佳现金持有量（元）	50000
7	最佳现金持有量的相关总成本（元）	5000
8	最佳交易次数（次）	5
9	最佳交易间隔期（天）	72

图 4–1–4　最佳现金持有量存货模式

	A	B
1	**最佳现金持有量决策分析区**	
2	最佳现金持有量（元）	=SQRT(2*B2*B3/B4)
3	最佳现金持有量的相关总成本（元）	=SQRT(2*B2*B3*B4)
4	最佳交易次数（次）	=B2/B6
5	最佳交易间隔期（天）	=360/B8

图 4-1-5　最佳现金持有量存货模型（公式设置）

注：经济订货批量的计算，运用平方根函数 SQRT ( )，其用法是返回给定数字的正平方根。例如，在某单元格中输入“=SQRT(16)”，即可得出答案 4，即 16 的平方根。

任务训练

应用存货模式确定最佳现金持有量

某企业现金收支平衡，预计全年现金需要量为 300 000 元，现金与有价证券的转换成本为每次 600 元，有价证券年均报酬率为 10%。

要求：（1）运用存货模式计算最佳现金持有量。

（2）计算最佳现金持有量下的转换成本和机会成本。

（3）计算最佳现金持有量下的有价证券交易次数和交易间隔期。

二、现金的收支管理

现金收支管理总体上要求企业做到现金流的匹配。尽可能地使企业现金流入与现金流出在数量上和时间上趋于一致，从而使现金余额降低到较低水平。现金收支管理如图 4-1-6 所示。

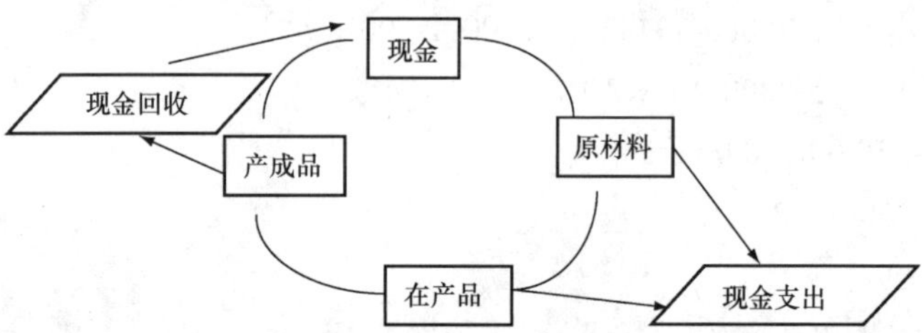

图 4-1-6　现金收支管理

1. 加速收款

要想尽快收回货款，除了要考虑制定合理的应收账款回收的政策外，还必须缩短从客户开出付款凭据到款项划入企业账户的时间。如支票的提示付款期为 10 天，财务人员在拿到支票的当天就应送存银行办理转账。还可以让客户将货款汇到企业当地所设的收款中心，由收款中心即时汇给企业总部所在地银行。有条件的企业可以与银行建立信息联网系统，将客户的货款直接通过联网系统迅速划账。

2. 推迟付款

一般而言，供应商会允许企业购进存货后推迟一段时间付款，在供应商没有提供现金折扣的情况下，企业应推迟应付账款的支付时间，尽可能在信用期最后一天付款。在企业与供应商之间建立了长期合作关系后，采取分期付款方式可以适当减轻企业的付款压力。也可以使用汇票而非支票付款，由于汇票需要先承兑后付款，因此可以适当延缓企业的付款时间。

对于需支付的其他款项，也可改变支付方式，推迟付款。如改进工资支付方式，避免同时发放企业员工所有工资，发放工资时采取分项目不同时段发放的方式。

任务训练

现金的收支管理

结合所学财务知识，请提出至少三种加速收款、推迟付款的方法。

知识拓展

现金浮游量

从企业开出支票，收款人收到支票并存入银行，至银行将款项划出企业账户，中间需要一段时间。现金在这段时间的占用称为现金浮游量。在这段时间里，尽管企业已开出了支票，却仍可动用在活期存款账户上的这笔资金。例如，假定一家公司每天开出支票总额为 6 000 元，受票人与银行总共要花费 5 天的时间才能将支票交换完毕，并从该公司的账户中扣除这笔款项。这样，公司本身支票簿上所显示的存款余额比银行账上所记录的存款余额少 30 000 元。对这 30 000 元的现金浮游量，公司可以适当使用。

阅读案例

啤酒公司现金收支管理分析

GP 公司是国内知名啤酒公司。GP 公司坚持以市场为导向，持续进行内部管理、机制变革，推动企业经营业绩稳步提升。公司根据竞争环境的变化，相继在各地新建工厂，进一步完善国内市场战略布局，以扩大市场份额，提高公司竞争力。

表 4-1-4 是根据 GP 公司 2009—2012 年对外公布的年度财务报告得到的货币资金的数据。

表 4-1-4　　货币资金余额　　单位：元

2009 年	2010 年	2011 年	2012 年
932 900 408	1 362 553 132	1 265 861 113	1 232 766 676

1．建立成本分析模型，分析最佳现金持有量

运用成本分析模式确定现金最佳持有量，只考虑因持有一定量现金而产生的机会成本和短缺成本，不予考虑管理费用和转换成本。（提示：管理成本为固定成本，属于决策无关成本，确定最佳现金持有量时可不用考虑。）

其中，机会成本=现金持有量 × 有价证券利率（或报酬率）

建立成本分析模型，如图 4-1-7 所示。

从图 4-1-7 中可知，*K* 方案的相关总成本最低，因此企业持有 130 000 000 元现金时，各方面的总代价最低，130 000 000 元为现金最佳持有量。

2．建立存货模型，分析最佳现金持有量

利用存货模型计算现金最佳持有量时，对短缺成本不予考虑（存货模式不允许缺货），只对机会成本及固定性转换成本予以考虑。

现金管理相关总成本=持有机会成本+固定性转换成本

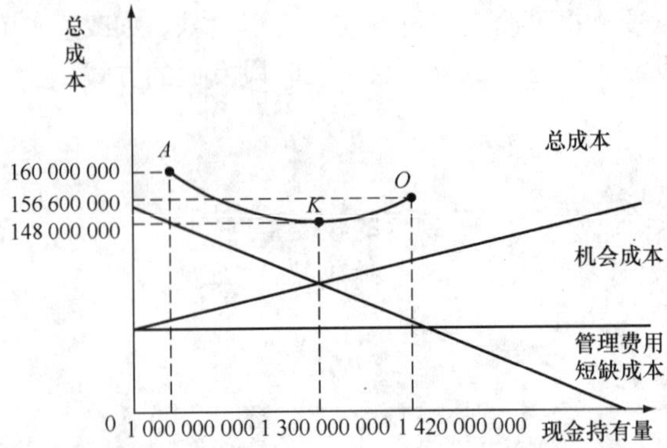

图 4-1-7　成本分析模型

$$TC = \frac{Q}{2} \times i + \frac{D}{Q} \times b$$

其中，i=11%（有价证券利息率）

b=7 910 000 元（固定性转换成本=印花税+交易手续费）

D=8 878 570 000 元（一周期内现金总需求量）

最佳现金持有量$Q^* = \sqrt{\dfrac{2Db}{i}} = 1\,129\,999\,909$（元）

最低现金管理相关总成本$TC^* = \sqrt{2Dbi} = 124\,299\,990$（元）

转换成本$= \dfrac{D}{Q^*} \times b = 62\,149\,995$（元）

机会成本$= \dfrac{Q^*}{2} \times i = 62\,149\,995$（元）

有价证券交易次数$N = \dfrac{D}{Q^*} = 7.86$（次）

有价证券交易间隔期$T = \dfrac{360}{N} = 46$（天）

存货模型如图 4-1-8 所示。

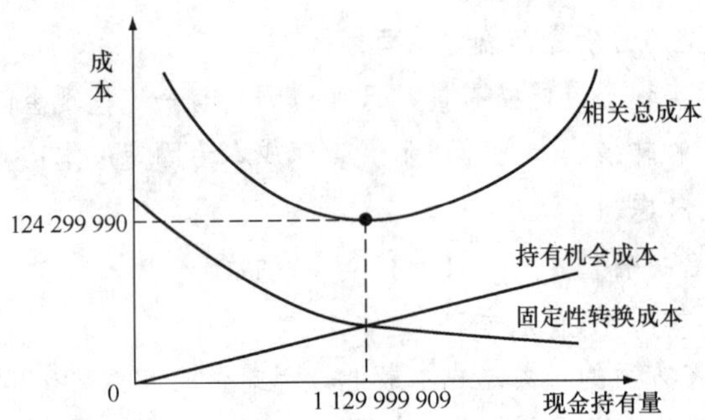

图 4-1-8　存货模型

3．根据分析结果，评价公司现行现金管理

现金是企业的血液，企业的财务经营的改善与恶化首先都是从现金流量开始反映出来的，它在很大程度上影响企业的生存与发展。根据 GP 公司现金管理情况，提出以下建议。

（1）设立结算中心。

（2）设立内部银行方式。

①设立内部结算账户；②发放内部贷款；③筹措基金；④指定结算制度；⑤银行化管理。

各分公司在财务上享有独立财权，对贷款有权按用途自行安排使用，即分公司享有现金经营权和决策权。

在实践中，根据 GP 公司的实际情况，我们建议其在内部银行对资金管理的集中程度上采用相对分散模式。

集中控制重大投资权，集中对外融资及纳税，内部单位集中在内部银行开户，使用权分散，各单位对存放在内部银行的流动资产使用完全具有自主权。

小　结

现金管理的目的是在保证企业生产经营活动所需要现金的同时，降低现金持有量，提高现金的使用效率。确定现金持有量的模式主要有成本分析模式和存货模式。在现金日常管理中，企业应努力加速收款，控制支出。

练习题

一、知识点训练

（一）不定项选择

1. 持有过多现金可能导致的不利后果是（　　）。

A. 财务风险加大　　B. 收益水平下降　　C. 偿债能力下降　　D. 资产流动性下降

2. 下列项目中属于持有现金的机会成本的是（　　）。

A. 现金管理人员工资　　B. 现金安全措施费用

C. 现金被盗损失　　D. 现金的再投资收益

3. 在现金持有量的成本分析模式和存货模式中均需要考虑的因素包括（　　）。

A. 管理成本　　B. 转换成本　　C. 短缺成本　　D. 机会成本

4. 企业持有现金的动机有（　　）。

A. 交易动机　　B. 预防动机　　C. 投资动机　　D. 投机动机

5. 现金回收管理的目的是尽快收回现金，加速现金的周转，主要方法有（　　）。

A. 邮政信箱法　　B. 银行业务集中法

C. 合理利用“浮游量”　　D. 改进工资支付方式

（二）判断

1. 因为现金的管理成本是相对固定的，所以在确定现金最佳持有量时，可以不考虑它的影响。（　　）

2. 利用存货模式确定最佳现金持有量，必须考虑机会成本、转换成本和短缺成本。（　　）

二、课后任务

通过实地调查或查找资料，了解某公司现金管理现状，在此基础上建立成本分析模型与存货模型，确定最佳现金持有量，并根据分析结果，评价其现金管理制度。

子项目二 应收账款管理

核心知识：应收账款管理的目的与成本、信用政策的构成。

核心技能：信用条件的选择、应收账款的监控管理。

相关知识

一、应收账款管理的目标

应收账款具有两面性。一方面企业通过提供商业信用，采取赊销、分期付款等销售方式，可以扩大销售收入，增加利润；另一方面较高的应收账款会导致较高的成本发生，同时较高的应收账款，意味着有大量资金被占用，从而会影响企业资金的流动性和资金的利用效率。因此，应收账款的管理目标在于，通过应收账款的管理扩大销售收入，提高竞争能力，同时，尽可能降低在应收账款上的投资成本，提高流动性。

二、应收账款管理的成本

持有应收账款，要付出一定的代价，这种代价即是应收账款的持有成本，又称为应收账款的信用成本。应收账款的信用成本主要包括以下方面。

1．机会成本

机会成本，是指因资金投放在应收账款上而丧失的其他收益。即如果不把这部分资金投放于应收账款，便可以用于其他投资（股票、债券投资等）而获得收益。

机会成本=应收账款占用资金×资金成本率

=应收账款平均余额×变动成本率×资金成本率

=日销售额×平均收现期×变动成本率×资金成本率　　（4-2-1）

> **请注意** ①平均收现期一般按所有客户收账天数的加权平均数确定，计算时以各客户销售额占总销售额的比重为权重；②资金成本率一般可按有价证券利率计算。

2．管理成本

管理成本，即对应收账款进行日常管理而耗费的开支，主要包括对客户的资信调查费用、应收账款账簿记录费用、收账费用等。

3．坏账成本

坏账成本，即因应收账款无法收回而给企业带来的损失。这一成本一般与应收账款数量同方向变动，即应收账款越多，坏账成本也越高。

坏账损失=销售额×坏账损失率　　（4-2-2）

> **提示** 应收账款的持有量与应收账款的成本之间有什么关系？

工作任务

一、应收账款信用政策的制定

随着市场竞争的日趋激烈，企业常常采用赊销手段来扩大自己的市场份额，与此同时，企业的应收账款不断增加，经营的风险性与日俱增。制定合适的信用政策，利用赊销这柄双刃剑，力求给企业带来经济效益的同时降低经营风险。

应收账款管理工作的流程如图 4-2-1 所示。

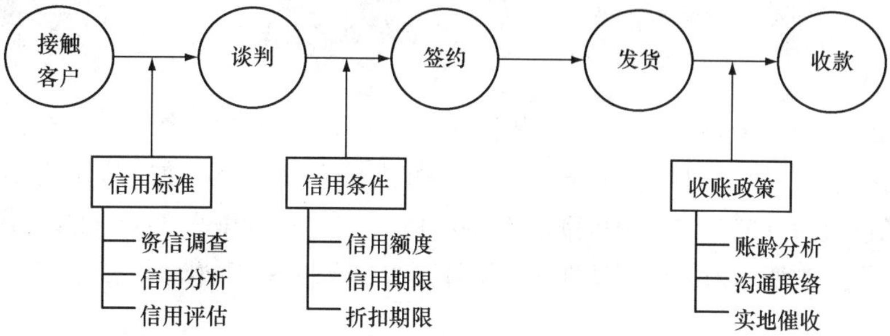

图 4-2-1　应收账款管理工作流程

1．信用标准的确定

信用标准是客户获得企业商业信用所应具备的最低条件，通常以预计的坏账损失率表示。信用标准过高，将使许多客户因信用品质达不到所设的标准而被企业拒之门外，虽然有利于减少坏账损失，但不利于销售；信用标准过低，有利于刺激销售增长，但会增加坏账损失。

（1）定性分析法。信用标准可以通过 5C 评估法进行定性分析。所谓 5C 评估法，是指重点分析影响客户信用的五个方面的一种方法。这五个方面英文的第一个字母都是 C，故称之为 5C 评估法。这五个方面是，品德（Character）、能力（Capacity）、资本（Capital）、抵押品（Collateral）和条件（Conditions）。

（2）定量分析法。信用评级的定量分析方法主要是根据客户的历史数据，通过经济分析指标，利用数量计算或建立信用级别评价模型，以分析其资信状况好坏的方法。

$$\begin{aligned}C &= w_1\rho_1 + w_2\rho_2 + \cdots + w_n\rho_n \\ &= \sum w_i\rho_i\end{aligned} \quad (4\text{-}2\text{-}3)$$

上式中，C 为信用分析对象的信用评分；w_i 为第 i 个信用分析指标的权重系数；ρ_i 为第 i 个信用分析指标的数值（财务比率）。

2．信用条件的选择

所谓信用条件就是指企业接受客户信用时所提出的付款要求，主要包括信用期限、折扣期限及现金折扣率。信用条件的基本表现方式为“2 / 10，*n* / 45”，意思是，若客户能够在发票开出后的 10 日内付款，可以享受 2%的现金折扣；如果放弃折扣优惠，则全部款项必须在 45 日内付清。在此，45 天为信用期限，10 天为折扣期限，2%为现金折扣率。

企业信用条件的选择，主要是分析不同信用条件对收入和成本的影响。具体步骤如下。

（1）给出不同信用条件的备选方案；

（2）计算不同方案相关成本；

（3）比较不同方案的信用成本后收益做出决策。

信用成本前收益=销售收入-变动成本-现金折扣成本 （4-2-4）

信用成本后收益=信用成本前收益-机会成本-坏账损失-收账费用 （4-2-5）

请注意 固定成本一般保持不变，属于决策无关成本，如果发生变化，则要减去有变化的固定成本。

提示 你还记得机会成本的计算吗？

【任务 4-2-1】某企业预测 2011 年销售额为 3 600 万元，其信用条件是 $n/30$，变动成本率为 60%，资金成本率为 10%，坏账损失率为 2%，收账费用为 60 万元。如果企业为了扩大销售额，决定将信用条件改为 $n/60$，估计销售额为 4 800 万元，坏账损失率为 3%，收账费用为 90 万元。分析企业是否需要改变原来的信用条件。决策计算表如表 4-2-1 所示。

表 4-2-1 应收账款信用条件决策计算表 单位：万元

方案	原方案	新方案
信用条件	$n/30$	$n/60$
年销售额	3 600	4 800
减：变动成本	2 160	2 880
信用成本前收益	1 440	1 920
减：信用成本		
其中：机会成本	18	48
坏账损失	72	144
收账费用	60	90
信用成本后收益	1 290	1 638

解析：原方案，信用成本前收益=3 600−3 600×60%=1 440（万元）

应收账款机会成本=3 600÷360×30×60%×10%=18（万元）

坏账损失=3 600×2%=72（万元）

信用成本后收益=1 440−18−72−60=1 290（万元）

新方案，信用成本前收益=4 800−4 800×60%=1 920（万元）

应收账款机会成本=4 800÷360×60×60%×10%=48（万元）

坏账损失=4 800×3%=144（万元）

信用成本后收益=1 920−48−144−90=1 638（万元）

根据结果可知新方案的信用成本后的收益较大，因此，企业应该改变原来的信用条件，选择新方案。

Excel 应用

Excel 办公软件在应收账款管理中的运用

沿用【任务 4-2-1】中有关数据。首先根据已知条件在表格中输入基本数据，然后根据有关计算公式定义分析区，得出计算结果，如图 4-2-2 所示。各单元格的计算公式设置如图 4-2-3 所示。

	A	B	C
1	应收账款赊销策略分析模型		
2	方案	原方案	新方案
3	信用条件	n/30	n/60
4	年销售额（万元）	3600	4800
5	变动成本率	60%	60%
6	应收账款资本成本率	10%	10%
7	平均收账期（天）	30	60
8	坏账损失率	2%	3%
9	年收账费用（万元）	60	90
10	应收账款赊销策略分析区		
11	年销售额（万元）	3600	4800
12	减：变动成本	2160	2880
13	信用成本前收益	1440	1920
14	减：信用成本		
15	机会成本	18	48
16	坏账损失	72	144
17	收账费用	60	90
18	信用成本后收益	1290	1638
19			

应收账款赊销策略分析模型 / Sheet2 / Sheet3

图 4-2-2　应收账款赊销策略分析模型

	A	B	C
10	应收账款赊销策略分析区		
11	年销售额（万元）	=B4	=C4
12	减：变动成本	=B11*B5	=C11*C5
13	信用成本前收益	=B11-B12	=C11-C12
14	减：信用成本		
15	机会成本	=B11/360*B7*B5*B6	=C11/360*C7*C5*C6
16	坏账损失	=B11*B8	=C11*C8
17	收账费用	=B9	=C9
18	信用成本后收益	=B13-B15-B16-B17	=C13-C15-C16-C17

图 4-2-3　应收账款赊销策略分析模型（公式设置）

如果企业给客户提供现金折扣，那么客户在折扣期少付款项产生的“成本”将影响企业收益，此时信用成本前收益应等于收入减去变动成本，然后减去现金折扣成本；同时现金折扣能吸引客户为享受优惠而提前付款，缩短企业的平均收现期，降低应收账款的持有成本。

【任务 4-2-2】仍以【任务 4-2-1】所列资料为例。如果企业为了加速应收账款的回收，决定在新方案的基础上将信用条件改为“2/10，1/20，*n*/60”，估计约有 60%的客户会利用 2%的折扣，15%的客户将利用 1%的折扣。坏账损失率降为 1.5%，收账费用降为 76 万元。请对该信用条件做出评价。决策计算表如表 4-2-2 所示。

表 4-2-2　　应收账款信用条件决策计算表　　单位：万元

方案	新方案	调整后新方案
信用条件	*n*/60	2/10，1/20，*n*/60
年销售额	4 800	4 800
减：变动成本	2 880	2 880
现金折扣成本	—	64.8
信用成本前收益	1 920	1 855.2
减：信用成本		
其中：机会成本	48	19.2
坏账损失	144	72
收账费用	90	76
信用成本后收益	1 638	1 688

解析：调整后新方案各项指标计算如下。

现金折扣=4 800×（2%×60%+1%×15%）=64.8（万元）

信用成本前收益=4 800−4 800×60%−64.8=1 855.2（万元）

应收账款平均收账期=60%×10+15%×20+（1−60%−15%）×60=24（天）

应收账款机会成本=4 800÷360×24×60%×10%=19.2（万元）

坏账损失=4 800×1.5%=72（万元）

信用成本后收益=1 855.2−19.2−72−76=1 688（万元）

提供现金折扣后，企业的信用成本后收益增加，因此，企业应选用调整后的新方案。

任务训练

信用条件的选择

思美时装公司近年来采取较宽松的信用政策，因而销售量有所增加，但坏账损失也随之上升。公司变动成本率为 65%，资金成本率（有价证券利息率）为 8%。公司收账政策不变，固定成本总额不变。公司采用按年赊销额百分比法估计坏账损失，相关资料如表 4-2-3 所示。

表 4-2-3　　信用条件方案表　　单位：万元

项　目	第 1 年（*n* / 30）	第 2 年（*n* / 60）	第 3 年（*n* / 90）
年赊销额	2 400	2 640	3 000
坏账损失	48	79.2	140
收账费用	24	40	56

（1）公司采用宽松的信用政策是否成功？

（2）如果第 3 年，为了加速应收账款的收回，决定将赊销条件改为“2.5/10，1.5/30，*n*/90”，估计约有 70%的客户（按赊销额计算）会利用 2.5%的折扣；20%的客户利用 1.5%的折扣。坏账损失率降为 4%，收账费用降为 45 万元。信用条件变化后收益情况会如何？

3．收账政策

收账政策是指信用条件被违反时公司采取的收账策略。一般而言，收账费用支出越多，坏账损失越少，但这两者并不一定存在线性关系。通常情况是，开始花费一些收款费用，应收账款和坏账损失有小部分降低；收账费用继续增加，应收账款和坏账损失明显减少；收账费用达到某一限度后，应收账款和坏账损失的减少就不再明显了，这个限度称为饱和点。在制定信用政策时，应权衡增加收账费用与减少应收账款和坏账损失之间的得失。

二、应收账款的监控管理

实施信用政策，企业需监督和控制每一笔应收账款和应收账款的总额。通过追踪客户，完善客户信用信息，确保每一笔应收账款的收回。通过账龄分析，了解每一笔应收账款的账期变化，及时催收账款。企业也须对应收账款的总体水平加以监督，应收账款的增加会影响企业的流动性，甚至可能导致额外的融资需求。应收账款监控管理的内容如图 4-2-4 所示。

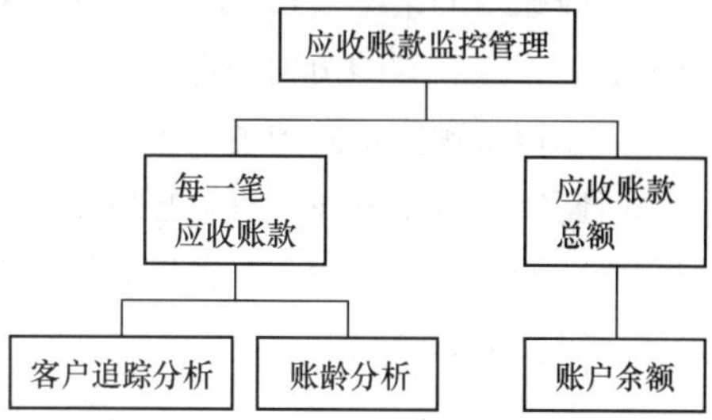

图 4-2-4　应收账款监控管理

1．应收账款追踪分析

应收账款一旦发生，赊销企业就必须考虑如何按期足额收回的问题。要达到这一目的，赊销企业就有必要在收账之前，对该项应收账款的运行过程进行追踪分析。

企业应按照已确定的信用政策，选择和追踪客户，关注其资信程度的变化，确保赊销的应收账款能够顺利收回。对客户进行信用调查，通常有以下两种方法。

（1）直接调查。调查人员通过与被调查单位进行直接接触，通过当面采访、询问、观看等方式获取信用资料。直接调查可以保证收集资料的准确性和及时性，但若得不到被调查单位的合作，调查工作难以开展。

（2）间接调查。以被调查单位以及其他机构保存的有关原始记录和核算资料为基础，通过加工整理获得被调查单位信用资料。这些资料主要来源于：①财务报表；②信用评估机构；③银行；④其他途径。

2．应收账款账龄分析

应收账款账龄分析就是将应收账款划分为未到信用期的应收账款和以 30 天为间隔的逾期应收账款，并计算各账龄应收账款的余额占应收账款总计余额的比重，考察分析应收账款的账龄结构。通过账龄分析，可以确定逾期应收账款。

【任务 4-2-3】假定信用期为 30 天，表 4-2-4 反映出企业 40%的应收账款逾期。

表 4-2-4　应收账款账龄分析表

账龄（天）	应收账款金额（元）	占应收账款总额的百分比
0～30	600 000	60%
31～60	200 000	20%
61～90	150 000	15%

续表

账龄（天）	应收账款金额（元）	占应收账款总额的百分比
91以上	50 000	5%
合计	1 000 000	100%

一般而言，应收账款的逾期时间越短，收回的可能性越大，即发生坏账损失的可能性相对越小；反之，收账的难度及发生坏账损失的可能性也就越大。

3．应收账款账户余额模式分析

应收账款的余额模式反映一定期间的赊销额在发生赊销的当期期末及随后的各期仍未偿还的百分比。企业收款的历史决定了其正常的应收账款余额的模式，可以运用此模式衡量应收账款的收账效率以及预测未来的现金流。

【任务4-2-4】假设没有坏账费用，收款模式如下。销售当月收回销售额的10%，销售后的第一个月收回销售额的40%，销售后的第二个月收回销售额的35%，销售后第三个月收回销售额的15%，如表4-2-5所示。

表4-2-5　各月应收账款账户余额模式

发生赊销的月份	销售额（元）	月销售额于3月底未收回的金额（元）	月销售额于3月底未收回的百分比
1	100 000	15 000	15%
2	150 000	75 000	50%
3	200 000	180 000	90%

3月末应收账款余额合计为15 000+75 000+180 000=270 000（元）

如果预计4月的销售额为300 000元，则

预计4月现金流入=300 000×10%+200 000×40%+150 000×35%+100 000×15% =177 500（元）

阅读案例

某大型公司的应收账款管理

E公司是一个年销售额逾60亿美元的财富五百强公司。为全球酒店宾馆业、食品饮料业、乳制品业、餐饮服务业、超市、医院、专业洗衣、政府机关、学校及各类零售、商业机构等行业提供先进的清洁、消毒、灭虫、预防感染的产品、服务。

E公司的结算方式分为先货后款的赊销交易和先款后货的现销交易。由于该公司行业地位较高，并且产品属行业高端层次，多数客户规模大而经营稳定，集团客户销售占公司销售 80%以上。尽管赊销风险相对较低，但是销售额中赊销比例为85%～90%。

由于业务量的扩张，以及管理体系和制度的匮乏，使得超期款项逐年上升。E公司2006—2008年超过180天的应收账款年末同比增长在30%左右，而超过180天的款项占应收账款年末总额的20%以上。通过数据比较可以看出，2007年超过180天的应收账款额度较2006年增长30%，2008年较2007年增长38%，如表4-2-6所示。

表 4-2-6　　2006—2008 年应收账款账龄分析表　　单位：元

年度	1～180 天	180～360 天	360～720 天	720 天以上
2006 年	16 809 009	2 059 760	1 052 300	1 650 936
2007 年	20 964 796	2 789 322	1 788 920	1 609 279
2008 年	25 456 732	3 848 902	2 602 999	2 109 725

2009 年 E 公司对于应收账款的各项管理制度做了调整和改进，提出了应收账款管理体系，包括应收账款信用管理、追踪分析以及催收管理。具体如表 4-2-7 所示。

表 4-2-7　　E 公司应收账款管理体系

客户信用等级	信用标准（5C 评估法）	信用期（天）	信用条件折扣期（天）	现金折扣	收账政策
AA	＞90 分	75	30 45	2% 1%	逾期 15 天不催收，超过 15 天电话催收
A	80～90 分	60	15 30	2% 1%	逾期 10 天不催收，超过 10 天电话、上门催收
BB	70～80 分	45	10 30	2% 0	逾期立即催收
B	60～70 分	30	10	1%	逾期交由收款机构催收
C	＜60 分		拒绝赊销		—

小　　结

应收账款的管理目标是通过应收账款管理扩大销售收入，提高竞争能力，同时，尽可能降低在应收账款上的投资成本，并提高流动性。应收账款管理主要内容一是信用政策的制定，包括信用标准、信用条件和收账政策。二是应收账款的监控管理，包括应收账款追踪分析、账龄分析以及账户余额预测。

练 习 题

一、知识点训练

（一）不定项选择

1. 企业评价客户等级，决定给予或拒绝客户信用的依据是（　　）。

A. 信用标准　　B. 收账政策　　C. 信用条件　　D. 信用政策

2. 下列各项中不属于企业应收账款成本内容的是（　　）。

A. 机会成本　　B. 管理成本　　C. 短缺成本　　D. 坏账成本

3. 某企业销售商品，年赊销额为 500 万元，信用条件为（2/10，1/20，n/40），预计将会有 60%客户享受 2%的现金折扣，30%的客户享受 1%的现金折扣，其余的客户均在信用期付款，则企业应收账款平均收账天数为（　　）。

A. 14天　　B. 15天　　C. 16天　　D. 无法计算

4. 构成企业信用政策的主要内容有（　　）。

A. 信用标准　　B. 信用条件　　C. 信用期限　　D. 收账政策

5. 企业如果延长信用期限，可能导致的结果有（　　）。

A. 扩大当期销售　　B. 延长平均收账期　　C. 增加坏账损失　　D. 增加收账费用

（二）判断

1. 应收账款的逾期时间越短，收回的可能性越大，即发生坏账损失的可能性相对越小。（　　）

2. 应收账款发生后，赊销企业只需按期收账就行，无需对该项应收账款的运行过程进行追踪分析。（　　）

二、课后任务

查找某公司的资料，查看其近五年资产负债表及相关信息，了解其应收账款的变化，制作该公司的账龄分析表，并试着分析其应收账款变化的原因。

子项目三 存货管理

核心知识：持有存货的动机与成本、存货的日常管理。

核心技能：经济进货批量的计算、存货 ABC 管理。

相关知识

一、存货的功能

存货是指企业在生产经营过程中为生产或销售而储备的物资，包括在产品、半成品、产成品等。存货的功能是指存货在生产经营过程中的作用，具体表现在以下方面。

1．保证正常生产经营活动

生产过程中所需要的原材料，是生产中必需的物质资料。为了保证生产顺利进行，必须适当地储备一些生产所需的存货，防止停工待料事件的发生。

2．有利于销售

当企业市场需求增加时，若产品储备不足就有可能失去销售良机，因此保留一定的存货是有利于市场销售的，能适应市场供需的变化。

3．可以降低取得成本

很多企业为扩大销售规模，对购货方提供较优厚的商业折扣。企业采取批量方式集中进货，可获得较多的商业折扣。此外，通过增加每次购货数量，减少购货次数，可以降低订货成本。

> 提示　存货是企业必不可少的储备资源吗？

二、存货的持有成本

影响企业持有存货的成本主要有以下几个方面。

1．取得成本

取得成本指为取得某种存货发生的成本，包括订货成本和购置成本。

订货成本又称进货费用，是指企业为组织进货而发生的成本，如专设采购机构的人员工资、差旅费、办公费，电话费、运输费、搬运费等。订货成本中有一部分与订货次数有关，如差旅费、运输费、搬运费等，这类变动性订货成本属于决策相关成本；另一部分与订货次数无关，如专设采购机构的人员工资，这类固定订货成本则属于决策无关成本。

订货成本=固定订货成本+变动订货成本

购置成本即进价，是指存货本身的价值，等于采购单价与采购数量的乘积。在一定时期进货总量既定的条件下，无论企业采购次数如何变动，存货的进价通常是保持相对稳定的（假设单价不变且无采购数量折扣），因而属于决策无关成本。

购置成本=单价×数量

2. 储存成本

储存成本，即企业为持有存货而发生的成本，包括存货在储备过程中发生的仓库保管费、仓库管理人员工资、保险费、霉变损失、存货资金占用费等。储存成本也分为变动成本和固定成本。固定储存成本与存货储存数额的多少无关，如仓库保管费、仓库管理人员工资等，这类成本属于决策无关成本；变动储存成本则与存货储存数额正相关，如保险费、霉变损失、存货资金占用费等，这类成本属于决策相关成本。

储存成本=固定储存成本+变动储存成本

3. 缺货成本

缺货成本，是指因存货不足而给企业造成的停产损失、延误发货的信誉损失及丧失销售机会的损失等。缺货成本能否作为决策的相关成本，应视企业是否允许出现存货短缺的不同情形而定。若允许缺货，则缺货成本便与存货数量反向相关，即属于决策相关成本；反之，若企业不允许发生缺货情形，此时缺货成本为零，也就无须加以考虑。

提示

存货数量与存货成本之间有什么关系？

工作任务

一、确定存货最佳采购批量

存货是联系产品的生产和销售的重要环节，存货控制或管理效率的高低，直接影响着企业收益、风险、流动性的综合水平。存货管理的目标就是要在发挥存货功能的基础上，降低存货成本，实现两者的最佳结合。

根据存货管理目的，确定合理的存货水平，使企业在保证生产经营的前提下，降低存货成本，提高资本流动性。订购批量是指企业每次订货的存货数量。它关系到企业存货的持有水平。经济订购批量是指能够使存货成本达到最低的订购批量。经济订货模型如图 4-3-1 所示。

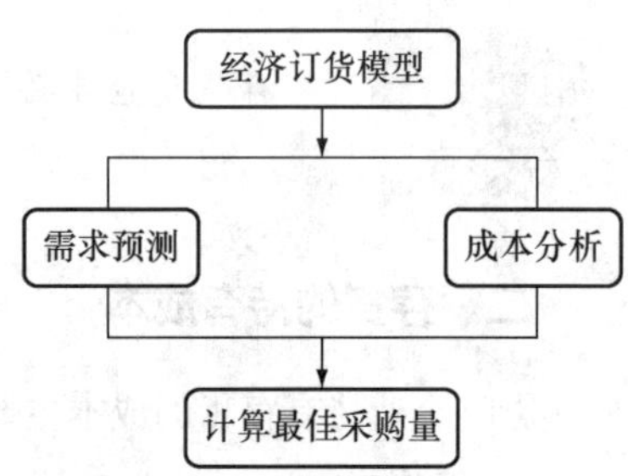

图 4-3-1　经济订货模型

1. 适用条件

经济订货模型是建立在一系列严格的适用条件基础上的。这些假设条件包括：①存货总需求量是已知常数；②能及时补充存货，且存货是一次性入库；③不允许缺货，即没有缺货成本；④单位存货采购成本为常数，无批量折扣；⑤库存持有成本与库存数量呈线性关系；⑥所需存货市场供应充足且企业现金充足，不会因买不到需要的存货而影响其生产经营活动。

2. 成本分析

经济订货模型中每当存货数量降至零时，下一批订货便会随即全部入库，故不考虑缺货成本；同时存货单价不变，即存货采购不管多与少，没有现金折扣，所以，购置成本也可不予考虑。此时与存货订货批量相关的成本只有变动订货成本和变动储存成本。这种情况下，经济订货批量就是变动性订货成本和变动性储存成本之和最低的订货批量，如图 4-3-2 所示。

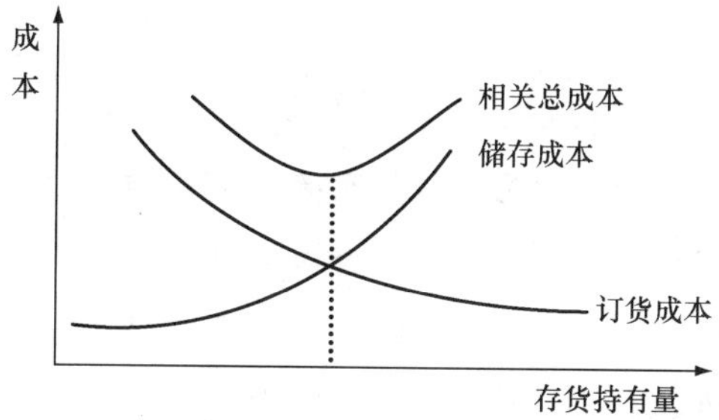

图 4-3-2　存货管理的相关总成本

3．公式计算

如果 Q 代表每次订货批量，D 代表一定时期对存货的总需求，K 代表每次订货的变动成本，K_C 代表单位存货年变动储存成本，P 代表存货单价，则

$$TC=\frac{D}{Q}\times K+\frac{Q}{2}\times K_C \quad (4\text{-}3\text{-}1)$$

使相关总成本 TC 最小的订货批量即为经济订货批量 Q^*，得经济订货批量

$$Q^*=\sqrt{\frac{2DK}{K_C}} \quad (4\text{-}3\text{-}2)$$

经济订货批量下的相关总成本

$$TC^*=\sqrt{2DKK_C} \quad (4\text{-}3\text{-}3)$$

最佳订货次数

$$N=\frac{D}{Q^*} \quad (4\text{-}3\text{-}4)$$

最佳订货间隔期

$$T=\frac{360}{N} \quad (4\text{-}3\text{-}5)$$

经济订货批量平均占用资金

$$U=\frac{Q^*}{2}\times P \quad (4\text{-}3\text{-}6)$$

【任务 4-3-1】某企业每年需耗用 A 材料 45 000 件，单位材料年存储成本为 20 元，平均每次订货成本为 180 元，A 材料全年平均单价为 240 元。假定不存在数量折扣，不会出现陆续到货和缺货的现象。要求：

（1）计算 A 材料的经济订货批量。

（2）计算 A 材料经济订货批量的相关总成本。

（3）计算 A 材料年度最佳订货次数。

（4）计算 A 材料经济订货批量平均占用资金。

解析：（1）$Q^*=\sqrt{\frac{2\times 45\,000\times 180}{20}}=900$（件）

（2）$TC^*=\sqrt{2\times 45\,000\times 180\times 20}=18\,000$（元）

（3）$N=\dfrac{45\,000}{900}=50$（次）

（4）$U=\dfrac{900}{2}\times 240=108\,000$（元）

Excel 应用

Excel 办公软件在存货管理中的运用

沿用【任务 4-3-1】中有关数据。首先根据已知条件在表格中输入基本数据，然后根据有关计算公式定义分析区，得出计算结果，如图 4-3-3 所示。各单元格的计算公式设置如图 4-3-4 所示。

	A	B
1	存货经济订货批量决策模型	
2	全年需要量(件)	45000
3	每次订货成本（元）	180
4	单位材料年储存成本（元）	20
5	材料单价（元）	240
6	经济订货批量决策分析区	
7	经济订货批量（件）	900
8	经济订货批量的相关总成本（元）	18000
9	最佳订货次数（次）	50
10	经济订货批量平均占用资金（元）	108000

图 4-3-3　存货经济批量决策模型

	A	B
1	经济订货批量决策分析区	
2	经济订货批量（件）	=SQRT(2*B2*B3/B4)
3	经济订货批量的相关总成本（元）	=SQRT(2*B2*B3*B4)
4	最佳订货次数（次）	=B2/B7
5	经济订货批量平均占用资金（元）	=B7/2*B5

图 4-3-4　存货经济批量决策模型（公式设置）

任务训练

经济订货批量决策

美好公司是某品牌套装门亚洲地区的分销商，套装门在香港生产后运至北京。预计年度需求量为 10 000 套。套装门购进单价为 395 元（含运费）。假设一年有 250 天的工作日，与订购和储存这些套装门相关的资料如下。

（1）去年进货次数共 22 次，总处理成本为 13 400 元，其中固定成本为 10 760 元，预计未来成本性态不变。

（2）每次进货都要经双方海关检查，其费用为每次 280 元。

（3）套装门从香港运抵北京后，接收部门要进行检查。为此雇佣一名检验人员，每小时工资为 2.5 元，每次检验工作需要 8 小时。

（4）公司租借仓库来储存套装门，估计固定成本为每年 2 500 元，另外加上每套门 4 元/年。

（5）在储存过程中会出现破损，估计破损成本为平均每套门 28.5 元。

（6）占用资金利息等其他储存成本为每套门 20 元/年。

要求：（1）计算每次变动订货成本。

（2）计算单位存货的年变动储存成本。

（3）计算经济订货批量。

（4）计算每年与批量相关的存货总成本。

技能拓展

存在订货提前期的经济订货模型

一般情况下，企业不能等存货用光再去订货，而要在没有用完时提前订货。在提前订货的情况下，企业再次发出订货单时，尚有存货的库存量，称为再订货点。从发出订货指令到货物运达企业所需的时间，就是订货提前期。

企业存在缺货情况时，需多储备存货。为防止日需求增大，或送货延迟发生缺货或供货中断，而多储备的存货称为保险储备或安全存量。保险储备会引起再订货点的变化，同时引起决策相关成本的变化。保险储备的存在虽然可以减少缺货成本，但增加了储存成本，最优的存货政策就是在这些成本之间进行权衡选择使总成本最低的保险储备量。

再订货点＝预计交货期内的需求+保险储备

预计交货期内的需求=交货时间×日平均需用量

【任务 4-3-2】某企业每年需要耗用甲材料 50 000 千克，该材料的单位采购成本为 8 元，单位存货年变动储存成本为 3 元，平均每次订货成本为 120 元。

（1）计算经济订货批量；

（2）假设材料的在途时间为 4 天，保险储备量为 150 千克，计算再订货点。

解析：根据资料计算各项指标如下。

（1）$Q=\sqrt{\dfrac{2\times 50\,000\times 120}{3}}=2\,000$（千克）

（2）每日平均需求量=50 000/360=138.89（千克）

再订货点=4×138.89+150=705.56（千克）

二、存货的日常管理

加强存货的日常管理，根据生产经营活动的实际要求，对各种存货的使用和周转状况进行组织、调节和监督，将存货数量保持在一个合理的水平上。存货的日常管理内容如图 4-3-5 所示。

1. ABC 分类法

ABC 分类管理法是将库存存货按品种和占用资金的多少分为重要的 A 类、一般重要的 B 类和不重要的 C 类三个等级，针对不同等级分别进行管理和控制的一种方法。

存货进行分类时，有两个标准，一是金额标准，二是品种标准，其中应以金额标准为主。具体标准如下。A 类存货品种少，占用资金多，应实行重点管理，定时定量供应，严格控制库存；C 类存货品种多，占用资金少，可视情况采取简便方法管理，按总额控制固定订货量；B 类存货是指介于上述两者之间的存货，按类别进行一般控制，进行定期订货批量供应。ABC 分类管理法如表 4-3-1 所示。

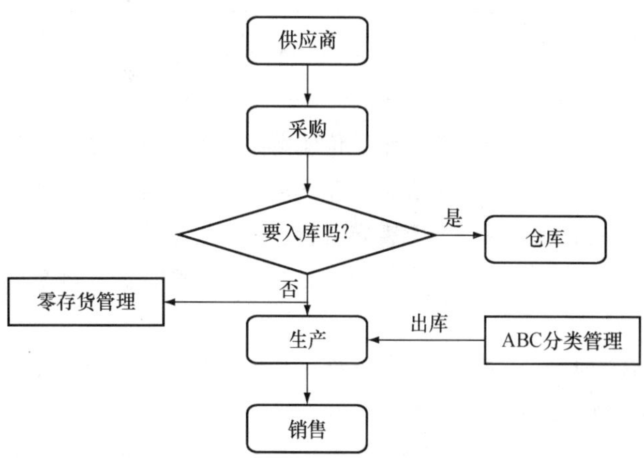

图 4-3-5　存货日常管理

表 4-3-1 ABC 分类管理法

类别	品种数占全部品种比例	消耗金额占总消耗金额比例	管理方法
A	10%～15%	50%～70%	按品种重点管理
B	20%～25%	15%～20%	按类别一般管理
C	60%～70%	10%～35%	按总金额灵活掌握

2. 零存货管理

"零库存"管理，又称为适时制库存控制系统，就是最大限度地降低企业存货数量，从而最大限度地节约资本，提高流动资产周转率。零存货管理由日本丰田汽车公司提出并将其用于实践，是指制造企业事先与供应商和客户协调好，只有当制造企业在生产过程中需要原料或货物时，供应商才会将原料或货物送来，而每当产品生产出来就被客户拉走。这样，制造企业的库存可以大大降低。显然，适时制库存控制系统需要的是稳定而标准的生产程序以及供应商的诚信，否则，任何一环出现差错都将导致整个生产线的停止。

阅读案例

钢铁公司存货管理策略

某钢铁制品有限公司每年采购物料众多，价格波动较大。该公司 2012 年年初对企业的所有物料采用 ABC 分类法进行分类管理，将每种物料的价格乘以数量得到每种物料的消耗金额，然后按金额从大到小排序。将累计金额占物料总金额 70%左右的物料划分为 A 类物料，剩余物料中累计金额占 20%左右的物料划分为 B 类物料，其余的则划分为 C 类物料。对每类物料采取不同的管理策略，具体如表 4-3-2 所示。

表 4-3-2 各类存货管理策略

类别	管理策略
A 类	重点管理，零存货管理采购策略
B 类	一般管理，经济订货模型采购策略
C 类	粗略管理，定量不定期的采购策略

A 类存货大多数为小批量价值高的物料，采用零存货管理采购策略，降低大量存储成本，节约了大量的库存占用资金。该管理策略下，根据订单计算物料需求，确定采购计划，即时下单采购，供应商即时供货，无需送实物入库，直接将物料送至生产车间，产品完工直接送交客户。该采购模型需与供应商建立长期稳定的合作关系，必要时与供应商实行库存原料信息共享，以便供应商及时供货。

B 类物料需求稳定，价格稳定且无折扣，适宜采用经济订货模型确定采购批量。以该类物料中 b-1 物料为例说明具体步骤如下。

（1）需求预测。该物料需求稳定，波动不是很大，可采用加权平均法进行预测。根据近三年该类物料实际使用数量，运用加权平均法预计年需求量为 30 吨。

（2）费用分析。该物料为供应商送货上门，每次订货费用为 80 元（包括电话费、人工费等），单位物料的库存费及库存占用资金为单价的 10%，该物料单价为 900 元。

（3）计算经济订货批量。根据计算公式得到

$$经济订货批量=\sqrt{\frac{2\times30\times80}{900\times10\%}}=7.30（吨）$$

$$相关总成本=\sqrt{2\times30\times80\times900\times10\%}=657.27（元）$$

C 类物料虽然数量很多，但价值不高，是库存管理中不可缺少的物品，因此应该采用定量不定期的管理策略。该管理策略根据历史销售数据，计算出该种物料的理论最高库存量和最低库存量，一旦库存达到最低库存量，就订货，将其补齐到最高库存量，否则不订货。这种方法，较前两种方法更省时省力，但是库存周转率也最低。

小　结

存货管理的目的是在充分发挥存货功能的基础上，合理控制存货水平，提高资金流动性，降低存货成本。存货管理主要是两个方面，一是做好存货经济订货批量的确定，二是存货的日常控制，其方法主要有 ABC 分类法和零存货管理。

练 习 题

一、知识点训练

（一）不定项选择

1. 基本模式下的存货经济订货批量的决定因素不包括（　　）。

A. 变动性订货费用　B. 变动性储存成本　C. 机会成本　D. 存货的进价

2. 在供货企业不提供数量折扣且全年对存货需求确定的情况下，影响经济订货量的因素是（　　）。

A. 采购成本　B. 储存存货的仓库的折旧费
C. 采购人员的基本工资　D. 采购人员的差旅费

3. 下列项目中不属于变动储存成本的有（　　）。

A. 仓库折旧　B. 存货资金的应计利息
C. 存货的破损变质损失　D. 存货的保险费用

4. 下列属于存货功能的有（　　）。

A. 有利于企业的销售　B. 防止生产中断
C. 降低进货成本　D. 提高企业的变现能力

5. 在存货的 ABC 管理中，对存货进行划分的标准有（　　）。

A. 存货的金额　B. 存货的类别　C. 存货的大小　D. 存货的品种数量

（二）判断

1. 在年需要量确定的情况下，经济订货批量越大，进货间隔期越长。（　　）

2. 一般来说，在企业生产和销售计划已经确定的情况下，存货量大小取决于每次订货数量。（　　）

二、课后任务

查找资料，通过实际案例来说明 ABC 分类法及零存货管理法是如何运用的，并分析这两种方法的特征，比较两种方法的优劣。

子项目四　流动负债管理

核心知识：短期借款的信用条件、应付账款的信用条件。

核心技能：短期借款实际利率的计算、放弃现金折扣的成本。

相关知识

流动负债主要有三种来源，即短期借款、短期融资券和商业信用，各种来源具有不同的获取速度、灵活性、成本和风险。

一、短期借款

短期借款指企业向银行或其他非银行金融机构借入的期限在1年以内的借款。

我国目前的短期借款按照目的和用途分为若干种，主要有生产周转借款、临时借款、结算借款等。按照国际通行做法，短期借款还可按偿还方式的不同，分为一次性偿还借款和分期偿还借款；按利息支付方法的不同，分为收款法借款、贴现法借款和加息法借款；按有无担保，分为抵押借款和信用借款等。企业在申请借款时，应根据各种借款的条件和自身需要加以选择。

按照国际通行做法，银行发放短期借款的信用条件包括偿还方式、贷款利率及其支付方式、信贷限额、周转信贷协定、补偿性余额等几个方面。

提示　短期借款的信用条件就是借款合同的内容。

1．偿还方式

贷款的偿还主要有到期一次偿还和在贷款期内定期（每月、季）等额偿还两种方式。一般来讲，企业不希望采用后一种偿还方式，因为这会提高借款的实际利率；而银行不希望采用前一种偿还方式，是因为这会加重企业的财务负担，增加企业的拒付风险，同时会降低实际贷款利率。

2．借款利息的支付方法

一般来讲，借款企业可以用三种方法支付银行贷款利息，包括收款法、贴现法及加息法。

3．信贷限额

信贷限额是银行对借款人规定的无担保贷款的最高额。信贷限额的有效期限通常为1年，但根据情况也可延期1年。一般来讲，企业在批准的信贷限额内，可随时使用银行借款。但是，银行并不承担必须提供全部信贷限额的义务。如果企业信誉恶化，即使银行曾同意过按信贷限额提供贷款，企业也可能得不到借款。这时，银行不会承担法律责任。

4．周转信贷协定

周转信贷协定是银行具有法律义务地承诺提供不超过某一最高限额的贷款协定。在协定的有效期内，只要企业的借款总额未超过最高限额，银行必须满足企业任何时候提出的借款要求。企业享用周转信贷协定，通常要就贷款限额的未使用部分付给银行一笔承诺费。

周转信贷协定的有效期通常超过 1 年，但实际上贷款每几个月发放一次，所以这种信贷具有短期和长期借款的双重特点。

5. 补偿性余额

补偿性余额是银行要求借款企业在银行中保持按贷款限额或实际借用额一定百分比（一般为 10%～20%）的最低存款余额。从银行的角度讲，补偿性余额可降低贷款风险，补偿遭受的贷款损失。对于借款企业来讲，补偿性余额则提高了借款的实际利率。

银行有时还要求企业为取得贷款而做出其他承诺，如及时提供财务报表，保持适当的财务水平（如特定的流动比率）等。如企业违背所做出的承诺，银行可要求企业立即偿还全部贷款。

提示

周转信贷协定和补偿性余额有什么联系与区别？

二、短期融资券

1. 短期融资券及其分类

短期融资券是由企业依法发行的无担保短期本票。在我国，短期融资券是指企业依照《短期融资券管理办法》的条件和程序在银行间债券市场发行和交易的、约定在期限不超过 1 年内还本付息的有价证券。中国人民银行对短期融资券的发行、交易、登记、托管、结算、兑付进行监督管理。短期融资券按不同标准可做不同分类。

（1）按发行人分类，短期融资券分为金融企业的融资券和非金融企业的融资券。在我国，目前发行和交易的是非金融企业的融资券。

（2）按发行方式分类，短期融资券分为经纪人承销的融资券和直接销售的融资券。非金融企业发行融资券一般采用间接承销方式，金融企业发行融资券一般采用直接发行方式。

2. 短期融资券的发行条件

（1）发行人为非金融企业，发行企业均应经过在中国境内工商注册且具备债券评级能力的评级机构的信用评级，并将评级结果向银行间债券市场公示。

（2）发行和交易的对象是银行间债券市场的机构投资者，不向社会公众发行和交易。

（3）融资券的发行由符合条件的金融机构承销，企业不得自行销售融资券，发行融资券募集的资金用于本企业的生产经营。

（4）对企业发行的融资券施行余额管理，待偿还融资券余额不超过企业净资产的 40%。

（5）融资券采用实名记账方式在中央国债登记结算有限公司（简称中央结算公司）登记托管，中央结算公司负责提供有关服务。

（6）融资券在债权债务登记日的次一工作日，即可以在全国银行间债券市场的机构投资人之间流通转让。

3. 短期融资券的发行程序

（1）公司做出发行短期融资券的决策；

（2）办理发行短期融资券的信用评级；

（3）向有关审批机构（中国人民银行）提出发行申请；

（4）审批机关对企业提出的申请进行审查和批准；

（5）正式发行短期融资券，取得资金。

4．发行短期融资券筹资的特点

短期融资券筹资的优点表现为以下几个方面。

（1）短期融资券的筹资成本较低。相对于发行公司债券筹资而言，发行短期融资券的筹资成本较低。

（2）短期融资券筹资数额比较大。相对于银行借款筹资而言，短期融资券一次性的筹资数额比较大。

短期融资券筹资也存在一些缺点。发行短期融资券的条件比较严格。必须是具备一定信用等级的实力强的企业，才能发行短期融资券筹资。

三、商业信用

商业信用是指商品交易中以延期付款或预收货款进行购销活动而形成的企业之间的自然借贷关系。

1．商业信用的形式

商业信用的主要形式有应付账款、应付票据、预收货款等。

（1）应付账款。应付账款是企业最典型、最常用的一种商业信用形式，是指在采购商品物资时先收到商品物资，货款延期到双方约定的时间支付。卖方为了尽快收回货款，往往在交易时规定信用条件，即规定信用期限、现金折扣率及折扣期。一般可表示为“2/10，*n*/30”等形式。通常，应付账款信用可按信用条件分为折扣信用、免费信用和展期信用。折扣信用是企业在卖方规定的折扣期内付款，可以享受折扣。如上所示的信用条件，若企业在10天之内付款，可得到2%的折扣。免费信用是企业在折扣期外、信用期内付款而获得的信用。若企业在10天至30天之间付款则为免费信用。展期信用是企业在规定的信用期满后推迟付款强制取得的信用。该方式常常会损害企业的商业信誉，对日后交易带来不利影响。

（2）应付票据。应付票据是企业在采购商品物资时以商业汇票作为结算手段而推迟付款获得的一种商业信用。

对于购货企业来说，应付票据是一种短期筹资方式。这种筹资方式是由商品交易而产生的，具有方便、灵活的特点。与应付账款相比，商业汇票等于付款人给收款人出具的一个书面承诺，因此，其信用会更好一些，如果付款人在汇票到期时未能支付票款，对其信誉会产生严重的损害。

（3）预收货款。它是指卖方按合同或协议的规定，在交付商品之前向买方预收部分或全部货款的信用方式。

此外，企业在生产经营活动中往往还形成一些应付费用，如应付职工薪酬、应交税费、应付利息等。这些费用项目的发生受益在先，支付在后，支付期晚于发生期，因此它们属于“自然筹资”的范围。

2．商业信用筹资的优缺点

商业信用筹资的优点主要表现为以下几点。

（1）筹资方便。商业信用的使用权由买方自行掌握。买方什么时候需要、需要多少等，在限定的额度内由其自行决定。

（2）限制条件少。商业信用比其他筹资方式条件宽松，无需担保或抵押，选择余地大。

（3）筹资成本低。大多数商业信用都是由卖方免费提供的，因此与其他筹资方式相比，其成本较低。

但是，企业利用商业信用筹资也存在一些缺点。主要是商业信用筹资的期限通常都较短，企业应当在销售方给予的信用期限内支付货款，否则就会给企业带来信誉上的损失。

工作任务

一、短期借款利息支付方式的选择

短期借款的利息不仅取决于借款利率，利息支付方式也会对利息产生重大的影响，如图 4-4-1 所示。

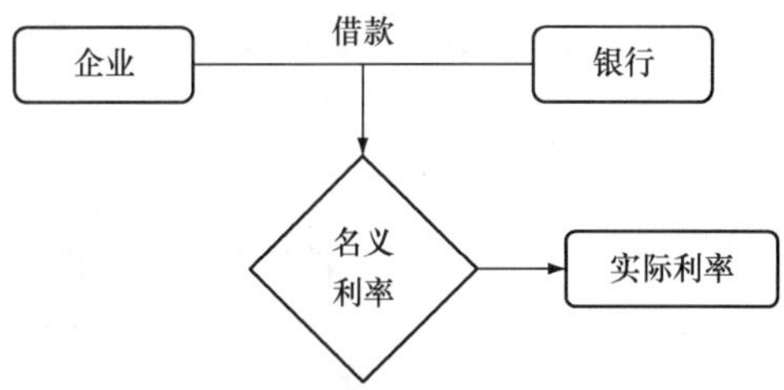

图 4-4-1　短期借款的利息

1. 收款法

收款法又称利随本清法，是在借款到期时向银行支付利息的方法。银行向工商企业发放的贷款大多采用这种方法收息。

2. 贴现法

贴现法是银行向企业发放贷款时，先从本金中扣除利息部分，而到期时借款企业则要偿还贷款全部本金的一种计息方法。采用这种方法，企业可利用的贷款额只有本金减去利息部分后的差额，因此贷款的实际利率高于名义利率。贴现法的实际贷款利率计算公式为

$$\text{贴现法实际利率}=\frac{\text{利息}}{\text{贷款额}-\text{利息}}\times 100\% \qquad (4\text{-}4\text{-}1)$$

【任务 4-4-1】某企业从银行取得借款 200 万元，期限 1 年，名义利率为 10%，利息 20 万元。按照贴现法付息，企业实际可动用的贷款为 180（200−20）万元，该项贷款的实际利率是多少？

解析：贴现贷款实际利率=20/（200−20）×100%=11.11%

或，贴现贷款实际利率=10%/（1−10%）×100%=11.11%

3. 加息法

加息法是银行发放分期等额偿还贷款时采用的利息收取方法。在分期等额偿还贷款的情况下，银行要将根据名义利率计算的利息加到贷款本金上，计算出贷款的本息和，要求企业在贷款期内分期偿还本息之和的金额。由于贷款分期均衡偿还，借款企业实际上只平均使用了贷款本金的半数，却支付全额利息。这样，企业所负担的实际利率便高于名义利率大约 1 倍。其计算公式为

$$\text{加息法实际利率}=\frac{\text{贷款额}\times\text{利率}}{\text{贷款额}\div 2}\times 100\% \qquad (4\text{-}4\text{-}2)$$

【任务 4-4-2】某企业借入（名义）年利率为 12%的贷款 20 万元，分 12 个月等额偿还本息，该项贷款的实际利率是多少？

解析：加息贷款实际利率=20×12%／（20÷2）×100%=24%

任务训练

企业短期借款利息支付方式的选择

公司向银行借入短期借款 100 000 元，关于支付银行贷款利息的方式，银行提出以下三种方案。

（1）采用收款法付息，利息率为 6%;

（2）采用贴现法付息，利息率为 5%;

（3）采用加息法付息，利息率为 4%。

要求：如果你是该公司财务经理，你会选哪种支付利息的方式，并说明理由。

二、现金折扣决策

企业采取赊销方式采购商品，供应商会提供一个信用期。企业可以提前付款，享受现金折扣，也可以在信用期最后一天付款，如图 4-4-2 所示。

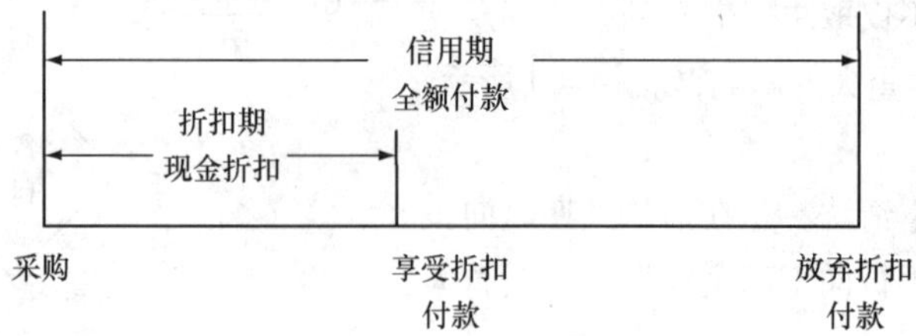

图 4-4-2　现金折扣决策

我们可以通过计算放弃现金折扣的成本来进行决策。其计算公式为

$$\text{放弃折扣的信用成本率}=\frac{\text{折扣率}}{1-\text{折扣率}}\times\frac{360}{\text{信用期}-\text{折扣期}} \quad (4\text{-}4\text{-}3)$$

【任务 4-4-3】某企业按"2/10，*n*/30"的条件购进了一批商品，假定商品价款为 1 000 万元。若企业享有现金折扣，即在 10 天内付款，可获得最长为 10 天的折扣信用，其信用额度为 980 万元，折扣额为 20 万元。若企业放弃现金折扣，则需在信用期内付款。

要求：计算放弃现金折扣的成本率。

解析：$\dfrac{2\%\times360}{(1-2\%)\times(30-10)}\times100\%=36.73\%$

因此，若该企业放弃现金折扣，则放弃折扣的成本率高达 36.73%。只要企业筹资成本不超过 36.73%，就应当在第 10 天付款。

任务训练

现金折扣决策

W 公司向华美公司购买原材料，华美公司开出的付款条件为"1/10，*n*/30"。W 公司的财务经理王红查阅公司记录表明，会计人员对此项交易的处理方式是，一般在收到货物后 15 天支付款项，当王红询问公司会计为什么不争取现金折扣时，负责该项交易的会计不假思索地回答道，这一交易的资金成本仅为 1%，而银行贷款成本却为 7%。请你针对这一案例对如下问题进行分析和回答。

（1）会计人员的错误在哪里？他在观念上混淆了什么？放弃现金折扣的实际成本有多大？

（2）如果 W 公司无法获得银行贷款，而被迫使用商业信用资金（即使用推迟付款的商业信用筹资方式），为降低年利息成本，你应向财务经理王红提出何种建议？

阅读案例

广州移动通信公司的消费优惠活动

中国移动通信公司广州分公司曾经实行了一项话费优惠活动，实际是一种商业信用融资形式。具体做法是：若该公司的手机用户在当年底前向该公司预存下年全年话费 4 800 元，可以获赠价值 2 000 元的缴费卡；若预存 3 600 元，可以获赠 1 200 元缴费卡；若预存 1 200 元，可以获赠 600 元的缴费卡。

通过这种诱人的话费优惠活动，该公司的手机用户得到实实在在的利益，当然最重要的是，该公司还可以筹集到巨额的资金。据保守估计，假设有 1 万个客户参与这项优惠活动，该公司至少可以筹资 2 000 万元；假设有 10 万个客户参与，则可以筹资 2 亿元。公司可以利用这笔资金去拓展新的业务，扩大经营规模。另外，该通信公司通过话费让利，吸引了一批新的手机用户，稳定了老客户，在与经营对手的竞争中赢得了先机。

企业在日常经营中，筹集资金的方式多种多样，除了向银行贷款外，还可以灵活运用企业的商业信用，多想办法借用别人的钱来成就自己的事业。企业在运用商业融资方式时，可以创新、变通的机会很多。与通信相类似的，比如保健中心、美容、汽车清洗店、公交汽车公司等服务行业，都可以通过收取次票、月票、年票的方式，去巧妙运用商业信用融资方式，这不仅可以吸引一批长期稳定的客户，更重要的是，可以筹集到一笔可观的无息资金。

当然要想借鸡生蛋，首先企业要有一定的商业信用基础，企业提供的服务在市场上和人们心中有较高的价值，别人信得过并且迫切需要。其次，融资的最终结果必须是双赢，企业通过商业信用获得别人的资金，除了要让自己获利，更要让利给别人，要达到“双赢”，才能让企业的商业信用水平得到提高。

小　结

流动负债主要有三种来源，即短期借款、短期融资券和商业信用，各种来源具有不同的获取速度、灵活性、成本和风险。

练 习 题

一、知识点训练

（一）不定项选择

1. 以下选项不属于商业信用的具体形式是（　　）。

A. 应付账款　　B. 短期借款　　C. 应付票据　　D. 预收账款

2. 某企业与银行商定的周转信贷额为 200 万元，借款期限为一年，承诺费率为 0.5%，企业借款 150 万元，平均使用 8 个月，那么，借款企业应向银行支付承诺费（　　）元。

A. 10 000　　B. 6 000　　C. 5 000　　D. 8 000

3. 某企业需要借入资金 60 万元，由于贷款银行要求将贷款金额的 20%作为补偿性余额，故企业需要向银行申请的贷款数额为（　　）万元。

A. 75　　B. 72　　C. 60　　D. 50

4. 下列属于流动负债筹资方式的有（　　）。

A. 应收票据贴现　B. 商业信用　C. 短期融资券　D. 银行借款

5. 下列属于短期借款的利息支付方式的有（　　）。

A. 收款法　B. 贴现法　C. 加息法　D. 分期还款法

（二）判断

1. 如果企业采用贴现法支付利息，则借款的实际利率等于名义利率。（　　）

2. 周转信贷协定是银行具有法律义务地承诺提供不超过某一最高限额的贷款协定。（　　）

二、课后任务

分小组讨论，每组设计一份向银行借入一年以内借款金额 100 万元的借款合同，年利率自行确定，然后从中选择借款实际利率最低的借款合同。

项目训练

一、单项技能训练

1. 某公司现金收支平稳，预计全年（按 360 天计算）现金需要量为 200 000 元，现金与有价证券的转换成本为每次 100 元，有价证券年均报酬率为 10%。

要求：（1）运用存货模式计算最佳现金持有量。

（2）计算最佳现金持有量下的最低现金管理相关总成本、全年现金转换成本和全年现金持有机会成本。

（3）计算最佳现金持有量下的全年有价证券交易次数和有价证券交易间隔期。

2. 某公司预测的年度赊销收入为 5 000 万元，信用条件为（*n*／30），变动成本率为 70%，资金成本率为 12%。该公司为扩大销售，拟定了 A、B 两个信用条件方案。

A 方案：将信用条件放宽到（*n*／45），预计坏账损失率为 4%，收账费用为 80 万元。

B 方案：将信用条件改为（1/15，*n*/45），估计约有 50%的客户会享受现金折扣，坏账损失率为 3%，收账费用为 60 万元。

以上两方案均使销售收入增长 10%。

要求：确定该企业应选择何种信用条件方案。

3. 某企业每年耗用某种材料 7 200 千克，该材料单位成本为 20 元，单位存储成本为 2 元，一次订货成本为 50 元。

要求：按照经济批量模型计算经济订货批量、相关总成本、最佳订货次数、最佳订货周期以及经济订货量占用资金。

4. 某企业拟采购一批零件，供应商规定的付款条件为“2/10，1/20，*n*/30”，每年按 360 天计算。

要求：（1）假设银行短期贷款利率为 5%，计算放弃现金折扣成本，并确定对该公司最有利的付款日期。

（2）假设目前有一项短期投资的报酬率为 40%，确定对该公司最有利的付款日期。

二、综合技能训练

新疆屯河投资公司营运资金管理策略分析

新疆屯河投资股份有限公司创建于 1983 年，是一家以农业投资、农业综合资源开发、特色农产品深加工为主的投资控股型上市公司。从该公司资金来源与运用情况表（见表 4-1），我们可以看出该公司采用的是紧缩的流动资产投资战略，其流动资产连续四年均小于流动负债，营运资金相当紧张。从该公司现金流量表（见表 4-2）中也可看到这一点，公司每年均要从银行借入大量的短期借款，并偿还大量的短期借款。在这种流动资产投资战略下，企业的收益率较高，但却大大降低了偿债能力和采购的支付能力，很可能造成信用损失、材料供应中断和生产阻塞，并在很大程度上降低公司现金红利的分配。该投资战略在短期内如果环境有利时可为公司赢得大量利润，但环境一旦发生变化，公司可能面临破产风险。

表 4-4-1　资金来源与运用情况表　（单位：亿元）

项目	2001 年	2002 年	2003 年	2004 年
流动资产	8.67	14.47	13.54	14.86
流动负债	20.19	26.84	22.18	28.42
营运资金	−11.52	−12.37	−8.64	−13.56
长期股权投资	11.62	12.78	11.17	8.18
其他长期资产	9.13	11.94	11.5	11.8
长期资产合计	20.75	24.72	22.67	19.98
长期负债	0.37	2.27	3.4	3.19
股东权益	8.87	10.08	10.62	4.01
股东权益及长期负债合计	9.24	12.35	14.02	7.20
长期资金差异	11.51	12.37	8.65	12.78

表 4-4-2　现金流量表　（单位：亿元）

项目	2002 年		2003 年		2004 年	
	母公司	合并	母公司	合并	母公司	合并
经营活动产生的现金流量	16.62	48.85	2.55	2.77	−4.3	−3.49
投资活动产生的现金流量	0.04	−5.16	1.2	−10.28	0.004	−10.24
筹资活动产生的现金流量	0.86	6.93	−2.75	3.89	3.93	5.92
其中：借入银行借款	5.64	21.24	32.5	17.23	9.08	9.37
偿还银行借款	3.6	12.33	27.03	18.7	7.6	7.81

从表 4-1 我们可以看出公司的长期资产有 50%左右由临时性负债融通。由于临时流动负债的资本成本低于长期负债和权益的资本成本，所以该政策下企业的资本成本较低。但企业在临时负债到期后需要重新举债或申请债务展期，这样企业便会更为频繁地举债和还债，从而加大筹资困难和风险。从表 4-2 中的我们可以看出公司每年都要大量举债和还债，还可能使公司面临由于短期负债利率的变动而增加企业资本成本的风险。这是一种收益性和风险性很高的流动资产筹资政策，一旦筹资环境发生较大恶化，公司只有通过处置永久性资产进行套现，以渡过难关。

要求：分析新疆屯河投资股份有限公司营运资金投资及融资策略，并提出改进措施。

项目五
收益分配管理工作

引导案例

北京用友软件股份有限公司于 2001 年 5 月 18 日上市。2002 年 4 月 28 日，股东大会审议通过 2001 年度分配方案每 10 股派 6 元（含税），共计派发现金股利 6 000 万元。刚刚上市一年即大比例分红，一时间市场上众说纷纭。2001 年度用友公司主营业务依然专注于软件产业，并注重管理软件领域。针对北京用友软件股份有限公司（600588）在 2001 年年度分配计划中推出高派现股利政策的这一现象，诸多学者剖析认为，用友软件的高派现股利政策源于当前制度背景下控股股东经济利益最大化的理性选择，是在法律和市场规则的范围内进行的正当行为。但也有学者认为这种高派现股利政策客观上形成了对流通股股东利益的侵害，有“恶意分红”的嫌疑。那么“恶意分红”的帽子给用友软件股份有限公司是否合适？

案例启示：股利分配政策需要结合公司的财务收益状况等多种因素综合分析。

项目导图

收益是指会计期间内经济利益的增加，主要是指企业收入和利润。收益分配的管理包括收入的管理和利润的管理。

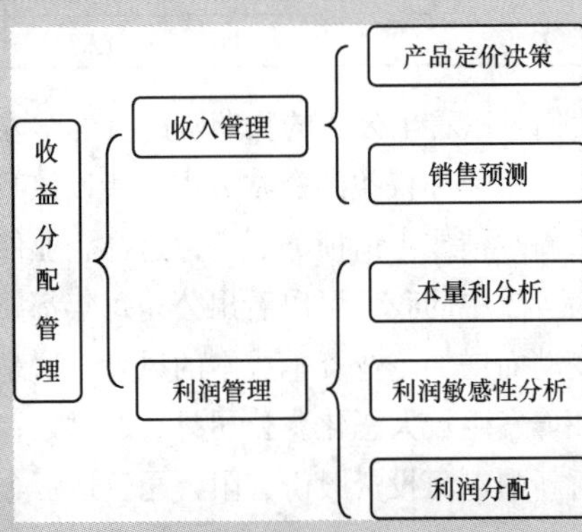

学习目标

知识目标：

1．掌握收入和利润的预测方法；

2．掌握盈亏平衡点的计算方法；

3．掌握利润敏感性分析方法；

4．掌握利润分配政策的制定，了解股利支付的程序和形式。

技能目标：

1．运用数学预测方法预测收入和利润；

2．运用最大最小法以及敏感系数指标进行利润敏感性分析；

3．对上市公司的股利分配政策进行分析。

情境讨论

某集团公司 2007 年实现营业收入 554.05 亿元，比上年增长 7.63%。截至 2007 年 12 月 31 日，该公司按中国企业会计准则编制的净利润为人民币 19.24 亿元，提取 10%法定盈余公积人民币 1.924 亿元，则可分配利润为人民币 17.316 亿元。考虑到 2007 年利润分配政策预计等各种因素以及该公司 2008 年的生产经营现状，董事会经研究后提出建议，公司 2007 年度的利润分配方案为，向全体股东派发本年度期末股利每 10 股人民币 0.90 元（含税），即人民币 6.48 亿元。本年度不实施资本公积转增股本。以上议案提请股东大会审议。

问题：

1. 收益分配管理的特点及主要手段有哪些？
2. 如果你是公司财务总监，你会如何制定公司收益分配预案？

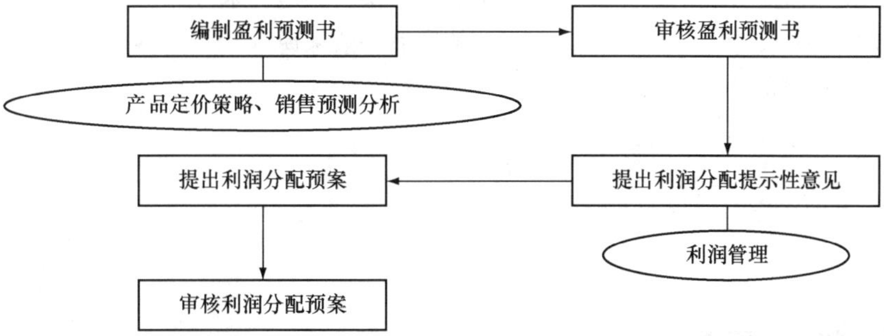

收益分配管理流程图

子项目一 收入管理

核心知识：收入的概念与作用、收入管理的要求、收入的日常管理。

核心技能：产品定价决策方法、销售收入预测方法。

相关知识

一、收入的概念与作用

1．收入的概念

收入是指企业在销售商品、提供劳务、让渡资产使用权等日常活动中所形成的经济利益的总流入。

各种类型的收入按其在企业中的重要性可分为主营业务收入和其他业务收入。主营业务收入是指企业在其主要的或主体业务活动中所取得的收入。其他业务收入是指企业在其次要的或者附带的业务活动中所取得的收入。

2．收入的作用

（1）收入是衡量企业生产经营成果的重要标志。企业能否取得收入，表明企业生产出的产品能否为消费者接受以及在多大程度上满足消费者的需要；同时，企业能否实现利润以及实现多少利润也以一定的收入为基础。

（2）收入是企业现金流入量的主要组成部分。企业在经营过程中，需要不断支出现金，那么企业就必须有足够的现金流入。虽然企业通过债务融资或者股东再投资均可以形成现金流入，但会增加企业的财务负担和经营风险。而企业通过获取收入来积累利润，从而获得持续不断的现金流入则可以避免以上问题。

（3）收入是企业再生产顺利进行的必要条件。企业在经营过程中需要消耗大量的人力、财力和物力，从而形成成本和费用，必须通过获得收入以后才能得到补偿，以保证企业再生产的顺利进行。

（4）收入是实现企业利润的主要源泉。虽然企业实现利润的来源除了收入外，还可以是投资收益，或者营业外收支净额。然而，这些来源的利润一般来说数额不大，且不具有可持续性。因此，收入是实现利润的主要源泉。

提示

收入是实现利润的主要源泉。

二、收入管理的要求

收入的重要作用决定了加强收入管理的必要性。为了加强收入管理，企业应当建立价格管理制度，明确产品或劳务的定价和销售价格调整的权限、程序与方法，根据预期收益、资金周转、市场竞争、法律法规等要求，采取相应的价格策略，防范销售风险。具体而言，企业收入管理主要应遵循以下几项基本要求。

（1）合理地制定价格。价格是企业在市场竞争中获得优势的有效措施。企业制定合理的价格，控制成本，以实现收入的最大化。

（2）正确预测收入。企业各部门应深入调查，利用合理的预测方法，对企业销售情况和相应的营业收入做出尽可能合理的预测，帮助企业做出各种经营决策。

（3）有效地进行收入的日常管理。企业应加强收入的日常管理，节约成本，建立奖励制度，从而保证企业扩大销售收入并尽快回收货款。

三、收入的日常管理

1. 销售合同的签订与履行

（1）审查对方的资信状况。在签订销售合同前，企业应审查对方的历史记录，并对其资信状况做出合理的评估，以保证企业能够尽快收回销售款项。

（2）控制信用规模和信用期限。为扩大销量，可以采用赊销、分期付款、商业汇票结算等方式，但是，商业信用本身会在一定程度上占用企业的资金，影响企业再生产的顺利进行。因此，企业应严格控制信用规模和信用期限。

（3）监督结算方式的选择。企业经济业务的结算方式很多，主要是现金结算和票据结算。其中，现金结算是安全性最高的，但是除了商业零售企业外的大部分企业不会采用这种方式。票据结算主要有银行本票、银行汇票和商业汇票等，银行本票和银行汇票由银行见票时无条件履行支付义务，而商业汇票则存在一定风险。

（4）监督解除合同的善后处理。如果因各种原因导致已经签署的销售合同需要解除，企业应认真分析销售方和采购方的责任，如果是由对方原因造成的，则应积极索赔。

2. 销售市场的扩展

（1）进行市场细分，选定商品目标市场。企业应根据客户的差别需求、购买能力、消费偏好等因素，将市场划分为不同的个别市场，以提升企业的产品竞争力。

（2）正确进行广告宣传。进行广告宣传是企业利用各种媒体向社会公众宣传企业产品的一种营销手段。适当的广告宣传可以提高企业知名度，开拓潜在市场。但是，进行广告宣传需要支付广告费，企业必须认真选择广告投放的媒体、时间以及广告宣传内容。

（3）搞好售后服务。完善的售后服务，虽然会增加企业的成本，但能够解除客户的后顾之忧，还可以吸引新客户，不断提高市场占有率，增加销售收入。

工作任务

一、产品定价决策分析

在市场经济中，价格机制是市场机制的核心和主要表现形式。企业的一切生产经营活动，都会直接或间接受到价格的影响。企业管理当局必须做出合理的定价决策，以保证企业的长远利益和最佳经济效益的实现。产品定价流程如图 5-1-1 所示。

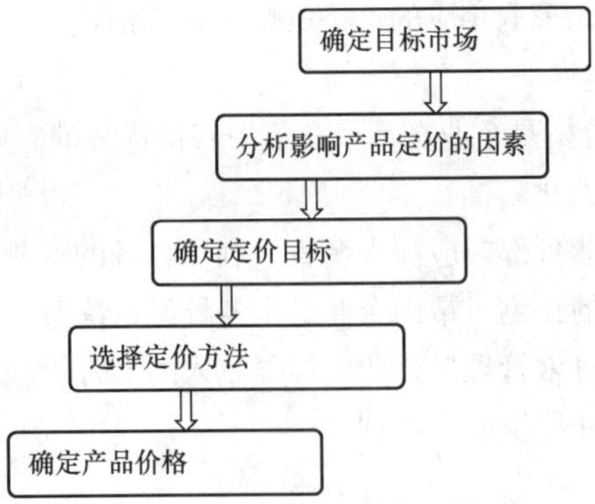

图 5-1-1　产品定价流程

1．产品的基本定价方法——成本加成定价法

成本加成定价法是产品的基本定价方法，指首先计算出商品的生产成本，然后在此基础上根据利润率水平向上调整一定的比例确定商品的售价。成本加成定价法包括变动成本加成定价法和完全成本加成定价法，这里我们只介绍完全成本加成定价法，其基本表达式为。

$$\text{产品售价}=\begin{matrix}\text{单位产品}\\\text{制造成本}\end{matrix}+\begin{matrix}\text{单位产品应}\\\text{负担的期间费用}\end{matrix}+\begin{matrix}\text{单位产品}\\\text{目标利润}\end{matrix}=\frac{\text{单位产品制造成本}}{1-(\text{期间费用率}+\text{销售收入利润率})}\quad(5\text{-}1\text{-}1)$$

式中，单位产品应负担的期间费用=产品售价 × 期间费用率

单位产品目标利润=产品售价 × 销售收入利润率

【任务 5-1-1】甲产品的单位制造成本为 260 元，按预定产销量计算的单位产品应负担的期间费用为 10 元，预定的销售收入利润率为 10%。试计算确定甲产品的出厂价格。

解析：假设甲产品的出厂价格为 P，则 $P=\dfrac{260}{1-(10/P\times100\%+10\%)}$

由上述方程可求出 $P=300$（元）

任务训练

产品销售价格的确定

假定 Y 公司正研究 A 产品的定价，该产品产量为 10 000 件，估计成本资料如表 5-1-1 所示。目标利润在制造成本的基础上加成 100%。

要求：按成本加成定价法确定该产品的价格。

表 5-1-1　　产品成本构成表　　单位：元

项　　目	成　　本
直接材料	70 000
直接人工	50 000
变动性制造费用	40 000
固定性制造费用	80 000
变动性销售与管理费用	20 000
固定性销售与管理费用	15 000
合　　计	275 000

2．特殊情形下的定价方法——变动成本（边际贡献）法

变动成本法的定价原则如图 5-1-2 所示。

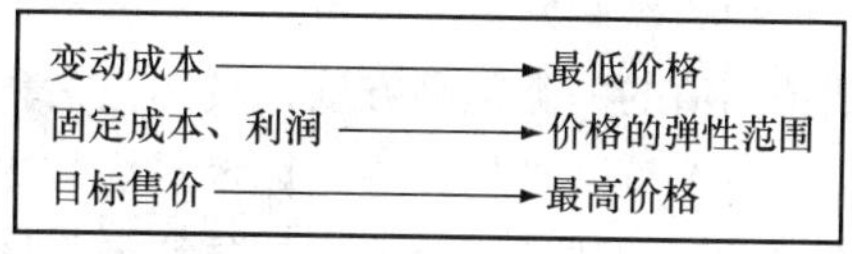

图 5-1-2　变动成本定价模式

这一模式表明，在遇到特殊情况时，企业可以根据具体情况，把价格定在最高价格与最低价格之间，而不一定使价格高于企业的全部成本。以下情形可视为特殊情况。

（1）企业尚有剩余生产能力未被充分利用。此时，企业的销售价格可以不必补偿总成本，只需要补偿单位变动成本即可。

（2）市场需求发生特殊变化。如果市场上某种商品的需求突然减少，迫使企业不得不降价出售时，只要价格高于单位变动成本就可以接受。

（3）遇到强劲的竞争对手。为了获得对竞争对手的竞争优势，降低价格是提高销售量、扩大市场份额的有效措施，此时的价格只要高于单位变动成本就行。

【任务 5-1-2】某企业生产甲产品的年生产能力为 10 000 件，产品单价为 80 元，单位产品变动成本为 50 元，单位产品固定成本为 10 元。该企业目前尚有 30%的生产能力闲置。一客户下订单要企业生产 3 000 件甲产品，每件价格 55 元。企业是否应该接受这个客户的订单呢？

解析：按照传统观念来看，该订单价格太低，不应该接受。但是按变动成本法分析，该订单价格是完全可以接受的。因为在企业目前的情况下，无论是否接受这个订单，生产中所需发生的固定成本是一定的，属于决策无关成本。只要对方出价高于变动成本，能提供边际贡献即可。

接受订单增加的边际贡献为（55−50）×3 000=15 000（元）

因此，接受该订单会使企业增加利润或减少亏损 15 000 元。

3．新产品定价的基本策略

（1）高价策略——“撇油法”。即在新产品刚推出市场时采取高价策略，迅速收回研发成本，然后再逐步降低价格。一般而言，对于投产时缺乏竞争对手、估计极易打开市场的新产品来说，这是一种可取的方法。从根本上讲，撇油法定价是一种追求短期利润最大化的定价策略，若处置不当，则会影响企业的长期发展。

（2）低价策略——“渗透法”。即在新产品刚推出市场时采取低价策略，迅速抢占市场，薄利多销。这种方法比较适合于改进型新产品的定价。采用渗透法定价的企业无疑只能获取微利，但低价可以使产品尽快为市场所接受，迅速占领市场；同时，微利阻止了竞争者的进入，增强了企业自身的竞争力。

二、销售预测分析

销售预测是指企业运用一定的方法，通过历史资料对企业生产经营条件和市场变化情况进行分析研究，总结发展趋势，对企业未来一定期间的销售量或销售收入进行预计和测算。销售预测分析所使用的方法如图 5-1-3 所示。

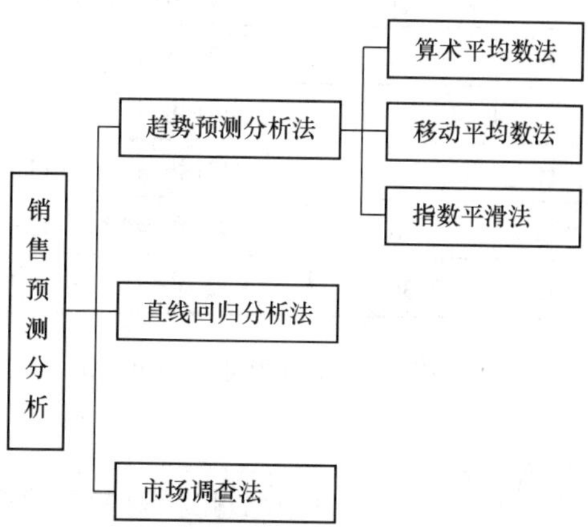

图 5-1-3　销售预测分析的方法

1. 趋势预测分析法

趋势预测分析法是根据历史资料，按一定时期预测对象的时间序列的平均数作为某个未来时期预测值的一类预测方法，具体包括算术平均数法、移动平均数法、指数平滑法等。

（1）算术平均数法。算术平均数法是直接以一定时期的预测对象的时间数列的算术平均数作为未来预测值的一种方法。其算术平均数的取值方法有两种，一是简单算术平均数，二是加权算术平均数。简单算术平均法的计算简单明了，但准确性较低，适用于收入在各期较为稳定、波动不大的情况。加权算术平均数法根据与预测期的时间远近不同，对各期的数据给予不同的权数，其结果是否准确，主要取决于权数的设定是否科学合理。

（2）移动平均数法。移动平均数法是以过去一定时期销售的历史资料为基础，根据时间数列，逐项移动求序时平均数，并对平均变动趋势加以修正的一种预测方法。其计算公式为

预测期销售量=最后一步移动平均值+最后一步距离预测期的间隔期数×最后一步平均变动趋势值　（5-1-2）

采用移动平均数法计算的预测值中，由于每步的间隔期起到修匀数据、消除偶然运动因素的作用，从而能使各期数据相互衔接。这种方法适用于各期产品生产和销售数量逐渐增加的企业。

【任务 5-1-3】某企业 2008 年度每月的销售收入资料及趋势变动值如表 5-1-2 所示。该表以每三个月为一个间隔期，编制该企业 2008 年度每月销售收入移动平均预测表，并用移动平均数法预测 2009 年度 1 月的销售收入。

表 5-1-2　　某企业 2008 年度销售收入移动平均预测表　　单位：万元

月份	营业收入	移动平均值	趋势变动值	平均变动趋势值
1	30	—	—	—
2	32	—	—	—
3	36	（30+32+36）/3=32.67	—	—
4	36	（32+36+36）/3=34.67	+2	—
5	38	（36+36+38）/3=36.67	+2	—
6	40	（36+38+40）/3=38	+1.33	（2+2+1.33）/3=1.78
7	46	（38+40+46）/3=41.33	+3.33	（2+1.33+3.33）/3=2.22
8	48	（40+46+48）/3=44.67	+3.34	（1.33+3.33+3.34）/3=2.67
9	46	（46+48+46）/3=46.67	+2	（3.33+3.34+2）/3=2.89
10	42	（48+46+42）/3=45.33	-1.34	（3.34+2-1.34）/3=1.33
11	40	（46+42+40）/3=42.67	-2.66	（2-1.34-2.66）/3=-0.67
12	36	（42+40+36）/3=39.33	-3.34	（-1.34-2.66-3.34）/3=-2.45

2009 年度 1 月的销售收入=39.33+2×（-2.45）=34.43（万元）

提示

你会利用 Excel 软件计算移动平均值、趋势变动值和平均变动趋势值吗？

任务训练

利用移动平均数法进行销售预测分析

某企业 2012 年 12 个月的 A 产品销售额资料如表 5-1-3 所示，以每 3 个月为一个间隔期。

表 5-1-3　　A 产品销售资料　　单位：万元

月份	1	2	3	4	5	6	7	8	9	10	11	12
销售额	40	42	45	46	48	56	51	55	59	61	64	57

要求：采用移动平均数法计算 2013 年 1 月的预计销售额。

（3）指数平滑法。指数平滑法是根据前期销售量的实际数和预测数，以指数平滑系数 α（$0<\alpha<1$）为权数，进行加权平均来预测下一期销售量的一种方法。其计算公式为

$$预测期销售量=\alpha\times上期实际销售量+（1-\alpha）\times上期预测销售量 \qquad (5\text{-}1\text{-}3)$$

指数平滑法实际上是一种分别以 α 和（$1-\alpha$）为权数的特殊的加权平均法，一般 α 取值在 0.3～0.7 之间。采用这种方法可适当消除偶然因素引起的实际的波动，使预测更加精确，该方法适用面较广，但指数平滑系数的选择存在一定的随意性。

【任务 5-1-4】某公司本年 6 月的实际销售收入为 65 万元，假设月初预测 6 月销售收入为 64 万元，指数平滑系数是 0.7。

要求：按指数平滑法预测本年 7 月的销售收入。

解析：7 月的销售收入=$0.7\times65+（1-0.7）\times64=64.7$（万元）

2. 直线回归分析法

直线回归分析法，也称一元回归分析法。它假定影响预测对象销售量的因素只有一个，根据直线方程 $y=a+bx$，按照最小二乘法原理，来确定一条误差最小的、能正确反映自变量 x 和因变量 y 之间关系的直线，其常数项 a 和系数 b 的计算公式为

$$b=\frac{n\sum xy-\sum x\sum y}{n\sum x^2-\left(\sum x\right)^2} \qquad (5\text{-}1\text{-}4)$$

$$a=\frac{\sum y-b\sum x}{n} \qquad (5\text{-}1\text{-}5)$$

待求出 a、b 的值后，代入 $y=a+bx$，结合自变量 x 的取值，即可求得预测对象 y 的预测销售量或销售额。

【任务 5-1-5】假定某公司产品销售量只受广告费支出大小的影响，该公司 2005—2012 年的销售资料和广告费资料如表 5-1-4 所示，2013 年度预计广告费支出为 155 万元。

要求：按直线回归分析法预测 2013 年的销售量。

表 5-1-4　　2005—2012 年销售量与广告费支出

年　度	2005	2006	2007	2008	2009	2010	2011	2012
销售量（吨）	3 250	3 300	3 150	3 350	3 450	3 500	3 400	3 600
广告费（万元）	100	105	0.08	90	125	140	140	150

解析：根据上述资料，用直线回归分析法预测公司 2013 年的产品销售量，如表 5-1-5 所示。

表 5-1-5　　直线回归分析法计算表

年度	广告费支出 x（万元）	销售量 y（吨）	xy	x^2	y^2
2005	100	3 250	325 000	10 000	10 562 500
2006	105	3 300	346 500	11 025	10 890 000
2007	90	3 150	283 500	8 100	9 922 500
2008	125	3 350	418 750	15 625	11 222 500
2009	135	3 450	465 750	18 225	11 902 500
2010	140	3 500	490 000	19 600	12 250 000
2011	140	3 400	476 000	19 600	11 560 000
2012	150	3 600	540 000	22 500	12 960 000
$n=8$	$\sum x=985$	$\sum y=27\ 000$	$\sum xy=3\ 345\ 500$	$\sum x^2=124\ 675$	$\sum y^2=91\ 270\ 000$

根据公式，有

$$b=\frac{n\sum xy-\sum x\sum y}{n\sum x^2-\left(\sum x\right)^2}=\frac{8\times 3\ 345\ 500-985\times 27\ 000}{8\times 124\ 675-985^2}=6.22$$

$$a=\frac{\sum y-b\sum x}{n}=\frac{27\ 000-6.22\times 985}{8}=2\ 609.16$$

将 a、b 代入公式，得出结果，即 2013 年的产品预测销售量为

$$y=a+bx=2\ 609.16+6.22x=2\ 609.16+6.22\times 155=3\ 573.26\text{（吨）}$$

Excel 应用

Excel 办公软件在销售预测中的运用

沿用【任务 5-1-5】中的有关数据。首先根据已知条件在表格中输入基本数据，然后根据有关计算公式定义分析区，得出计算结果，如图 5-1-4 所示。各单元格的计算公式设置如图 5-1-5 所示。

D12　=ROUND((B12*D10-B10*C10)/(B12*E10-B10*B10),2)

	A	B	C	D	E	F
1	年度(n)	广告费支出x(万元)	销售量y(吨)	xy	x^2	y^2
2	2005	100	3250	325000	10000	10562500
3	2006	105	3300	346500	11025	10890000
4	2007	90	3150	283500	8100	9922500
5	2008	125	3350	418750	15625	11222500
6	2009	135	3450	465750	18225	11902500
7	2010	140	3500	490000	19600	12250000
8	2011	140	3400	476000	19600	11560000
9	2012	150	3600	540000	22500	12960000
10	合计	985	27000	3345500	124675	91270000
11						
12	n=	8	b=	6.22	a=	2609.16
13	预测模型：Y=	2609.16+6.22x				
14	当预测值x=	155				
15			预测值y=	3573.26		

直线回归分析法 / Sheet2 / Sheet3

图 5-1-4　直线回归分析法销售预测模型

	A	B	C	D	E	F
1	年度(n)	广告费支出x(万元)	销售量y(吨)	xy	x^2	y^2
2	2005	100	3250	=B2*C2	=B2*B2	=C2*C2
3	2006	105	3300	=B3*C3	=B3*B3	=C3*C3
4	2007	90	3150	=B4*C4	=B4*B4	=C4*C4
5	2008	125	3350	=B5*C5	=B5*B5	=C5*C5
6	2009	135	3450	=B6*C6	=B6*B6	=C6*C6
7	2010	140	3500	=B7*C7	=B7*B7	=C7*C7
8	2011	140	3400	=B8*C8	=B8*B8	=C8*C8
9	2012	150	3600	=B9*C9	=B9*B9	=C9*C9
10	合计	=SUM(B2:B9)	=SUM(C2:C9)	=SUM(D2:D9)	=SUM(E2:E9)	=SUM(F2:F9)
11						
12	n=	=COUNT(B2:B9)	b=	=ROUND((B12*D10-B10*C10)/(B12*E10-B10*B10),2)	a=	=ROUND((C10-D12*B10)/B12,2)
13		预测模型：Y=	=F12&"+"&D12&"x"			
14		当预测值x=	155			
15			预测值y=	=F12+D12*C14		
16						

直线回归分析法 / Sheet2 / Sheet3

图 5-1-5　直线回归分析法销售预测模型（公式设置）

技能拓展

利用 FORECAST（）函数预测销售量

FORECAST 函数的功能是根据给定的数据计算或预测未来值。此未来值为基于一系列已知的 *x* 值推导出的 *y* 值。

语法形式：FORECAST（x,known_y's,known_x's）

说明：x——需要进行预测的数据点；

known_y's——因变量数组或数据区域；

known_x's——自变量数组或数据区域。

【任务 5-1-6】沿用任务【任务 5-1-5】中的有关数据，要求利用 FORECAST（ ）函数预测 2013 年的销售量。

解析：如图 5-1-6 所示，利用 FORECAST（ ）函数预测销售量的具体操作步骤如下。

（1）根据已知条件，在 Excel 表格中输入相应数据；

（2）在单元格 C12 中输入公式函数“=FORECAST（B11,C2:C9,B2:B9）”；

（3）按回车键，显示结果。

C12　　=FORECAST(B11,C2:C9,B2:B9)

	A	B	C
1	年度(n)	广告费支出x(万元)	销售量y(吨)
2	2005	100	3250
3	2006	105	3300
4	2007	90	3150
5	2008	125	3350
6	2009	135	3450
7	2010	140	3500
8	2011	140	3400
9	2012	150	3600
10			
11	当预测值x=	155	
12		预测值y=	3573.229071

图 5-1-6　FORECAST（ ）函数预测销售量

任务训练

利用直线回归分析法预测销售量

某轮胎橡胶厂主要生产汽车轮胎，假设该厂各年份广告费实际发生额和轮胎实际销售量情况如表 5-1-6 所示。

表 5-1-6　　某地区 2002—2007 年汽车和轮胎销售量

年　份	2002	2003	2004	2005	2006	2007
广告费支出（万元）	10	12	15	18	20	23
轮胎销售量（万只）	68	78	85	106	122	140

假定 2008 年广告费支出的预测数为 22 万元，该轮胎橡胶厂轮胎的市场占有率约为 30%，要求预测该厂 2008 年的轮胎销售量。

3. 市场调查法

市场调查法，是指根据某种商品在市场上的供需情况的变动或消费者购买意向的详细调查等市场动态信息资料，来预测销售量或销售金额的一种专门方法。常见的市场调查法有意见综合法、抽样询问法和实验法。

阅读案例

“安静的小狗”的定价策略

“安静的小狗”是一种松软猪皮便鞋的牌子，由美国沃尔弗林环球股份公司生产。当“安静的小狗”问世时，该公司为了了解消费者的心理，采取了一种独特的试销方法：先把 100 双鞋无偿送给 100 位顾客试穿 8 周，8 周后，公司派人登门通知顾客收回鞋子，若想留下，每双鞋子 5 美元。其实公司老板并非真想收回鞋子，而是想知道 5 美元一双的猪皮便鞋是否有人愿意购买。结果绝大多数试穿者把鞋留下了。得到这个消息，沃尔弗林公司便大张旗鼓地开始生产、推销，结果以每双 7.5 美元的价格，销售了几万双“安静的小狗”。

小　结

收入是指企业在销售商品、提供劳务等日常经营活动中所形成的经济利益的流入，是企业实现利润最大化的必循途径。收入的重要作用决定了加强收入管理的必要性，企业应合理地制定商品价格，正确地预测收入和有效地进行收入的日常管理。

练 习 题

一、知识点训练

(一) 不定项选择

1. 影响商品价格高低的最主要因素是（　　）。

A. 产品成本　　B. 销售税金　　C. 销售利润　　D. 财务费用

2. 当企业尚有剩余生产能力未被充分利用时，常用的定价方法是（　　）。

A. 成本加成定价法　B. 撇油定价法　C. 渗透定价法　D. 边际贡献定价法

3. 进行销售预测分析时，趋势预测分析法中在实践中运用较多的方法是（　　）。

A. 简单算术平均法　B. 加权算术平均法　C. 移动平均法　D. 指数平滑法

4. 下列（　　）属于影响产品价格的因素。

A. 成本因素　　B. 市场供求因素　　C. 竞争因素　　D. 利率

5. 各种类型的收入按其在企业中的重要性可分为（　　）。

A. 主营业务收入　B. 其他业务收入　C. 营业外收入　D. 投资收益

(二) 判断

1. 收入是企业实现利润的主要源泉。（　　）

2. 边际贡献定价法实质是看边际收入能否补偿企业的全部成本。（　　）

二、课后任务

请在网上搜集资料，列举因定价策略恰当获得成功以及因定价策略不当导致失败的案例。

子项目二 利润管理

核心知识：利润的概念与作用、股利分配的程序与基本方式。

核心技能：本量利依存关系分析、利润敏感性分析、股利分配政策分析。

相关知识

一、利润的概念和作用

1．利润的概念

利润是指企业在一定时期内的经营成果，包括营业利润、利润总额和净利润。

（1）营业利润。营业利润是指营业收入减去营业成本和营业税金及附加，减去营业费用、管理费用和财务费用，加上投资净收益后的金额。

（2）利润总额。利润总额是指企业在一定时期所获得的利润总额，是营业利润加营业外收入，减去营业外支出后的金额。

（3）净利润。净利润是指利润总额减去所得税后的金额。

2．利润的作用

（1）利润是衡量企业生产经营水平的一项综合性指标。企业获得的利润越多，说明企业经营有方，产品的市场竞争力强。

（2）利润是国家财政收入的重要来源。企业所得税以企业获得的利润总额为计税基础，而所得税具有强制性、无偿性、及时性等特征，企业利润因此构成了国家财政收入的重要来源。

（3）利润是企业实现财务目标的基础。现代企业财务管理的目标是企业价值最大化，实现企业利润，为股东创造财富，为债权人支付利息和为国家缴纳税收，满足企业利益相关者的相应需求奠定了基础。

（4）利润是企业扩大再生产的资金保障。企业资金的来源很多，综合考虑经营风险和资金成本，企业通过获取利润来满足再生产的进行是最合理的一种方式。

> 没有利润，再好的公司，有再好的员工，都会很快陷入困境。
>
> ——管理培训专家　余世维

3．利润管理的要求

（1）树立正确的盈利观念，不断提高盈利水平。企业获得利润的前提是满足社会主义现代化建设的需要，切忌违反法律法规。

（2）实行利润目标分管责任制，保证利润目标的完成。在合理预测企业利润的基础上，企业应完善内部责任制，并建立相应的奖励制度，组织并动员一切力量，确保完成利润目标。

（3）严格执行有关财经法规，正确进行利润分配。企业在经营过程中应遵守国家法律，对于经营成果的管理也要严格执行有关的财经法律法规。在企业整体盈利的前提下，企业应缴纳相关的税费以后再进行后续的利润分配。

二、利润的分配

1. 利润分配的原则

（1）遵守国家法律，履行企业的社会责任。利润分配涉及多方面的利益关系，必须贯彻合法性原则。在利润分配过程中遵守国家财经法规主要表现在两个方面：一是企业在实行利润分配之前，首先应按国家税法规定依法缴纳所得税；二是企业税后利润的分配必须遵守国家的相关法规和企业的财务制度等的规定。

（2）处理好分配与积累的关系，增强企业后劲。企业所取得的税后利润，在按国家的有关规定进行了抵补、计提后，剩余利润是否全部分配给所有者，应视企业的具体情况而定。如果企业没有充足的留存收益作为企业经营和扩大再生产的资本积累，虽然满足了投资者的近期利益需求，但会导致企业发展能力不足，最终损害投资者的长远利益。

（3）体现投资与收益对等，贯彻公开、公平、公正原则。企业进行利润分配时，应当按所有投资者在企业中的持股比例进行分配，不得为任何人在企业中的特殊地位谋取私利，特别是不搞内幕交易，不帮助大股东侵蚀小股东的利益，实现利润分配的公开、公平、公正。

2. 股利分配的程序与方式

（1）利润分配的基本顺序。企业缴纳所得税后的利润一般按照下列顺序进行分配。

① 弥补被没收的财产损失，支付各项税收的滞纳金和罚款。

② 弥补企业以前年度的亏损。《企业财务通则》规定，企业发生的年度亏损，可以用下一年度的税前利润等弥补，下一年度利润不足弥补的，可以在 5 年内延续弥补。5 年内不足弥补的，可以用企业的税后利润等弥补。

③ 提取法定公积金。法定公积金按企业税后利润扣除前两项后的 10％提取，盈余公积金已达到注册资金 50%时可不再提取。法定公积金可以用于弥补亏损，也可以用于转增资本金等，但转增资本金后，企业法定公积金一般不得低于注册资本金的 25%。

④ 提取任意公积金，提取比例由投资者决议。

⑤ 向投资者分配利润。企业以前年度的未分配利润，可以并入本年度向投资者分配。

（2）股利支付的基本程序。股利分配的基本程序是股利宣告→股权登记→除息→股利发放。

股利宣告日是指公司董事会公告股利支付情况的日期。公告的内容包括每股股利、股权登记期限、除息日期和股利支付日期。

只有在股权登记日收盘前在公司股东名册上登记的股东，才有权分享股利。在该日收盘后持有该股股票的投资者没有享受分红配股的权利，通常该日称为股权登记日。

除息日是指上市公司发放股息红利的日子，股权登记日后的第一天就是除权日或除息日，这一天购入该公司股票的股东不再享有公司此次分红配股的权利。

股利发放日是指将股利正式发放给股东的日期。

提示

股利发放日前持有股票的投资者可以分到现金股利吗？

（3）股利支付的基本方式。股利分配的形式主要有现金股利、股票股利、财产股利和负债股利。

现金股利是上市公司以货币形式支付给股东的股息红利，也是最普通最常见的股利形式，如每股派息多少元，就是现金股利。

股票股利是上市公司用股票的形式向股东分派的股利，也就是通常所说的送红股。

财产股利是上市公司用现金以外的其他资产向股东分派的股息和红利。它可以是上市公司持有的其他公司的有价证券，也可以是实物。

负债股利是上市公司通过建立一种负债，用债券或应付票据作为股利分派给股东。这些债券或应付票据既是公司支付的股利，又确定了股东对上市公司享有的独立债权。

3．利润分配政策

（1）利润分配政策的含义。利润分配政策是企业对利润分配有关事项所制定的方针和政策。由于税法规定的强制性、严肃性和固定性，任何企业对纳税政策都是无法自主抉择的。因此，利润分配从根本上说就是税后利润分配政策，就股份制而言即制定股利分配政策。

采用适当的分配政策，解决好留存与分红的比例，有重大意义，表现在以下两个方面。

① 利润分配政策在一定程度上决定企业的对外再筹资能力；

② 利润分配政策在一定程度上决定企业市场价值的大小。

（2）股利分配政策的选择与分析。

① 剩余股利政策。剩余股利政策就是在公司有着良好的投资机会时，根据一定的目标资本结构，测算出投资所需的权益资本，先从盈余当中留用，然后将剩余的盈余作为股利予以分配。采用剩余股利政策的根本理由在于保持理想的资本结构，使综合资金成本最低。

该政策的优点主要表现在，可以充分利用留存利润这一筹资成本最低的资本来源，保持理想的资本结构，使综合资本成本最低，实现企业价值的长期最大化。

该政策的缺陷主要表现在，完全遵照执行剩余股利政策，将使股利发放额每年随着投资机会和盈利水平的波动而波动。第一，在盈利水平不变的情况下，股利将与投资机会的多寡呈反方向变动。投资机会越多，股利越小；反之，投资机会越少，股利发放越多。第二，在投资机会维持不变的情况下，股利发放额将因公司每年盈利的波动而同方向波动。

知识拓展

剩余股利政策的运用

某公司2012年度净利润为2 500 000元。公司最佳资金结构为权益性资金占70%、债务性资金占30%。2013年该公司计划扩大投资，其资本支出额为2 200 000元。公司拟采用剩余股利政策。则该公司在剩余股利政策下的股利发放额和股利发放率为：

需要的权益性资金额=2 200 000 × 70%=1 540 000元

可发放的股利额=2 500 000−1 540 000=960 000元

股利发放率=960 000 ÷ 2 500 000 × 100%=38.4%

② 固定或稳定增长的股利政策。这种股利政策是将每年发放的股利稳定在一个固定的水平上并在较长的时期内不变，只有当公司认为未来盈余将会显著地、不可逆转地增长时，才提高年度的股利发放额。

采用本政策的理由在于：第一，稳定的股利向市场传递公司正常发展的信息，有利于树立公司良好的形象，增强投资者对公司的信心，稳定股票的价格；第二，有利于投资者安排股利收入和支出。

采用本政策也存在缺点，主要是股利与盈利能力相脱节，没有考虑公司流动性与内部积累资金的要求，尤其是在盈利较少的年份，若仍要维持较高的股利，容易造成资金短缺，使公司财务状况恶化。

③ 固定股利支付率政策。该政策是公司确定一个股利占盈余的比率，长期按此比率支付股利。采用本政策的理由是，这样做能使股利与公司盈余紧密地配合，以体现多盈多分，少盈少分，无盈不分的原则。但是，这种政策下各年的股利变动较大，极易造成公司发展不稳定的感觉，对稳定股票价格不利。

④ 低正常股利加额外股利政策。该股利政策是公司一般情况下每年只支付一个固定的、数额较低的股利，在盈余较多的年份，再根据实际情况向股东发放额外股利，但额外股利并不固定化，不代表公司永久地提高了规定的股利率。

该政策具有较大灵活性，当公司盈余较少或投资需用较多资金时，可维持设定的较低但正常的股利，股东不会有股利跌落感。而当盈余有较大幅度增加时，则可适度增发股利，把经济繁荣的部分利益分配给股东，使他们增强对公司的信心，这有利于稳定股票的价格。另外，对于一些依靠股利度日的股东，每年至少可以得到虽然较低但比较稳定的股利收入，从而吸引住这部分股东。

使用该政策时，公司应特别注意的是，不能让股东将额外支付的股利视为正常股利的组成部分，否则，不仅会失去其原有的意义，而且还会产生负面影响。

提示

你知道四种股利分配政策各自的优缺点吗？

知识拓展

股利分配政策的选择

股利分配政策不仅会影响股东财富，而且会影响企业在资本市场上的形象和股票的价格，更会影响到企业的长短期利益，因此，合理的股利政策对企业及股东来讲是非常重要的。企业对股利政策做出选择时应该借鉴其基本决策思想，综合考虑各种因素的影响，制定最适合公司实际情况的股利政策。其中居主导地位的影响因素是公司目前所处的发展阶段。公司应根据自己所处的发展阶段选择相应的股利分配政策，如表 5-2-1 所示。

表 5-2-1　企业不同发展阶段的股利分配政策分析表

发展阶段	特　点	最佳选择	理　由
初创阶段	经营风险高，融资能力差，是一个纯粹的现金净流出阶段	剩余股利政策	降低财务风险，贯彻先发展后分配的思想
高速增长阶段	产品销量急剧上升，已有竞争优势	低正常股利加额外股利政策	公司要进行大量的投资，应尽可能避免现金支付
稳定增长阶段	销售收入稳定增长，生产能力扩张的投资需求减少	稳定增长股利政策	开支比例下降，公司已具备持续支付较高股利的能力
成熟阶段	市场趋于饱和，销售收入不再增长，利润水平稳定	稳定增长股利政策转为固定股利政策	公司通常已积累了相当的盈余和资金
衰退阶段	投资进入新的行业和领域，以求新生	剩余股利政策	投资需求增加，公司已不具备支付高股利的能力

工作任务

一、成本—业务量—利润依存关系分析

利润预测是企业在收入预测的基础上，通过对销售量、商品或服务成本、营业费用以及其他对利润发生影响的因素的分析和研究，对企业在未来某一时期可以实现的利润的预计和测算。本量利分析法就是根据商品销售数量、成本和利润之间的相互关系，进行综合分析，从而预测利润的常用方法。本量利依存关系分析的主要内容如图 5-2-1 所示。

本量利分析法的基本数学模型是利润=单价×销量−单位变动成本×销量−固定成本。

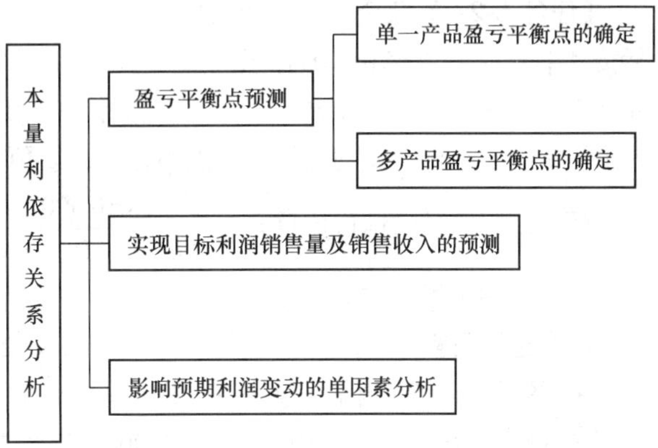

图 5-2-1　本量利分析

1. 盈亏平衡点预测

（1）单一产品盈亏平衡点的确定。盈亏平衡点也称保本点，它是区分盈利和亏损的分界点，在这点上销售利润等于零，即销售净收入总额和成本总额相等，其计算公式为

$$\text{盈亏平衡点销售量}=\frac{\text{固定成本总额}}{\text{单价}-\text{单位变动成本}}=\frac{\text{固定成本总额}}{\text{单位边际贡献}} \quad (5\text{-}2\text{-}1)$$

$$\text{盈亏平衡点销售额}=\frac{\text{固定成本总额}}{1-\text{变动成本率}}=\frac{\text{固定成本总额}}{\text{边际贡献率}} \quad (5\text{-}2\text{-}2)$$

【任务 5-2-1】设某企业只生产 A 产品，销售单价为 25 元，单位变动成本为 15 元，全年固定成本总额为 4 000 元，在产销平衡的情况下，全年正常产销量为 2 000 件，则企业盈亏平衡点销售量和盈亏平衡点销售额各为多少？

解析：盈亏平衡点销售量=4 000/（25−15）=400（件）

盈亏平衡点销售额=4 000/（1−15/25）=10 000（元）

任务训练

单一产品盈亏平衡点的确定

某企业生产甲产品，固定成本总额为 36 000 元，单位变动成本为 35 元，每件产品售价为 50 元，则企业盈亏平衡点销售量和盈亏平衡点销售额各为多少？

（2）多产品盈亏平衡点的确定。现代经济社会，大多数企业生产并销售多种产品，因此，首先要求出各种产品的综合边际贡献率，计算公式为

$$\text{综合边际贡献率}=\sum(\text{各种产品边际贡献率}\times\text{各种产品销售收入占全部销售收入总额比重}) \quad (5\text{-}2\text{-}3)$$

然后，计算出企业综合盈亏平衡点的销售收入，计算公式为

$$\text{综合盈亏平衡点销售额}=\frac{\text{固定成本总额}}{\text{综合边际贡献率}} \quad (5\text{-}2\text{-}4)$$

最后，计算出各产品盈亏平衡点的销售收入，计算公式为

$$某种产品盈亏平衡点销售额=综合盈亏平衡点销售额\times\frac{该产品销售额}{全部产品销售额} \quad (5\text{-}2\text{-}5)$$

$$某种产品盈亏平衡点销售量=\frac{该产品盈亏平衡点销售额}{该产品销售单价} \quad (5\text{-}2\text{-}6)$$

【任务 5-2-2】某企业生产和销售甲、乙两种产品，产品的单位售价分别为 2 元和 10 元，边际贡献率分别是 20%和 10%，全年固定成本为 45 000 元。假设全年甲、乙两种产品分别销售了 50 000 件和 30 000 件，要求试计算下列指标：①用金额表示的盈亏平衡点销售额；②用实物单位表示的甲、乙两种产品的盈亏平衡点销售量；③预计利润。

解析：甲产品的销售比重 $=\frac{2\times50\,000}{2\times50\,000+10\times30\,000}\times100\%=25\%$

乙产品的销售比重 = 1 – 25% = 75%

综合边际贡献率 = 20% × 25% + 10% × 75% = 12.5%

① 盈亏平衡点销售额 = 45 000/12.5% = 360 000（元）

② 甲产品盈亏平衡点销售量 = 360 000 × 25%/2 = 45 000（件）

乙产品盈亏平衡点销售量 = 360 000 × 75%/10 = 27 000（件）

③ 预计利润 =（2 × 50 000 + 10 × 30 000）× 12.5%−45 000 = 5 000（元）

Excel 应用

Excel 办公软件在本量利依存关系分析中的运用

沿用【任务 5-2-2】中有关数据。在 Excel 中建立分析模型，如图 5-2-2 所示。各单元格的计算公式设置如图 5-2-3 所示。

	A	B	C	D	E
1	盈亏平衡分析模型			单位：元	
2	项目	销售量	单价	边际贡献率	固定成本
3	甲产品	50000	2	20.00%	
4	乙产品	30000	10	10.00%	
5	合计				45000
6					
7	项目	销售收入	销售比重	保本额	保本量（件）
8	甲产品	100000	25.00%	90000	45000
9	乙产品	300000	75.00%	270000	27000
10	综合边际贡献率	12.50%			
11	综合保本额	360000			
12	预计利润	5000			

盈亏平衡分析模型 / Sheet2 / Sheet3

图 5-2-2　盈亏平衡分析模型

	A	B	C	D	E
1	盈亏平衡分析模型			单位：元	
7	项目	销售收入	销售比重	保本额	保本量（件）
8	甲产品	=B3*C3	=B8/(B8+B9)	=B11*C8	=D8/C3
9	乙产品	=B4*C4	=B9/(B8+B9)	=B11*C9	=D9/C4
10	综合边际贡献率	=D3*C8+D4*C9			
11	综合保本额	=E5/B10			
12	预计利润	=(B8+B9)*B10-E5			

盈亏平衡分析模型 / Sheet2 / Sheet3

图 5-2-3　盈亏平衡分析模型（公式设置）

任务训练

多产品盈亏平衡点的确定

某公司产销甲、乙、丙三种产品，计划期有关资料如表5-2-2所示。

要求：根据上述资料，分别计算综合边际贡献率、综合保本点销售额以及甲、乙、丙产品各自保本点销售额。

表 5-2-2 产品计算资料

摘　要	甲产品	乙产品	丙产品
销售量（件）	1 000	1 500	2 000
销售单价（元）	35	10	25
单位变动成本（元）	28	6	16
固定成本总额（元）	15 500		

（3）盈亏平衡点作业率与安全边际。盈亏平衡点作业率也称为保本作业率，是指盈亏平衡点销售量占企业正常销售量的比重。所谓正常销售量，是指正常市场和正常开工情况下企业产品的销售数量或销售额。盈亏平衡点作业率计算公式为

$$\text{盈亏平衡点作业率}=\frac{\text{盈亏平衡点销售量（额）}}{\text{正常销售量（额）}}\times 100\% \tag{5-2-7}$$

这个比率表明企业的生产经营能力达到怎样的利用程度时才可保本。

安全边际是指企业预算（或实际）销售量超过盈亏平衡点的差额。它表明销售额下降多少仍不至于亏损。

安全边际通常用绝对数和相对数两种形式来表现，其绝对数既可用销售量来表示，也可以用销售额来表示，计算公式为

$$\text{安全边际量（额）}=\text{正常销售量（额）}-\text{盈亏平衡点销售量（额）} \tag{5-2-8}$$

用相对数衡量经营安全程度的指标是安全边际率，计算公式为

$$\text{安全边际率}=\frac{\text{安全边际量(额)}}{\text{正常销售量（额）}}\times 100\% \tag{5-2-9}$$

安全边际和安全边际率可以反映企业经营的安全程度。安全边际或安全边际率越大，说明企业发生亏损的可能性就越小，企业的经营就越安全。

【任务 5-2-3】某企业正常销售额为 200 000 元，盈亏平衡点销售额为 120 000 元，则企业盈亏平衡点作业率、安全边际和安全边际率各为多少?

解析：盈亏平衡点作业率=120 000/200 000×100%=60%

安全边际=200 000−120 000=80 000（元）

安全边际率=80 000/200 000×100%=40%

根据上述公式及例题，可以得出，盈亏平衡点作业率+安全边际率=1

任务训练

盈亏平衡点作业率与安全边际率

某厂预计销售产品 1 000 件，销售单价 60 元，安全边际率 20%，计算安全边际量、安全边际额、盈亏平衡点销售量和盈亏平衡点作业率。

2．实现目标利润销售量及销售收入的预测

在实现目标利润的前提下，其销售量及销售收入的预测方法如下：

$$实现目标利润的销售量=\frac{固定成本总额+目标利润}{单价-单位变动成本} \quad (5\text{-}2\text{-}10)$$

$$实现目标利润的销售额=\frac{固定成本总额+目标利润}{1-变动成本率} \quad (5\text{-}2\text{-}11)$$

【任务 5-2-4】沿用【任务 5-2-1】的资料。当企业希望本年度获得 36 000 元的目标利润时，该产品的目标销售量和销售额分别为

实现目标利润的销售量=（4 000+36 000）/（25−15）=4 000（件）

实现目标利润的销售额=（4 000+36 000）/（1−15/25）=100 000（元）

3．影响预期利润变动的单因素分析

本量利分析的最终目的是对企业的预期利润进行分析。通常，影响企业产品预期利润的主要因素有销售单价、单位变动成本、销量和固定成本等。

（1）销售单价变动对预期利润的影响分析。

【任务 5-2-5】沿用【任务 5-2-1】的资料。若销售单价提高到 30 元，其他因素不变，则预期利润增加额=（30−25）×2 000=10 000（元）；若销售单价下降到 20 元，其他因素不变，则预期利润减少额=（25−20）×2 000=10 000（元）。

（2）单位变动成本变动对预期利润的影响分析。

【任务 5-2-6】沿用【任务 5-2-1】的资料。若单位变动成本上升到 18 元，其他因素不变，则预期利润减少额=（18−15）×2 000=6 000（元）。

若单位变动成本下降到 12 元，其他因素不变，则预期利润增加额=（15−12）×2 000=6 000（元）。

（3）销量变动对预期利润的影响分析。

【任务 5-2-7】沿用【任务 5-2-1】的资料。若销量增加到 2 400 件，其他因素不变，则预期利润增加额=（25−15）×（2 400−2 000）=4 000（元）。

若销量减少到 1 600 件，其他因素不变，则预期利润减少额=（25−15）×400=4 000（元）。

4．固定成本变动对预期利润的影响分析。

【任务 5-2-8】沿用【任务 5-2-1】的资料。若固定成本增加到 4 800 元，其他因素不变，则预期利润减少额=4 800−4 000=800（元）。

若固定成本下降到 3 200 元，其他因素不变，则预期利润增加额=4 000−3 200=800（元）。

任务训练

影响预期利润变动的单因素分析

某公司上年度 A 产品的销售量为 800 件，销售单价为 100 元，单位变动成本为 80 元，固定成本总额为 10 000 元，该公司上年度的利润总额为 6 000 元。经市场调查与预测，计划年度生产并销售 A 产品的数量将由原来的 800 件增加到 1 200 件，假设其他因素不变，要求计算销量的增加对计划利润的影响数。

二、利润敏感性分析

敏感性分析是指研究与分析一个系统因周围条件发生变化而引起其状态或输出结果变化的敏

感程度的方法。它应用在本量利关系上，主要研究与分析有关因素发生多大变化会使盈利转为亏损，各因素变化对利润变化的影响程度等问题，如图 5-2-4 所示。

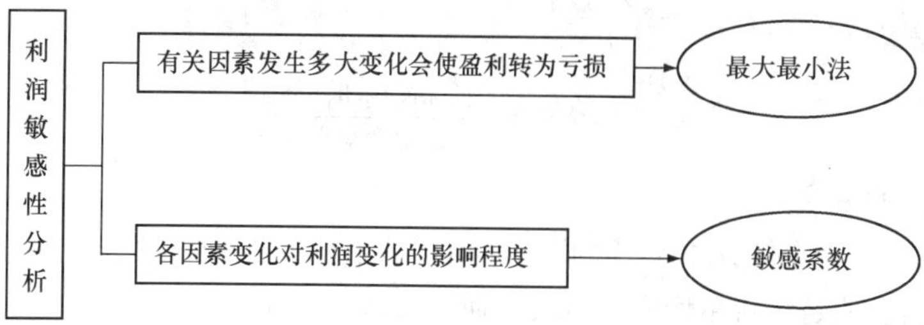

图 5-2-4　利润敏感性分析

1．有关因素发生多大变化将使盈利转为亏损

销售单价、单位变动成本、产销量和固定成本的变化，会影响利润的高低。这种变化达到一定程度，会使利润消失，进入保本状态，使企业的经营状况发生质变。敏感性分析的目的之一，就是提供能引起目标发生质变的各因素变化的界限，其方法称为最大最小法。

（1）销售单价的最小值。销售单价下降将会使利润下降，下降到一定程度，利润将变为零，此时的销售单价是企业能忍受的销售单价的最小值。

【任务 5-2-9】沿用【任务 5-2-1】的资料。计算销售单价下降到什么程度，利润将变为零。

解析：$2\,000\times(p-15)-4\,000=0$

$p=17$（元）

这就是说，销售单价不能低于 17 元这个最小允许值，或者说销售单价的下降幅度不能超过 32%（即 8/25），否则便会发生亏损。

（2）单位变动成本的最大值。单位变动成本上升会使利润下降，并逐渐趋向于零，此时的单位变动成本是企业能忍受的单位变动成本的最大值。

【任务 5-2-10】沿用【任务 5-2-1】的资料。计算单位变动成本上升到什么程度，利润将变为零。

解析：$2\,000\times(25-b)-4\,000=0$

$b=23$（元）

即当单位变动成本由 15 元上升到 23 元时，企业的利润就将降至零。所以单位变动成本的最大允许值为 23 元，其变动率为 53.3%（即 8/15）。

（3）固定成本的最大值。固定成本上升也会使利润下降，并趋于零。

【任务 5-2-11】沿用【任务 5-2-1】的资料。计算固定成本上升到什么程度，利润将变为零。

解析：$2\,000\times(25-15)-a=0$

$a=20\,000$（元）

即固定成本增至 20 000 元时，企业由盈利转为亏损，20 000 元是企业固定成本开支的最高限额。

（4）销售量的最小值。销售量的最小值，是指使企业利润变为零的销售量，即保本点销售量，其计算方法前面已介绍过。

【任务 5-2-12】沿用【任务 5-2-1】的资料。计算销售量下降到什么程度，利润将变为零。

解析：$X=4\,000\div(25-15)=400$（件）

这说明，实际销售量只要完成计划销售量的 20%（即 400/2000），企业就可保本。

2．各因素变化对利润变化的影响程度

上述因素变化都会引起利润的变化，但其影响程度各不相同，有关因素变动对利润的影响程度可用敏感系数来表示，即

$$敏感系数=\frac{目标值变动百分比}{因素值变动百分比}$$

（1）销售单价的敏感程度。

【任务 5-2-13】沿用【任务 5-2-1】的资料，并结合【任务 5-2-5】的资料进行利润对销售单价的敏感程度的分析。假定销售单价增长 20%，则

利润变动的百分比=10 000 ÷ 16 000=62.5%

销售单价的敏感系数=62.5% ÷ 20%=3.125

这就是说，销售单价对利润的影响很大，从百分率来看，利润以 3.125 倍的速率随销售单价变化。因而，涨价是提高盈利最有效的手段，价格下跌也是企业最大的威胁。根据敏感系数可知，每降价 1%，企业将失去 3.125%的利润，必须格外予以关注。

（2）单位变动成本的敏感程度。

【任务 5-2-14】沿用【任务 5-2-1】的资料，并结合【任务 5-2-6】的资料进行利润对单位变动成本的敏感程度的分析。假定单位变动成本增长 20%，则

利润变动百分比=−6 000 ÷ 16 000=−37.5%

单位变动成本的敏感系数=−37.5% ÷ 20%=−1.875

由此可见，单位变动成本对利润的影响比单价要小，单位变动成本每上升 1%，利润将减少 1.875%。但是敏感系数绝对值大于 1，说明单位变动成本的变化会造成利润更大的变化，仍属敏感因素。

（3）销售量的敏感程度。

【任务 5-2-15】沿用【任务 5-2-1】的资料，并结合【任务 5-2-7】的资料进行利润对销售量的敏感程度的分析。假定销售量增长 20%，则

利润变动百分比=4 000 ÷ 16 000=25%

销售量的敏感系数=25% ÷ 20%=1.25

这说明销售量对利润的影响比单位变动成本要小，销售量每上升 1%，利润将上升 1.25%。

（4）固定成本的敏感程度。

【任务 5-2-16】沿用【任务 5-2-1】的资料，并结合【任务 5-2-8】的资料进行利润对固定成本的敏感程度的分析。假定固定成本增长 20%，则

利润变动百分比=−800 ÷ 16 000=−5%

固定成本的敏感系数=−5% ÷ 20%=−0.25

这说明固定成本增加时，利润将减少。固定成本每上升 1%，利润将减少 0.25%。

由此可见，影响企业利润的因素中，最敏感的是销售单价（敏感系数为 3.125），其次是单位变动成本（敏感系数为−1.875），再次是销售量（敏感系数为 1.25），最后是固定成本（敏感系数为−0.25）。敏感系数为正值，表明它与利润同向增减；敏感系数为负值，表明它与利润反向增减。一般情况下，敏感系数有助于决策者了解哪些因素对利润的影响程度强，哪些因素对利润的影响程度弱，以分清主次，采取适当的措施，确保目标利润的完成。由以上敏感性分析可知，销售单价和单位变动成本是敏感程度最高的两个因素，决策者应特别注意这两个因素变

动对利润的影响。然而也不能只拘泥于敏感系数的高低，而忽视销售量变动对利润的影响，特别是单价变动幅度不是太大，而产品的销路看好，生产又有保证时，可以采取大幅度增加销售量的策略；或者当市场销路欠佳，销售量大幅度下降时，就宁可降低售价，采取薄利多销的方法，以打开销路。

Excel 应用

Excel 办公软件在利润敏感性分析中的运用

沿用【任务 5-2-1】中有关数据，并结合【任务 5-2-5】至【任务 5-2-8】中相关数据，首先将已知条件在 Excel 表格中输入基本数据，然后根据有关计算公式定义分析区，得出计算结果，如图 5-2-5 所示。各单元格的计算公式设置如图 5-2-6 所示。

	A	B	C	D	E	F	G	H
1	利润敏感性分析与预测模型							
2	因素	初始量	因素变动值	因素变动百分比	因素变动后数值	变动后利润	利润变动百分比	敏感系数
3	销售单价	25	5	20.00%	30	26000	62.50%	3.13
4	单位变动成本	15	3	20.00%	18	10000	-37.50%	-1.88
5	销售量	2000	400	20.00%	2400	20000	25.00%	1.25
6	固定成本总额	4000	800	20.00%	4800	15200	-5.00%	-0.25
7	目标利润	16000						
8								
9	盈亏平衡点销量	400		固定成本最大值		20000		
10	单位变动成本最大	23		单价最小值		17		

图 5-2-5　利润敏感性分析与预测模型

	A	B	C	D	E	F	G	H
1	利润敏感性分析与预测模型							
2	因素	初始量	因素变动值	因素变动百分比	因素变动后数值	变动后利润	利润变动百分比	敏感系数
3	销售单价	25	5	=C3/B3	=B3*(1+D3)	=(E3-B4)*B5-B6	=(F3-$B$7)/$B$7	=G3/D3
4	单位变动成本	15	3	=C4/B4	=B4*(1+D4)	=(B3-E4)*B5-B6	=(F4-$B$7)/$B$7	=G4/D4
5	销售量	2000	400	=C5/B5	=B5*(1+D5)	=(B3-B4)*E5-B6	=(F5-$B$7)/$B$7	=G5/D5
6	固定成本总额	4000	800	=C6/B6	=B6*(1+D6)	=(B3-B4)*B5-E6	=(F6-$B$7)/$B$7	=G6/D6
7	目标利润	=(B3-B4)*B5-B6						
8								
9	盈亏平衡点销量	=B6/(B3-B4)		固定成本最大值		=(B3-B4)*B5		
10	单位变动成本最大值	=B3-B6/B5		单价最小值		=B6/B5+B4		

图 5-2-6　利润敏感性分析与预测模型（公式设置）

任务训练

各因素变化对利润变化的影响程度

某企业只生产 A 产品，目前单价 2 元，单位变动成本 1 元，固定成本 10 000 元，产销量达 60 000 元，利润为 50 000 元。假定单价、单位变动成本、固定成本和销售量中某因素提高 10%，其他因素不变，请计算各单因素变化对利润的影响程度，并比较影响程度的大小？

阅读案例

四川长虹利润分配政策分析

四川长虹是我国电子行业的上市公司之一，上海证券交易所网站显示其近十年来利润分配情况如表 5-2-3 所示。

从以上资料可以看出四川长虹采用的股利分配方式主要是现金股利和股票股利。四川长虹近十年来的股利分配方案，采用的股利政策并没有很明确的稳定性，只是明显地分为了两个不同的阶段。第一个阶段是 2005 年之前，长虹连续四年执行的是零股利政策；第二个阶段是 2005 年之后，长虹采用送股或派现的形式发放股利，股利支付额并不固定。综合来看，长虹采取的是剩余股利政策。

表 5-2-3　　2001—2010 年四川长虹利润分配方案

年　份	每股收益（元）	分红方案
2001	0.04	不分配不转增
2002	0.08	不分配不转增
2003	0.1	不分配不转增
2004	-1.7	不分配不转增
2005	0.13	10 股送 3.4 股
2006	0.16	10 股派 0.7 元
2007	0.18	10 股派 0.8 元
2008	0.02	10 股派 0.5 元
2009	0.06	10 股转增 5 股
2010	0.1	10 股转增 2.5 股

小　结

本量利分析法就是根据商品销售数量、成本和利润之间的相互关系，进行综合分析，从而预测利润的方法。利润敏感性分析法是研究当制约利润的有关因素发生某种变化时，利润变化程度的一种分析方法。利润分配政策是企业对利润分配有关事项所制定的方针和政策。股利分配政策主要有剩余股利政策、固定或稳定增长的股利政策、固定股利支付率政策、低正常股利加额外股利政策。

练 习 题

一、知识点训练

（一）不定项选择

1. 量本利分析法中量本利是指销量、成本和（　　）。

A. 收入　　B. 利润　　C. 收益　　D. 成本

2. 某公司目标资金结构为自有资金与借入资金之比为6∶4，该公司下一年度计划投资1 200万元，今年年末实现的净利润为2 000万元。按照剩余股利政策，该公司可用于分配股利的金额是（　　）万元。

A. 500　　B. 720　　C. 1 200　　D. 1 280

3. 保本作业率与安全边际率之间的关系是（　　）。

A. 两者相等　　B. 前者一般大于后者

C. 后者一般大于前者　　D. 两者之和等于1

4. 下列说法正确的是（　　）。

A. 盈亏平衡点不变，销售量越大，实现的利润越多

B. 销售量不变，盈亏平衡点越低，实现的利润越少或亏损越多

C. 销售收入一定，固定成本越高，盈亏平衡点越低

D. 销售总成本一定的情况下，盈亏平衡点受产品单位价格变动的影响

5. 采用低正常股利加额外股利政策的理由是（　　）。

A. 有利于保持最优资本结构

B. 使公司具有较大的灵活性

C. 保持理想的资本结构，使综合成本最低

D. 使依靠股利度日的股东有比较稳定的收入，从而吸引住这部分股东

（二）判断

1. 在其他条件不变的情况下，单位变动成本上升，盈亏平衡销售量将降低。（　　）

2. 采用剩余股利政策，股利发放额不受盈利水平的影响，而是会受投资机会的影响。（　　）

3. 采用固定股利支付率政策体现了风险投资与风险收益的对等关系。（　　）

二、课后任务

在网上查找某上市公司的资料，了解其近五年股利分配情况，利用所学知识判断公司采用了哪种股利分配政策，并试着分析其采用的股利分配政策是否合理。

项目训练

一、单项技能训练

1. 某企业生产的产品总成本为18万元，产量为1 000件，成本利润率为10%，试采用成本加成定价法确定该产品的单位价格。

2. 某公司2002—2010年的产品销售量资料如表5-1所示。

表5-1　　2002—2010年销售量

年度	2002	2003	2004	2005	2006	2007	2008	2009	2010
销售量（吨）	1 950	1 980	1 890	2 010	2 070	2 100	2 040	2 260	2 110
权数	0.03	0.05	0.07	0.08	0.1	0.13	0.15	0.18	0.21

要求：（1）根据以上相关资料，用简单算术平均数法预测公司2011年的销售量；

（2）根据上述相关资料，用加权算术平均数法预测公司 2011 年的销售量；

（3）根据上述相关资料，用移动平均数法预测公司 2011 年的销售量（假设间隔期为 4 期）；

（4）若指数平滑系数 α=0.6，2010 年初预测 2010 年销售量为 2 120 吨，要求利用指数平滑法预测公司 2011 年的销售量。

3. 某企业生产 A 产品，单价为 10 元，单位变动成本为 6 元，固定成本为 40 000 元，2007 年预期生产量为 12 500 件，计算：

（1）盈亏平衡点销售量、销售额；

（2）安全边际、安全边际率，盈亏平衡点作业率。

4. 某企业生产和销售 A、B 两种产品，产品的单位售价分别为，A 产品 20 元，B 产品 10 元，边际贡献率分别是，A 产品 40%，B 产品 30%，全年固定成本为 72 000 元。预计全年 A、B 两种产品销量分别为 30 000 件和 40 000 件。试计算：

（1）综合盈亏平衡点销售额；A、B 产品的盈亏平衡点销售量；安全边际和预计利润；

（2）如果增加广告费 35 000 元，可使 A 产品销售量增至 40 000 件，而 B 产品的销售量会减少到 32 000 件。试计算此时的综合盈亏平衡点销售额，并说明采取此措施是否合算。

5. 某企业生产和销售单一产品，计划年度内有关数据预测如下：销售量为 100 000 件，单价为 30 元，单位变动成本为 20 元，固定成本为 200 000 元。假设销售量、单价、单位变动成本和固定成本分别增长了 10%，其他因素不变，要求计算各因素的敏感系数。

6. 某公司 2009 年提取盈余公积金后的税后净利润为 1 500 万元。第二年投资计划需资金 1 200 万元，该公司目标资金结构为自有资金占 60%，借入资金占 40%，另外，该公司流通在外普通股总额为 1 000 万股。试计算在剩余股利政策下该公司当年可发放的股利额及每股股利是多少？

二、综合技能训练

一个分析师曾这样形容英特尔公司的定价政策：“这个集成电路巨人每 12 个月就要推出一种新的、具有更高盈利的微处理器，并把旧的微处理器的价格定在更低的价位上以满足需求。”当英特尔公司推出一种新的计算机集成电路时，它的定价是 1 000 美元，这个价格使它刚好能占有市场的一定份额。这些新的集成电路能够增加高能级个人电脑和服务器的性能。如果顾客等不及，他们就会在价格较高时去购买。随着销售额的下降及竞争对手推出相似的集成电路对其构成威胁时，英特尔公司就会降低其产品的价格来吸引下一层次对价格敏感的顾客。最终价格跌落到最低水平，每个集成电路仅售 200 美元多一点，使该集成电路成为一个大众市场的处理器。通过这种方式，英特尔公司从各个不同的市场中获取了最大量的收入。英特尔公司采取的是什么定价策略？英特尔公司采取这种定价策略取得成功的原因是什么？

项目六 全面预算管理工作

引导案例

晨光公司 2011 年财务预算会内容摘要

晨光公司为了做好 2011 年财务预算工作，公司领导组织各生产部门主管、供销部门主管、财务主管等召开了 2011 年生产、销售、资金计划会。会上，各部门领导汇报了本部门生产经营情况预计资料。销售部门汇报了 2011 年销售数量、销售价格和货款回收方面的预计情况；生产部门汇报了 2011 生产量、直接材料、直接人工、电力、制造费用预计情况；供应部门汇报了 2011 年各类物资价格、库存等情况；财务部门汇报了 2011 年期间费用控制标准和收款和付款政策。会议结束，经理责成财务主管根据各部门提供的有关资料或建议，编制 2011 年有关预算。

案例启示：从本案例我们可以知道，在企业中预算的工作是各个部门共同参与的，但是预算的编制是由财务部门完成的。

项目导图

各种预算是一个有机联系的整体。一般将由日常业务预算、专门决策预算和财务预算组成的预算体系，称为全面预算体系。

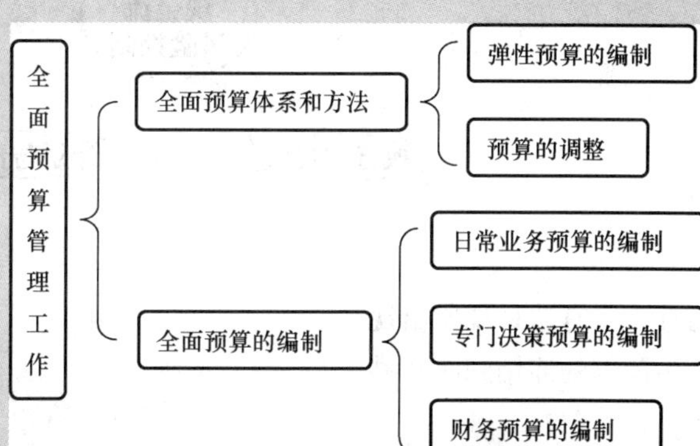

学习目标

知识目标：

1．了解全面预算体系的内容；

2．熟悉财务预算的概念和作用；

3．了解财务预算的编制方法；

4．熟悉业务预算和财务预算的编制程序和内容。

技能目标：

1．运用预算编制方法，进行全面预算的编制；

2．设计预算编制模板；

3．编制预算调整表格。

情境讨论

程某是一家有一定规模的中小企业的经营者，这几年在艰难的创业过程中渡过了一个又一个难关、克服了一个又一个困难，及时抓住了市场机遇，使企业在很短的时间内得以迅速成长壮大。但是，随着企业规模的不断扩大，财务管理上常显得捉襟见肘：比如，明明账上有利润，但在接一项重要订单时，突然发现资金周转不过来；又如，在进行某一业务时，总认为会有一定的利润，但结果又往往与预想不符。

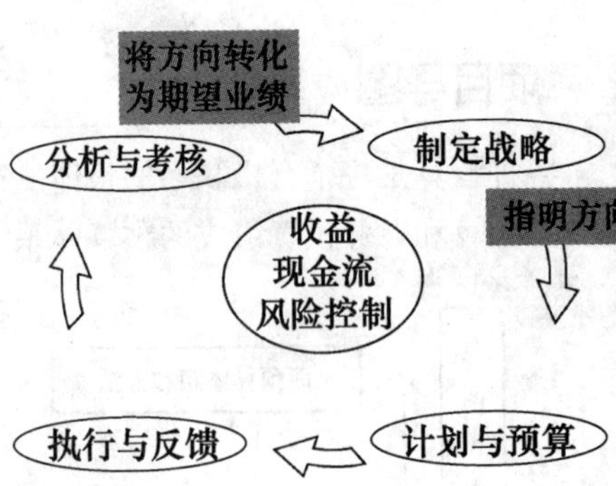

问题：

1. 为什么会有这种现象出现？
2. 产生问题的症结到底在哪儿？

子项目一　全面预算体系和方法

核心知识：全面预算体系、全面预算的编制方法。

核心技能：弹性预算方法编制、预算的调整。

相关知识

一、全面预算概述

所谓预算，就是企业经营活动过程的全部计划和目标数量化、具体化的过程。

全面预算，它是从企业全局出发，对企业一定时期内的销售、生产、采购、成本费用以及财务状况等方面的预计情况进行汇总、协调而统一编制的预算。

站在不同的角度，用不同的标准对全面预算可作下列分类。

（1）按预算的时间，可分为短期预算和长期预算。通常将预算期在 1 年以内（含 1 年）的预算称为短期预算，预算期在 1 年以上的预算则称为长期预算。本项目主要介绍短期预算的编制。

（2）按预算的内容，可分为业务预算（即经营预算）、专门决策预算和财务预算。业务预算是指与企业日常经营活动直接相关的经营业务的各种预算；专门决策预算是指企业不经常发生的、一次性的重要决策预算；财务预算是指企业在计划期内反映有关预计现金收支、财务状况和经营成果的预算。具体包括现金预算、预计利润表、预计资产负债表和预计现金流量表。

二、全面预算体系

全面预算是一个数字前后衔接，相互勾稽的有机整体。一般将由业务预算、专门决策预算和财务预算组成的预算体系，称为全面预算体系，其结构如图 6-1-1 所示。

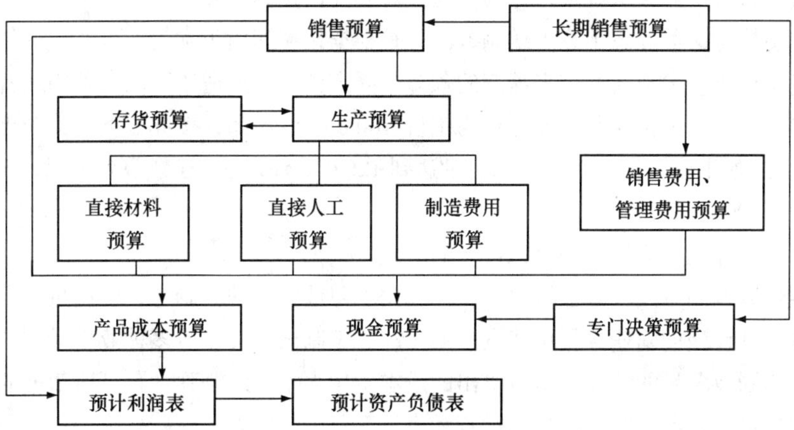

图 6-1-1　全面预算体系

提示

（1）销售预算是整个预算体系的起点。
（2）在实际工作中，往往以“现金预算”代替预计现金流量表。

三、预算的作用

（1）各部门工作奋斗的目标。预算是目标的具体化，它不仅能够帮助人们更好地明确整个企业的奋斗目标，而且能够使人们清楚地了解自己部门的任务。编制预算的目的是为了贯彻目标管理的原则，指导和控制业务的执行。总之，预算能够使管理人员未雨绸缪，并养成在具体行动之前，凡事预先计划的良好习惯。

（2）各部门工作协调的工具。财务预算把整个企业各方面的工作严密地组织起来，而且把企业内部有关协作单位的配合关系，也纳入统一的计划之中，使企业内部上下左右协调起来，环环相扣，达到平衡。这样也就更能发挥预算的控制作用。例如，在以销定产的经营方针下，生产预算应当以销售预算为前提；而现金收支预算必须以供、产、销过程中的现金流量为依据。

（3）各部门工作控制的标准。预算工作不能只限于编制，还应该包括预算的执行。在生产经营过程中，把实际情况与预算加以比较，揭示出来的差异，一方面可以考核各部门或有关人员的工作成绩，另一方面也用来检查预算编制的质量。有些实际脱离预算的差异，并不表示实际工作的好坏，而是预算本身的问题，使预算脱离了实际。掌握这些情况，有利于改进下期预算的编制工作。

（4）各部门工作考核的依据。财务预算完成程度可以与各部门的业绩挂钩，成为业绩考核的依据。

四、全面预算的编制方法

企业可以根据不同的预算项目，分别采用固定预算、弹性预算、增量预算、零基预算、定期预算和滚动预算等方法编制各种预算。

1．固定预算与弹性预算编制方法

预算按其是否可按业务量调整，分为固定预算和弹性预算两类。

（1）固定预算（又称静态预算）编制方法，是根据预算期内正常的、可实现的某一固定业务量，如生产量、销售量水平为基础来编制的预算。固定预算一般适用于固定费用或者数额比较稳定的预算项目。例如，某企业预计业务量为销售 100 000 件产品，按此业务量给销售部门的预算费用为 5 000 元。如果该销售部门实际销售量达到 120 000 件，超出了预算业务量，固定预算下的费用预算仍为 5 000 元。

固定预算方法存在适应性差和可比性差的缺点。

（2）弹性预算编制方法，是在按照成本（费用）习性分类的基础上，根据量、本、利之间的依存关系，考虑到计划期间业务量可能发生的变动，编制出一套适应多种业务量的费用预算，以便分别反映在不同业务量的情况下所应支出的成本费用水平。编制弹性预算所依据的业务量可能是生产量、销售量、机器工时、材料消耗量和直接人工工时等。

与固定预算编制方法相比，弹性预算的优点表现在：一是预算范围宽；二是可比性强。理论上，该方法适用于编制全面预算中所有与业务量有关的预算，但实务中，主要用于编制弹性成本费用预算和弹性利润预算，尤其是编制费用预算。

2．增量预算与零基预算编制方法

预算按其编制基础，分为增量预算和零基预算。

（1）增量预算编制方法，是指以基期成本费用水平为基础，结合预算期业务量水平及有关降低成本的措施，通过调整有关费用项目而编制预算的方法。增量预算以过去的费用发生水平为基础，一般不需在预算内容上作较大的调整，它的编制遵循如下假定。

① 企业现有业务活动是必需且合理的，不需要进行调整；

② 企业现有各项业务的开支水平是合理的，在预算期予以保持；

③ 以现有业务活动和各项活动的开支水平，确定预算期各项活动的预算数。

增量预算的优点表现在：工作量较小，简便易行。

增量预算的缺点表现在：可能导致无效费用开支项目无法得到有效控制，因为不加以分析地保留或接受原有的成本费用项目，可能使原来不合理的费用继续开支而得不到控制，形成不必要开支合理化，造成资源上的浪费。

（2）零基预算编制方法，是指“以零为基础的编制计划和预算方法”，它是在编制费用预算时，不考虑以往会计期间所发生的费用项目或费用数额，而是一切以零为出发点，从实际需要逐项审议预算期内各项费用的内容及开支标准是否合理，在综合平衡的基础上编制费用预算的方法。

① 零基预算的优点：不受现有费用项目的限制；不受现行预算的束缚；能够调动各方面节约费用的积极性；有利于促使各基层单位精打细算，合理使用资金。

② 零基预算的缺点：由于一切费用支出均以零为起点进行分析、研究，因而编制预算的工作量较大。因此，建议企业每隔若干年进行一次零基预算，之后的几年内略做适当调整，这样既简化了预算编制的工作量，又能提高资金的使用效益，节约费用开支。

3．定期预算与滚动预算编制方法

预算按其编制期间可分为定期预算和滚动预算。

（1）定期预算编制方法，是指在编制预算时以不变的会计期间（如日历年度）作为预算期的一种预算编制的方法。优点是能够使预算期间与会计年度相配合，便于考核和评价预算的执行结果；缺点是远期指导性差、灵活性差和连续性差。

（2）滚动预算（又称连续预算）编制方法，是指在编制预算时，将预算期与会计期间脱离开，随着预算的执行不断地补充后续的预算，逐期向后滚动，使预算期始终保持为一个固定长度（一般为 12 个月）的一种预算方法。

滚动预算的基本做法是使预算期始终保持 12 个月，凡预算执行过 1 个月或 1 个季度，立即在预算期末增列 1 个月或 1 个季度的预算，逐期往后滚动，因而在任何一个时期都使预算保持 12 个月的时间长度，故又叫连续预算或永续预算。这种预算能使企业各级管理人员对未来始终保持整整 12 个月时间的考虑和规划，从而保证企业的经营管理工作能够稳定而有序地进行。用滚动预算编制年度预算可按月或按季编制。

滚动预算的优点是，预算与生产过程一致，使其保持连续不断；能促使企业管理人员对未来经营活动作出全面的、长远的规划，从而保证企业经营管理工作有条不紊地进行。

按月滚动的滚动预算编制方式如图 6-1-2 所示。

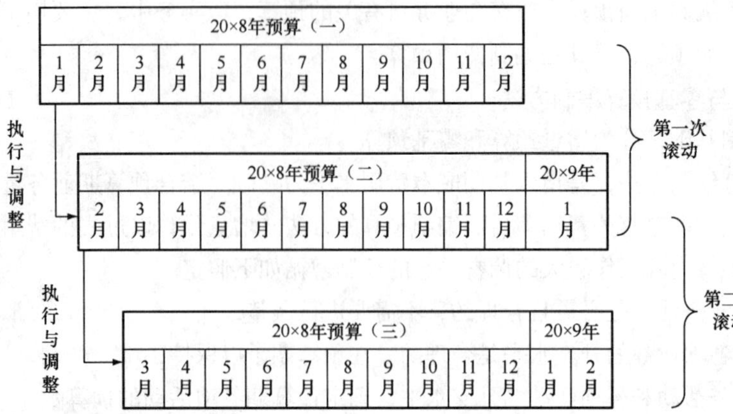

图 6-1-2　滚动预算示意图

工作任务

一、弹性预算编制

弹性预算相对固定预算而言，具有较强的可比性，尤其是适用于编制费用预算，弹性预算的编制流程如图 6-1-3 所示。

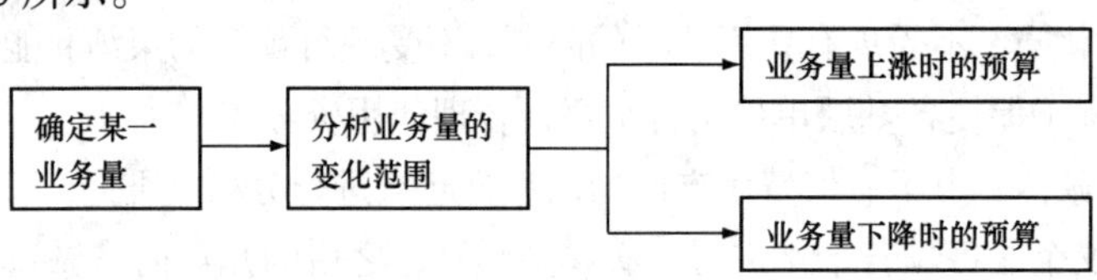

图 6-1-3　弹性预算的编制流程

弹性预算的编制，可以采用公式法，也可以采用列表法。

1. 公式法

公式法是假设成本和业务量之间存在线性关系，成本总额、固定成本总额、业务量和单位变动成本之间的变动关系，可以用如下公式表示：

$$Y = a + bx \tag{6-1-1}$$

式中 Y 是成本总额；a 表示不随业务量变动而变动的那部分固定成本；b 是单位变动成本；x 是业务量，某项目成本总额 Y 是该项目固定成本总额和变动成本总额之和。这种方法要求按上述成本与业务量之间呈线性关系的假定，将企业各项目成本总额分解为变动成本和固定成本两部分。

【任务 6-1-1】某企业的制造费用项目单位变动费用和固定费用资料，如表 6-1-1 所示。

要求：运用公式法编制制造费用弹性预算。

（1）预算工时为 49 000 时的制造费用；

（2）预算工时为 50 000 时的制造费用；

（3）预算工时为 51 000 时的制造费用。

解析：（1）预算工时为 49 000 时制造费用 Y=77 000+（0.5+0.6+0.4+0.3+0.2）× 49 000=175 000（元）

（2）预算工时为 50 000 时制造费用 Y=77 000+（0.5+0.6+0.4+0.3+0.2）× 50 000=177 000（元）

（3）预算工时为 51 000 时制造费用 Y=77 000+（0.5+0.6+0.4+0.3+0.2）× 51 000=179 000（元）

表 6-1-1　　某企业制造费用项目单位变动费用和固定费用资料

费用明细项目	单位变动费用（元/工时）	费用明细项目	固定费用（元）
变动费用：		固定费用：	
间接人工	0.5	维修费用	12 000
间接材料	0.6	折旧费用	30 000
维修费用	0.4	管理费用	20 000
水电费用	0.3	保险费用	5 000
机物料	0.2	财产税	10 000
小计	2.0	小计	77 000

公式法的优点是，在一定范围内，预算可以随业务量变动而变动，可比性和适应性强，编制预算的工作量相对较小；缺点是按公式进行成本分解比较麻烦，对每个费用子项目甚至细目逐一进行成本分解，工作量很大。

2. 列表法

列表法是指通过列表的方式，将与各种业务量对应的预算数列示出来的一种弹性预算编制方法。

【任务 6-1-2】假定有关资料如表 6-1-1 所示。预算期企业可能的直接人工工时分别为 49 000 工时、49 500 工时、50 000 工时、50 500 工时和 51 000 工时。

要求：运用列表法编制制造费用弹性预算。

解析：运用列表法编制制造费用弹性预算如表 6-1-2 所示。

表 6-1-2　　某企业制造费用弹性预算表（列表法）　　单位：元

费用明细项目	单位变动费用（元/工时）	预计业务量（工时）				
		49 000	49 500	50 000	50 500	51 000
变动费用：						
间接人工	0.5	24 500	24 750	25 000	25 250	25 500
间接材料	0.6	29 400	29 700	30 000	30 300	30 600
维修费用	0.4	19 600	19 800	20 000	20 200	20 400
水电费用	0.3	14 700	14 850	15 000	15 150	15 300
机物料	0.2	9 800	9 900	10 000	10 100	10 200
变动费用小计	2.0	98 000	99 000	100 000	101 000	102 000
固定费用：						
维修费用		12 000	12 000	12 000	12 000	12 000
折旧费用		30 000	30 000	30 000	30 000	30 000
管理费用		20 000	20 000	20 000	20 000	20 000
保险费用		10 000	10 000	10 000	10 000	10 000
财产税		5 000	5 000	5 000	5 000	5 000
固定费用小计		77 000	77 000	77 000	77 000	77 000
制造费用合计		175 000	176 000	177 000	178 000	179 000

列表法的主要优点是，可以直接从表中查得各种预计业务量下的成本费用预算，不用再另行

计算，因此直接、简便；缺点是编制工作量较大，而且由于预算数不能随未来预计期的业务量变动而任意变动，弹性仍然不足。

任务训练

制造费用弹性预算的编制

某企业的一车间，年生产甲产品的能力为 30 000 件，每件产品工时定额为 2 小时，2008 年有关制造费用的资料如表 6-1-3 所示。

表 6-1-3　　制造费用预算　　单位：元

项目	每小时变动费	全年预算固定成本	全年实际费用（30 000 件）
间接材料	0.5	11 000	41 000
间接人工	0.3	3 000	21 000
电力	0.18	2 000	12 800
修理费	0.12	4 000	11 200
折旧		9 000	9 000
其他		5 000	5 000
合计	1.1	34 000	100 000

如果年产量达到正常生产能力的 120%，则固定成本中的间接材料将增加 1%，修理费用增加 5%，折旧增加 10%。

要求：根据上列资料，按正常生产能力的 90%、100%、110%、120%分别编制制造费用弹性预算。

二、预算的调整

企业正式下达执行的预算，一般不予调整。预算执行单位在执行中由于市场环境、经营条件、政策法规等发生重大变化，致使预算的编制基础不成立，或者将导致预算执行结果产生重大偏差的，可以调整预算。预算的调整流程，如图 6-1-4 所示。

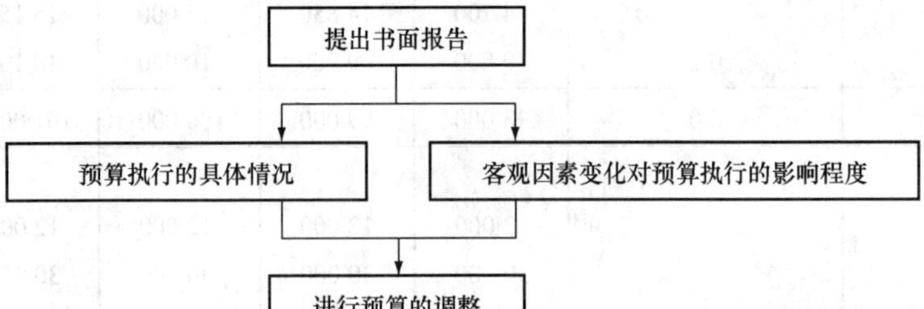

图 6-1-4　预算的调整流程

企业调整预算，应当由预算执行单位逐级向企业预算委员会提出书面报告，阐述预算执行的具体情况、客观因素变化情况及其对预算执行造成的影响程度，提出预算指标的调整幅度。

预算的调整主要包括现有预算项目的调整和新增预算项目两个内容。常见预算调整表格，如表 6-1-4 所示。

表 6-1-4　　常见预算调整表格

部门				
项目	原预算金额（万元）	调整金额（万元）	调整后金额（万元）	调整原因
现有预算项目				
1				
2				
新增预算项目				
1				
2				

负责人：　　　　　　　　　　　　时间：

阅读案例

滚动预算的编制

1. 资料

某公司甲车间采用滚动预算方法编制制造费用预算。已知 2012 年各季度的制造费用预算如表 6-1-5 所示（其中间接材料费用忽略不计）。

表 6-1-5　　2012 年全年制造费用预算　　金额单位：元

2012 年度					合计
项目	第一季度	第二季度	第三季度	第四季度	
直接人工预算总工时（小时）	11 400	12 060	12 360	12 600	48 420
变动制造费用					
间接人工费用	50 160	53 064	54 384	55 440	213 048
水电与维修费用	41 040	43 416	44 496	45 360	174 312
小计	91 200	96 480	98 880	100 800	387 360
固定制造费用					
设备租金	38 600	38 600	38 600	38 600	154 400
管理人员工资	17 400	17 400	17 400	17 400	69 600
小计	56 000	56 000	56 000	56 000	224 000
制造费用合计	147 200	152 480	154 880	156 800	611 360

2012 年 3 月 31 日公司在编制 2012 年第二季度至 2013 年第一季度滚动预算时，发现未来的 4

个季度中将出现以下情况：

1. 间接人工费用预算工时分配率将上涨50%；

2. 原设备租赁合同到期，公司新签订的租赁合同中设备年租金将降低20%；

3. 预计直接人工总工时见表6-1-6。假定水电与维修费用预算工时分配率等其他条件不变。

表6-1-6　　2012年第二季度至2013年第一季度制造费用预算　　金额单位：元

	2012年度			2013年度	合计
项目	第二季度	第三季度	第四季度	第一季度	
直接人工预算总工时（小时）	12 100	（略）	（略）	11 720	48 420
变动制造费用					
间接人工费用	A	（略）	（略）	B	（略）
水电与维修费用	C	（略）	（略）	D	（略）
小计	（略）	（略）	（略）	（略）	493 884
固定制造费用					
设备租金	E	（略）	（略）	（略）	（略）
管理人员工资	F	（略）	（略）	（略）	（略）
小计	（略）	（略）	（略）	（略）	（略）
制造费用合计	171 700	（略）	（略）	（略）	687 004

2. 分析

（1）以直接人工工时为分配标准，计算下一滚动期间的如下指标。

① 间接人工费用预算工时分配率=（213 048/48 420）×（1+50%）=6.6（元/小时）。

② 水电与维修费用预算工时分配率=174 312/48 420=3.6（元/小时）。

（2）根据有关资料计算下一滚动期间的如下指标。

① 间接人工费用总预算额=48 420×6.6=319 572（元）。

② 每季度设备租金预算额=38 600×（1-20%）=30 880（元）。

（3）计算填列表6-1-7中用字母表示的项目。

表6-1-7　　2012年第二季度~2013年第一季度制造费用预算　　金额单位：元

	2012年度			2013年度	合计
项目	第二季度	第三季度	第四季度	第一季度	
直接人工预算总工时（小时）	12 100	（略）	（略）	11 720	48 420
变动制造费用					
间接人工费用	A=79 860	（略）	（略）	B=77 352	（略）
水电与维修费用	C=43 560	（略）	（略）	D=42 192	（略）
小计	（略）	（略）	（略）	（略）	493 884

续表

项目	2012 年度 第二季度	2012 年度 第三季度	2012 年度 第四季度	2013 年度 第一季度	合计
固定制造费用					
设备租金	E=30 880	（略）	（略）	（略）	（略）
管理人员工资	F=17 400	（略）	（略）	（略）	（略）
小计	（略）	（略）	（略）	（略）	（略）
制造费用合计	171 700	（略）	（略）	（略）	687 004

小　结

全面预算，它是从企业全局出发，对企业一定时期内的销售、生产、采购、成本费用以及财务状况等方面的预计情况进行汇总、协调而统一编制的预算。全面预算是一个数字前后衔接，相互勾稽的有机整体。企业可以根据不同的预算项目，分别采用固定预算、弹性预算、增量预算、零基预算、定期预算和滚动预算等方法编制各种预算。

练习题

一、知识点训练

（一）不定项选择

1. 下列各项中，可能会使预算期间与会计期间相分离的预算方法是（　　）。

   A. 增量预算法　　B. 弹性预算法　　C. 滚动预算法　　D. 零基预算法

2. 预算具有下列哪些作用（　　）。

   A. 通过引导和控制经济活动、使企业经营达到预期目标

   B. 可以作为业绩考核的标准

   C. 可以显示实际与目标的差距

   D. 可以实现企业内部各个部门之间的协调

3. 在下列预算方法中，能够适应多种业务量水平并能克服固定预算方法缺点的是（　　）。

   A. 弹性预算方法　　B. 增量预算方法

   C. 零基预算方法　　D. 流动预算方法

4. 下列预算编制方法中，可能导致无效费用开支项目无法得到有效控制的是（　　）。

   A. 增量预算　　B. 弹性预算

   C. 滚动预算　　D. 零基预算

（二）判断

1. 滚动预算能够使预算期间与会计年度相配合，便于考核预算的执行结果。（　　）

2. 弹性预算编制方法中列表法比公式法编制预算的工作量大。（　　）

二、课后任务

在网上查找某上市公司的资料，了解其全面预算的编制情况，并试着分析其全面预算编制过程中采用的编制方法有哪些，评价其全面预算编制情况。

子项目二　全面预算的编制

核心知识：预算编制的程序。

核心技能：日常业务预算编制、专门决策预算编制、财务预算编制。

相关知识

预算的编制应以销售预算为起点，根据各种预算之间的勾稽关系，按顺序从前往后逐步进行，直至编制出预计财务报表。

工作任务

一、日常业务预算编制

编制预算的方法有很多，其中固定预算法为传统的常用方法。这里介绍固定预算法下日常业务预算的基本编制。日常业务预算的基本编制流程，如图 6-2-1 所示。

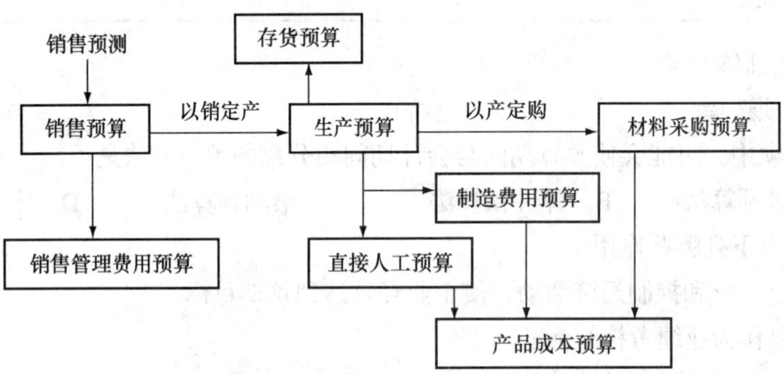

图 6-2-1　日常业务预算的基本编制流程

1．销售预算的编制

销售预算是在销售预测的基础上，根据企业年度目标利润确定的预计销售量、销售单价和销售收入等参数编制的，用于规划预算期销售活动的一种业务预算。由于企业其他预算的编制都必须以销售预算为基础，因此，销售预算是编制全面预算的起点。

销售预算中通常还包括预计现金收入的计算，其目的是为编制现金预算提供必要的资料。本期现金收入包括两部分，即本期销售中收到的现金货款以及上期销售在本期收到的应收货款。

【任务 6-2-1】 M 公司 2012 年（计划年度）只生产和销售一种甲产品，按购销双方约定每季的产品销售货款有 60%于当期收到现金，有 40%属赊销于下一个季度收到现金。上一年（基期）年末的应收账款为 31 000 元。

要求：编制 M 公司计划年度的销售预算。

解析：M 公司计划年度的销售预算如图 6-2-2 所示。在 Excel 中各单元格的计算公式设置如图 6-2-3 所示。

	A	B	C	D	E	F
1			销售预算			单位：元
2	季度	1	2	3	4	全年
3	预计销售量(件)	800	1000	1200	1000	4000
4	预计销售价格(元/件)	65	65	65	65	65
5	预计销售收入	52000	65000	78000	65000	260000
6	期初应收账款	31000				31000
7	第1季度销售收入	31200	20800			52000
8	第2季度销售收入		39000	26000		65000
9	第3季度销售收入			46800	31200	78000
10	第4季度销售收入				39000	39000
11	现金收入合计	62200	59800	72800	70200	265000
12	期末应收账款				26000	26000
13						

销售预算 / 生产预算 / 直接材料预算 / 直接人工预算 / 制造费用预算 / 产品成本预算 /

注：阴影底纹单元格数据为已知数据，下同。

图 6-2-2 M 公司销售预算

	A	B	C	D	E	F
1			销售预算			单位：元
2	季度	1	2	3	4	全年
3	预计销售量(件)	800	1000	1200	1000	=SUM(B3:E3)
4	预计销售价格(元/件)	65	65	65	65	65
5	预计销售收入	=B3*B4	=C3*C4	=D3*D4	=E3*E4	=F3*F4
6	期初应收账款	=F6				31000
7	第1季度销售收入	=B5*0.6	=B5*0.4			=SUM(B7:E7)
8	第2季度销售收入		=C5*0.6	=C5*0.4		=SUM(B8:E8)
9	第3季度销售收入			=D5*0.6	=D5*0.4	=SUM(B9:E9)
10	第4季度销售收入				=E5*0.6	=SUM(B10:E10)
11	现金收入合计	=SUM(B6:B10)	=SUM(C6:C10)	=SUM(D6:D10)	=SUM(E6:E10)	=SUM(F6:F10)
12	期末应收账款				=E5-E10	=E12
13						

销售预算 / 生产预算 / 直接材料预算 / 直接人工预算 / 制造费用预算 / 产品成本预算 / 销售

注：现金收入合计的计算。运用求和函数 SUM( )，以现金收入合计计算为例，在单元格 B11 中输入“=SUM(B6:B10)”，之后按 Enter 键，然后一直向右填充到 F11 单元格，计算出各季度及全年的现金收入合计。

图 6-2-3 M 公司销售预算（公式设置）

2. 生产预算的编制

生产预算是计划预算期生产数量而编制的一种业务预算，它是在销售预算的基础上编制的，编制的主要目的是预计生产量，并作为编制材料采购预算和生产成本预算的依据。编制生产预算的主要依据是预算期各种产品的预计销售量及存货期初期末资料。具体计算公式为：

预计生产量 = 预计本期销售量 + 预计期末存货量-预计期初存货量

期末存货数量通常按下期销售量的一定百分比确定，年初存货数量可根据上年年末账面记录确定，年末存货数量则根据长期销售趋势来确定。

> 提示　生产预算是业务预算中唯一仅以数量形式反映预算期内有关产品生产数量和品种结构的一种预算。

【任务 6-2-2】假设 W 公司 2012 年年初甲产品有 80 件，年末甲产品留存 120 件。期末存货为下期销售量的 10%。

要求：编制 M 公司计划年度的生产预算。

解析：M 公司计划年度的生产预算如图 6-2-4 所示。在 Excel 中各单元格的计算公式设置如图 6-2-5 所示。

	A	B	C	D	E	F
1			生产预算			单位：件
2	季度	1	2	3	4	全年
3	预计销售量	800	1000	1200	1000	4000
4	加：预计期末存货	100	120	100	120	120
5	预计需要量	900	1120	1300	1120	4120
6	减：期初存货	80	100	120	100	80
7	预计生产量	820	1020	1180	1020	4040
8						

销售预算 \ 生产预算 / 直接材料预算 / 直接人工预算 / 制造费用预算 / 产品成本预

图 6-2-4　生产预算

	A	B	C	D	E	F
1			生产预算			单位：件
2	季度	1	2	3	4	全年
3	预计销售量	=销售预算!B3	=销售预算!C3	=销售预算!D3	=销售预算!E3	=销售预算!F3
4	加：预计期末存货	=C3*0.1	=D3*0.1	=E3*0.1	=F4	120
5	预计需要量	=B3+B4	=C3+C4	=D3+D4	=E3+E4	=F3+F4
6	减：期初存货	=F6	=B4	=C4	=D4	80
7	预计生产量	=B5-B6	=C5-C6	=D5-D6	=E5-E6	=F5-F6

销售预算 \ 生产预算 / 直接材料预算 / 直接人工预算 / 制造费用预算 / 产品成本预算 / 销售及管

图 6-2-5　生产预算（公式设置）

生产预算的要点是确定预算期的产品生产量和期末结存产品数量，前者为编制材料预算、人工预算、制造费用预算等提供依据，后者是编制期末存货预算及预计资产负债表的基础。

3. 直接材料预算的编制

直接材料预算是以生产预算为基础编制的，在编制直接材料预算时，应以生产预算提出的预计生产量和企业消耗定额资料所确定的单位产品材料消耗定额来确定预算期材料消耗量，并结合当前情况和长期销售预测估计得到的期初、期末的库存情况来确定采购数量。通常，期末材料的存量可根据下期生产需要的一定百分比确定。然后，按照预计的材料单价计算出所需要的采购资金数，同时在考虑前期应付购料款的偿还和本期购料款的支付等情况后，预计预算期间材料采购现金的支出额。

某种材料生产需要量=产品预计生产量×该材料单位产品定额耗用量

某种材料采购量=该种材料生产需要量+该种材料期末结存量－该种材料期初结存量

直接材料预算中，通常还包括预计现金支出的计算，其目的是为编制现金预算提供必要的资料。本期现金支出包括两部分，即应付前期购料款的偿还数及本期购料款的当期支付数。

提示

材料采购现金支出=当期现购支出+支付前期赊购

【任务 6-2-3】假设 M 公司甲产品需要消耗 A、B 两种主要材料。计划年度期初 A、B 材料结存量各 720 千克和 480 千克，期末存料量为下期生产需用量的 30%。A、B 材料的年末存量分别为 1 080 千克和 720 千克。每季度的购料款于当季支付 50%，剩余 50%于下一季度支付，应付账款年初余额为 11 000 元。其他资料如图 6-2-6 所示。

要求：编制 M 公司计划年度的直接材料预算。

解析：M 公司计划年度的直接材料预算如图 6-2-6 所示。在 Excel 中各单元格的计算公式设置如图 6-2-7 所示。

	A	B	C	D	E	F
1			直接材料采购预算		单位：元	
2	季度	1	2	3	4	全年
3	预计生产量(件)	820	1020	1180	1020	4040
4	材料单耗（千克/件）					
5	A材料	3	3	3	3	3
6	B材料	2	2	2	2	2
7	预计生产需要量（千克）					
8	A材料	2460	3060	3540	3060	12120
9	B材料	1640	2040	2360	2040	8080
10	加：期末存料量（千克）					
11	A材料	918	1062	918	1080	1080
12	B材料	612	708	612	720	720
13	预计需要量合计（千克）					
14	A材料	3378	4122	4458	4140	13200
15	B材料	2252	2748	2972	2760	8800
16	减：期初存料量（千克）					
17	A材料	720	918	1062	918	720
18	B材料	480	612	708	612	480
19	预计采购量（千克）					
20	A材料	2658	3204	3396	3222	12480
21	B材料	1772	2136	2264	2148	8320
22	材料单价（元/千克）					
23	A材料	4	4	4	4	4
24	B材料	3	3	3	3	3
25	预计采购金额					
26	A材料	10632	12816	13584	12888	49920
27	B材料	5316	6408	6792	6444	24960
28	合计	15948	19224	20376	19332	74880
29	期初应付账款	11000				11000
30	第1季度采购金额	7974	7974			15948
31	第2季度采购金额		9612	9612		19224
32	第3季度采购金额			10188	10188	20376
33	第4季度采购金额				9666	9666
34	现金支出合计	18974	17586	19800	19854	76214
35	期末应付账款				9666	9666
36						

销售预算 / 生产预算 / 直接材料预算 / 直接人工预算 / 制造费用预算 / 产品成本预算

图 6-2-6　直接材料采购预算

4．直接人工预算的编制

直接人工预算也是以生产预算为基础编制的。根据生产预算中提出的预计生产量，以及企业标准成本资料中的定额工时、小时工资率，就可以预计直接工资支出。在通常情况下，生产中直接人工的工种不同，单位工时的工资率亦不相同，因此，应先按工种分别计算，然后进行汇总。实行月工资制度的企业，则根据直接人工的在册数、出勤率及平均日工资额等数据资料来进行预计。

	A	B	C	D	E	F
1			直接材料采购预算		单位：元	
2	季度	1	2	3	4	全年
3	预计生产量(件)	=生产预算!B7	=生产预算!C7	=生产预算!D7	=生产预算!E7	=生产预算!F7
4	材料单耗（千克/件）					
5	A材料	3	3	3	3	3
6	B材料	2	2	2	2	2
7	预计生产需要量（千克）					
8	A材料	=B3*B5	=C3*C5	=D3*D5	=E3*E5	=F3*F5
9	B材料	=B3*B6	=C3*C6	=D3*D6	=E3*E6	=F3*F6
10	加：期末存料量（千克）					
11	A材料	=C8*0.3	=D8*0.3	=E8*0.3	=F11	1080
12	B材料	=C9*0.3	=D9*0.3	=E9*0.3	=F12	720
13	预计需要量合计（千克）					
14	A材料	=B8+B11	=C8+C11	=D8+D11	=E8+E11	=F8+F11
15	B材料	=B9+B12	=C9+C12	=D9+D12	=E9+E12	=F9+F12
16	减：期初存料量（千克）					
17	A材料	=F17	=B11	=C11	=D11	720
18	B材料	=F18	=B12	=C12	=D12	480
19	预计采购量（千克）					
20	A材料	=B14-B17	=C14-C17	=D14-D17	=E14-E17	=F14-F17
21	B材料	=B15-B18	=C15-C18	=D15-D18	=E15-E18	=F15-F18
22	材料单价（元/千克）					
23	A材料	4	4	4	4	4
24	B材料	3	3	3	3	3
25	预计采购金额					
26	A材料	=B20*B23	=C20*C23	=D20*D23	=E20*E23	=F20*F23
27	B材料	=B21*B24	=C21*C24	=D21*D24	=E21*E24	=F21*F24
28	合计	=B26+B27	=C26+C27	=D26+D27	=E26+E27	=F26+F27
29	期初应付账款	=F29				11000
30	第1季度采购金额	=B28*0.5	=B28*0.5			=SUM(B30:E30)
31	第2季度采购金额		=C28*0.5	=C28*0.5		=SUM(B31:E31)
32	第3季度采购金额			=D28*0.5	=D28*0.5	=SUM(B32:E32)
33	第4季度采购金额				=E28*0.5	=SUM(B33:E33)
34	现金支出合计	=SUM(B29:B33)	=SUM(C29:C33)	=SUM(D29:D33)	=SUM(E29:E33)	=SUM(F29:F33)
35	期末应付账款				=E28-E33	=E35
36						

销售预算 / 生产预算 / 直接材料预算 / 直接人工预算 / 制造费用预算 / 产品成本预算 / 销售及管理

图 6-2-7　直接材料采购预算（公式设置）

某种产品直接人工总工时=预计生产量×单位产品定额工时

预计直接人工总成本=单位工时工资率×该种产品直接人工总工时

产品预计生产量来自生产预算。产品定额工时是由产品生产工艺和技术水平决定的，由产品技术和生产部门提供定额标准；单位工时工资率来自企业人事部门工资标准和工资定额。

> 提示　由于工资一般都要全部支付现金，因此直接人工预算表中预计直接人工成本总额就是现金预算中的直接人工工资支付额。

【任务 6-2-4】假设 M 公司甲产品单位产品耗用工时为 3 小时，单位工时的工资率为 4 元。

要求：编制 M 公司计划年度的直接人工预算。

解析：M 公司计划年度人工工资预算如图 6-2-8 所示。在 Excel 中各单元格的计算公式设置如图 6-2-9 所示。

	A	B	C	D	E	F
1			直接人工预算		单位：元	
2	季度	1	2	3	4	全年
3	预计生产量（件）	820	1020	1180	1020	4040
4	单位产品工时定额（小时/件）	3	3	3	3	3
5	直接人工工时总额（小时）	2460	3060	3540	3060	12120
6	单位工时工资率	4	4	4	4	4
7	直接人工工资总额	9840	12240	14160	12240	48480
8						

销售预算 / 生产预算 / 直接材料预算 \ 直接人工预算 / 制造费用预算 / 产品成本预算

图 6-2-8　直接人工预算

	A	B	C	D	E	F
1			直接人工预算			单位：元
2	季度	1	2	3	4	全年
3	预计生产量（件）	=生产预算!B7	=生产预算!C7	=生产预算!D7	=生产预算!E7	=生产预算!F7
4	单位产品工时定额（小时/件）	3	3	3	3	3
5	直接人工工时总额（小时）	=B3*B4	=C3*C4	=D3*D4	=E3*E4	=F3*F4
6	单位工时工资率	4	4	4	4	4
7	直接人工工资总额	=B5*B6	=C5*C6	=D5*D6	=E5*E6	=F5*F6
8						

销售预算 / 生产预算 / 直接材料预算 \ 直接人工预算 / 制造费

图 6-2-9　直接人工预算（公式设置）

5．制造费用预算的编制

制造费用预算是以所编制的生产预算为基础的，依据除直接材料、直接人工外应计入产品成本的全部费用编制而成的。制造费用预算应根据成本习性划分为变动制造费用和固定制造费用两部分进行。其中，变动制造费用预算部分，应区分不同费用项目，逐一项目根据单位变动制造费用分配率和业务量（一般是直接人工总工时或机器工时等）确定各项目的变动制造费用预算数。

$$\text{某项目变动制造费用分配率}=\frac{\text{该项目变动制造费用预算总额}}{\text{业务量预算总额}}$$

固定制造费用部分，通常与预算期生产量无关，也应区分不同费用项目，逐一项目确定预算期的固定费用预算。可以采用零基预算的方法逐项预计。

为了方便以后现金预算的编制，需要预计制造费用现金的支出额。由于固定资产折旧不需要支付现金，所以在制造费用支出总额中应予以扣除。

> **提示**　制造费用中的非付现费用，如折旧费在计算现金支出时应予以扣除。

【任务 6-2-5】

要求：根据前面所编各预算表的资料，编制 W 公司制造费用预算。

解析：M 公司计划年度的制造费用预算表如图 6-2-10 和图 6-2-11 所示，其中图 6-2-10 中变动费用按标准资料成本查得。在 Excel 中各单元格的计算公式设置如图 6-2-12 和图 6-2-13 所示。

	A	B	C	D
1	变动费用项目	金　额（元）	固定费用项目	金　额（元）
2	间接人工	6060	维护费用	4000
3	间接材料	4848	折旧费用	33200
4	维护费用	2424	管理费用	35000
5	水电费用	3636	保险费用	6000
6	其他	1212	财产税	2600
7	小计	18180	小计	80800
8	直接人工工时总数（小时）	12120	减：折旧费用	33200
9	分配率	1.5	现金支出合计	47600
10				

直接材料预算 / 直接人工预算 / 制造费用预算 / 产品成本预算 / 销售及管理费用预算

图 6-2-10　制造费用预算

	A	B	C	D	E	F
11			预计现金支出预算			单位：元
12	季度	1季度	2季度	3季度	4季度	全年
13	直接人工工时（小时）	2460	3060	3540	3060	12120
14	变动性制造费用	3690	4590	5310	4590	18180
15	固定性制造费用	11900	11900	11900	11900	47600
16	现金支出合计	15590	16490	17210	16490	65780

直接材料预算 / 直接人工预算 / 制造费用预算 / 产品成本预算 / 销售及管理费用预算

图 6-2-11　预计现金支出预算

	A	B	C	D
1	变动费用项目	金　额（元）	固定费用项目	金　额（元）
2	间接人工	6060	维护费用	4000
3	间接材料	4848	折旧费用	33200
4	维护费用	2424	管理费用	35000
5	水电费用	3636	保险费用	6000
6	其他	1212	财产税	2600
7	小计	=SUM(B2:B6)	小计	=SUM(D2:D6)
8	直接人工工时总数（小时）	=直接人工预算!F5	减：折旧费用	=D3
9	分配率	=B7/B8	现金支出合计	=D7-D8
10				

直接材料预算 / 直接人工预算 / 制造费用预算 / 产品成本预算 / 销售及管理费用预算

图 6-2-12　制造费用预算（公式设置）

	A	B	C	D	E	F
11			预计现金支出预算			单位：元
12	季度	1季度	2季度	3季度	4季度	全年
13	直接人工工时（小时）	=直接人工预算!B5	=直接人工预算!C5	=直接人工预算!D5	=直接人工预算!E5	=直接人工预算!F5
14	变动性制造费用	=B13*$B$9	=C13*$B$9	=D13*$B$9	=E13*$B$9	=F13*$B$9
15	固定性制造费用	=$F$15/4	=$F$15/4	=$F$15/4	=$F$15/4	=D9
16	现金支出合计	=SUM(B14:B15)	=SUM(C14:C15)	=SUM(D14:D15)	=SUM(E14:E15)	=SUM(F14:F15)

直接材料预算 / 直接人工预算 / 制造费用预算 / 产品成本预算 / 销售及管理费用预算 / 专门决策预

注：绝对引用。绝对引用是指将公式复制到新的单元格后，公式中引用的单元格地址保持固定不变。绝对引用表示方法是在相对引用的单元格的列标和行号之前分别加上$符号，如“$B$9”。

图 6-2-13　预计现金支出预算（公式设置）

6．产品成本预算的编制

产品成本预算是前述各项预算的汇总。在该预算表中列示出预算年度产品的单位成本、总成本以及预算期内销售成本和期末存货成本。单位产品成本的有关数据来自直接材料预算、直接人工预算和制造费用预算。预计生产量、期末存货量来自生产预算，预计销售量来自销售预算。生产成本、存货成本和销售成本等数据，根据单位成本和有关数量计算得出。

【任务 6-2-6】假设 M 公司采用制造成本法计算成本，生产成本包括变动生产成本和固定生产成本。

要求：根据前面已编制的各种业务预算表的资料，编制 M 公司产品成本预算和期末存货预算。

解析：M 公司计划年度的产品成本预算表如图 6-2-14 所示，在 Excel 中各单元格的计算公式设置如图 6-2-15 所示。M 公司期末存货预算如图 6-2-16 所示。在 Excel 中各单元格的计算公式设置如图 6-2-17 所示。

	A	B	C	D	E
1	产品成本预算				
2	成本项目	单位用量	单价（元）	单位成本	总成本
3	直接材料				
4	A材料（千克）	3	4	12	48480
5	B材料（千克）	2	3	6	24240
6	小计				72720
7	直接人工（小时）	3	4	12	48480
8	变动制造费用（小时）	3	1.5	4.5	18180
9	固定制造费用			20	80800
10	合计			54.5	220180
11	加：产成品期初余额				4400
12	减：产成品期末余额				6540
13	预计产品销售成本			54.51	218040
14					

直接材料预算 / 直接人工预算 / 制造费用预算 / 产品成本预算 / 销售及管理费用预算

注：1. 已销产品成本计算采用先进先出法，2. 单位产品销售成本=总成本/销量。

图 6-2-14　产品成本预算

	A	B	C	D	E
1	产品成本预算				
2	成本项目	单位用量	单价（元）	单位成本	总成本
3	直接材料				
4	A材料（千克）	=直接材料预算!B5	=直接材料预算!B23	=B4*C4	=D4*生产预算!F7
5	B材料（千克）	=直接材料预算!B6	=直接材料预算!B24	=B5*C5	=D5*生产预算!F7
6	小计				=SUM(E4:E5)
7	直接人工（小时）	=直接人工预算!B4	=直接人工预算!B6	=B7*C7	=D7*生产预算!F7
8	变动制造费用（小时）	=直接人工预算!B4	=制造费用预算!B9	=B8*C8	=D8*生产预算!F7
9	固定制造费用			=E9/生产预算!F7	=制造费用预算!D7
10	合计			=SUM(D4:D9)	=SUM(E6:E9)
11	加：产成品期初余额				4400
12	减：产成品期末余额				=生产预算!F4*D10
13	预计产品销售成本			=E13/销售预算!F3	=E10+E11-E12
14					

直接材料预算 / 直接人工预算 / 制造费用预算 / 产品成本预算 / 销售及管理费

图 6-2-15　产品成本预算（公式设置）

	A	B	C	D
15	期末存货预算			
16	项　目	数 量	单 价	金 额
17	材料存货			
18	A材料	1080	4	4320
19	B材料	720	3	2160
20	小计			6480
21	产成品存货			
22	甲产品	120	54.5	6540
23	存货合计			13020

直接人工预算 / 制造费用预算 / 产品成本预算 / 销售及管理费用预算

图 6-2-16　期末存货预算

	A	B	C	D
15	期末存货预算			
16	项　目	数 量	单 价	金 额
17	材料存货			
18	A材料	=直接材料预算!F1	=直接材料预算!F23	=B18*C18
19	B材料	=直接材料预算!F1	=直接材料预算!F24	=B19*C19
20	小计			=SUM(D18:D19)
21	产成品存货			
22	甲产品	=生产预算!F4	=D10	=B22*C22
23	存货合计			=D20+D22

直接人工预算 / 制造费用预算 / 产品成本预算 / 销售及管理费用预算 / 专门

图 6-2-17　期末存货预算（公式设置）

7．销售及管理费用预算的编制

销售及管理费用预算，是以价值形式反映整个预算期内，为销售产品和维持一般行政管理工作而发生的各项目费用支出的预算。该预算与制造费用预算一样，需要划分固定费用和变动费用列示，其编制方法也与制造费用预算相同。在该预算表下也应附列计划期间预计销售和管理费用的现金支出计算表，以便编制现金预算。

销售及管理费用预算的要点是确定各个变动及固定费用项目的预算数，并确定预计的现金支出。

提示

销售及管理费用预算要剔除非付现成本确定现金支出。

【任务 6-2-7】假设 M 公司销售和行政管理部门根据计划期间的具体情况，合并编制销售与管理费用预算表。

要求：编制 M 公司销售及管理费用预算。

解析：M 公司计划年度的销售及管理费用预算表如图 6-2-18 所示，销售及管理费用现金支出预算表如图 6-2-19 所示，在 Excel 中各单元格的计算公式设置，如图 6-2-20 和图 6-2-21 所示。

	A	B	C
1	费 用 明 细 项 目		预 算 金 额
2	变动费用	销售佣金	2042
3		办公费用	218
4		运输费用	1151
5		其他	…….
6		变动费用小计	8480
7		产品销售成本	218040
8		分配率	0.038891946
9	固定费用	广告费用	2000
10		管理人员工资	1100
11		保险费用	800
12		折旧费用	2000
13		财产税	400
14		其他	……
15		固定费用小计	6800
16		减：折旧费用	2000
17		固定费用现金支出小计	4800
18	合计		15280
19			

制造费用预算 / 产品成本预算 / 销售及管理费用预算 / 专门决策预

图 6-2-18　销售及管理费用预算

	A	B	C	D	E	F
20		预计现金支出计算表				
21	季度	1	2	3	4	合计
22	预计产品销售成本	43608	54510	65412	54510	218040
23	变动性销售管理费用	1696	2120	2544	2120	8480
24	固定性销售管理费用	1200	1200	1200	1200	4800
25	现金支出合计	2896	3320	3744	3320	13280
26						

制造费用预算 / 产品成本预算 / 销售及管理费用预算 / 专门决策预算 / 现金预算 / 预

图 6-2-19　现金支出预算

	A	B	C
1	费 用 明 细 项 目		预 算 金 额
2	变动费用	销售佣金	2042
3		办公费用	218
4		运输费用	1151
5		其他	…….
6		变动费用小计	8480
7		产品销售成本	=产品成本预算!E13
8		分配率	=C6/C7
9	固定费用	广告费用	2000
10		管理人员工资	1100
11		保险费用	800
12		折旧费用	2000
13		财产税	400
14		其他	……
15		固定费用小计	6800
16		减：折旧费用	=C12
17		固定费用现金支出小计	=C15-C16
18	合计		=C6+C15
19			

制造费用预算 / 产品成本预算 / 销售及管理费用预算 / 专门决策预算 /

图 6-2-20　销售及管理费用预算（公式设置）

	A	B	C	D	E	F
20		预计现金支出计算表				
21	季度	1	2	3	4	合计
22	预计产品销售成本	=销售预算!B3*产品成本预算!$D$13	=销售预算!C3*产品成本预算!$D$13	=销售预算!D3*产品成本预算!$D$13	=销售预算!E3*产品成本预算!$D$13	=销售预算!F3*产品成本预算!$D$13
23	变动性销售管理费用	=B22*$C$8	=C22*$C$8	=D22*$C$8	=E22*$C$8	=F22*$C$8
24	固定性销售管理费用	=$F$24/4	=$F$24/4	=$F$24/4	=$F$24/4	=C17
25	现金支出合计	=SUM(B23:B24)	=SUM(C23:C24)	=SUM(D23:D24)	=SUM(E23:E24)	=SUM(F23:F24)
26						

直接人工预算 / 制造费用预算 / 产品成本预算 / 销售及管理费用预算 / 专门决策预

图 6-2-21　现金支出预算（公式设置）

任务训练

业务预算的编制

资料：（1）某公司生产丙产品。该公司 2011 年 12 月 31 日资产负债表如表 6-2-1 所示。

表 6-2-1　　资产负债表　　单位：元

资　产	金　额	负债与股东权益	金　额
现金	10 000	应付账款	10 000
应收账款	40 000	长期借款（年利率 20%）	60 000
存货：材料	7 100	实收资本	150 000

续表

资　产	金　额	负债与股东权益	金　额
产成品	15 120	未分配利润	12 220
固定资产净值	160 000		
资产合计	232 220	负债与股东权益合计	232 220

（2）某公司生产丙产品，预算期内各季度销售量分别为 3 000 件、4 000 件、4 000 件、3 000 件，每件销售单价为 60 元。根据历史资料，该公司于当季收到货款的 80%，其余 20%于销售的下季度收回，年初应收账款余额为 40 000 元。预计在第一季度收回。

（3）该公司预计预算年度每一季度存货量占下一季度销售量的 10%，并预计年末存货量为 400 件，年初存货量为 420 件。

（4）该公司生产丙产品需耗用 A 材料 2 千克，买价为每千克 5 元；所购材料价款于当季支付 70%，下季度支付 30%。预计预算年度 A 材料每一季度末的库存量为下一季度生产需用量的 20%，年初、年末的库存量分别为 1 420 千克和 1 380 千克。应付账款年初余额为 10 000 元。

（5）该公司生产丙产品每件需用直接人工 2.5 工时，每小时工资额为 4 元。

（6）制造费用预算表如表 6-2-2 所示。

表 6-2-2　　制造费用预算　　单元：元

	变动性制造费用预算		固定性制造费用预算	
制造费用预算	间接人工	32 500	折旧费	30 000
	间接材料	17 320	保险费	8 800
	水电费	28 450	维修费	20 000
	其他	……	其他	……
合计	83 880		139 800	
直接人工总工时	34 950			

（7）销售及管理费用预算编制如表 6-2-3 所示。

表 6-2-3　　销售及管理费用预算　　单元：元

	变动性销售及管理费用预算		固定性销售及管理费用预算	
销售及管理费用预算	销售人员工资	22 000	管理人员工资	26 000
	运输费	16 000	保险费	8 000
	文具费	5 000	广告费	18 000
	其他	3 000	其他	6 000
合计	46 000		58 000	
预计现金支出	全年销售及管理费用现金支出总额			104 000
	每季销售及管理费用现金支出总额			26 000

要求：根据上述资料，按照要求在 Excel 中编制（1）销售预算；（2）生产预算；（3）直接材料预算；（4）直接人工预算；（5）制造费用预算；（6）产品成本预算。

二、专门决策预算编制

专门决策预算主要是长期投资预算，又称资本支出预算，通常是指与项目投资决策相关的专门预算，它往往涉及长期建设项目的资金投放与筹集，并经常跨越多个年度。编制专门决策预算的依据，是项目财务可行性分析资料，以及企业筹资决策资料，如图 6-2-22 所示。

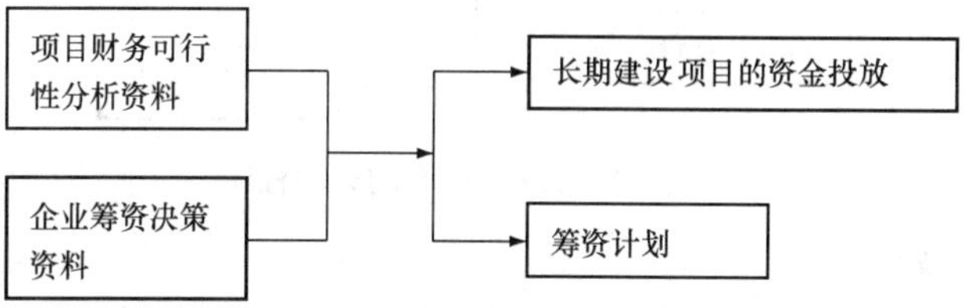

图 6-2-22　编制专门决策预算的依据

专门决策预算的要点是准确反映项目资金投资支出与筹资计划，它同时也是编制现金预算和预计资产负债表的依据。

【任务 6-2-8】假设 M 公司决定于预计年度上马一条新的生产线，年内安装完毕，并于年末投入使用，有关预算如图 6-2-23 所示。在 Excel 中各单元格的计算公式设置如图 6-2-24 所示。

	A	B	C	D	E	F
1	项　目	1季度	2季度	3季度	4季度	全年
2	投资支出预算	11000	19000	9000	1000	40000
3	投资者利润	2000	2000	2000	2000	8000
4						

/产品成本预算 /销售及管理费用预算 \专门决策预算 /现金预算 /预计利润表 /预

图 6-2-23　专门决策预算

	A	B	C	D	E	F
1	项　目	1季度	2季度	3季度	4季度	全年
2	投资支出预算	11000	19000	9000	1000	=SUM(B2:E2)
3	投资者利润	2000	2000	2000	2000	=SUM(B3:E3)
4						

/产品成本预算 /销售及管理费用预算 \专门决策预算 /现金预算 /预计利润表

图 6-2-24　专门决策预算（公式设置）

任务训练

资料：公司预算年度计划于第一季度、三季度、分别购进价值 80 000 元、34 000 元的设备，全年预计交纳所得税 80 000 元（按季平均支付），全年支付股利 52 000 元（按季平均支付）。

要求：根据上述资料，按照要求在 Excel 中编制相应的专门决策预算

三、财务预算的编制

财务预算是指企业在计划期内反映有关预计现金收支、财务状况和经营成果的预算，主要包括现金预算和预计财务报表。财务预算作为全面预算体系的最后环节，它是从价值方面总括地反映企业业务预算与专门决策预算的结果，也就是说，业务预算和专门决策预算中的资料都可以用货币金额反映在财务预算内，这样一来，财务预算就成为各项业务预算和专门决策预算的整体计

划，故亦称为总预算，其他预算则相应称为辅助预算或分预算。显然，财务预算在全面预算中占有举足轻重的地位。

财务预算的编制程序，如图 6-2-25 所示。

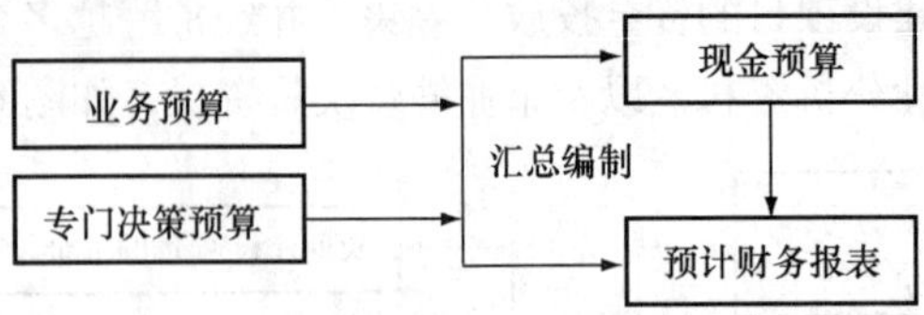

图 6-2-25 财务预算的编制程序

1．现金预算的编制

现金预算是以业务预算和专门决策预算为依据编制的、专门反映预算期内预计现金收入与现金支出，以及为满足理想现金余额而进行现金投融资的预算。现金预算由期初现金余额、现金收入、现金支出、现金余缺、现金投放与筹措五部分组成。

期初现金余额+现金收入-现金支出=现金余缺

财务管理部门应根据现金余缺与期末现金余额的比较，来确定预算期现金投放或筹措。当现金余缺大于期末现金余额时，应将超过期末余额以上的多余现金进行投资；当现金余缺小于期末现金余额时，应筹措现金，直到现金总额达到要求的期末现金余额。

现金余缺+现金筹措（现金不足时）=期末现金余额

现金余缺-现金投放（现金多余时）=期末现金余额

【任务 6-2-9】根据前面编制的各业务预算表和决策预算表的资料，假设每季应交所得税费用为 1 200 元。长期借款年利率 10%，期末现金余额至少为 4 000 元，不足向银行借款，短期借款金额为 1 000 元的倍数，年利率 5%，借款在期初，还款在期末。编制现金预算如图 6-2-26 所示。在 Excel 中各单元格的计算公式设置如图 6-2-27 所示。

	A	B	C	D	E	F
1	现金预算					
2						单位：元
3	季度	1	2	3	4	全年
4	期初现金余额	4000	4700	4664	4200	4000
5	加：销售现金收入	62200	59800	72800	70200	265000
6	现金收入合计	66200	64500	77464	74400	269000
7	减：现金支出					
8	直接材料	18974	17586	19800	19854	76214
9	直接人工	9840	12240	14160	12240	48480
10	制造费用	15590	16490	17210	16490	65780
11	销售及管理费用合计	2896	3320	3744	3320	13280
12	投资支出预算	11000	19000	9000	1000	40000
13	长期借款利息				8000	8000
14	投资者利润	2000	2000	2000	2000	8000
15	所得税费	1200	1200	1200	1200	4800
16	合计	61500	71836	67114	64104	264554
17	现金余缺	4700	-7336	10350	10296	4446
18	筹资与运用					
19	银行短期借款		12000			12000
20	偿还银行借款			-6000	-6000	-12000
21	支付借款利息			-150	-225	-375
22	期末现金余额	4700	4664	4200	4071	4071

销售及管理费用预算 / 专门决策预算 / 现金预算 / 预计利润表 / 预计资产负债表

图 6-2-26 现金预算

	A	B	C	D	E	F
1	现金预算					
2						单位：元
3	季度	1	2	3	4	全年
4	期初现金余额	=F4	=B22	=C22	=D22	4000
5	加：销售现金收入	=销售预算!B11	=销售预算!C11	=销售预算!D11	=销售预算!E11	=销售预算!F11
6	现金收入合计	=SUM(B4:B5)	=SUM(C4:C5)	=SUM(D4:D5)	=SUM(E4:E5)	=SUM(F4:F5)
7	减：现金支出					
8	直接材料	=直接材料预算!B34	=直接材料预算!C34	=直接材料预算!D34	=直接材料预算!E34	=直接材料预算!F34
9	直接人工	=直接人工预算!B7	=直接人工预算!C7	=直接人工预算!D7	=直接人工预算!E7	=直接人工预算!F7
10	制造费用	=制造费用预算!B16	=制造费用预算!C16	=制造费用预算!D16	=制造费用预算!E16	=制造费用预算!F16
11	销售及管理费用合计	=销售及管理费用预算!B25	=销售及管理费用预算!C25	=销售及管理费用预算!D25	=销售及管理费用预算!E25	=销售及管理费用预算!F25
12	投资支出预算	=专门决策预算!B2	=专门决策预算!C2	=专门决策预算!D2	=专门决策预算!E2	=专门决策预算!F2
13	长期借款利息				8000	=SUM(B13:E13)
14	投资者利润	=专门决策预算!B3	=专门决策预算!C3	=专门决策预算!D3	=专门决策预算!E3	=专门决策预算!F3
15	所得税费	1200	1200	1200	1200	=SUM(B15:E15)
16	合计	=SUM(B8:B15)	=SUM(C8:C15)	=SUM(D8:D15)	=SUM(E8:E15)	=SUM(F8:F15)
17	现金余缺	=B6-B16	=C6-C16	=D6-D16	=E6-E16	=F6-F16
18	筹资与运用					
19	银行短期借款		12000			=SUM(B19:E19)
20	偿还银行借款			-6000	-6000	=SUM(B20:E20)
21	支付借款利息			=D20*5%/2	=E20*5%*3/4	=SUM(B21:E21)
22	期末现金余额	=SUM(B17:B21)	=SUM(C17:C21)	=SUM(D17:D21)	=SUM(E17:E21)	=SUM(F17:F21)
23						

产品成本预算 / 销售及管理费用预算 / 专门决策预算 / 现金预算 / 预计利润表 / 预计资产负债表

图 6-2-27　现金预算（公式设置）

2．预计利润表的编制

预计利润表用来综合反映企业在计划期的预计经营成果，是企业最主要的财务预算表之一。编制预计利润表的依据是各业务预算、专门决策预算和现金预算。

【任务 6-2-10】以前面所编各种预算为资料，编制 M 公司预计利润表如图 6-2-28 所示。在 Excel 中各单元格的计算公式设置如图 6-2-29 所示。

	A	B
1	项　目	金额
2	销售收入	260000
3	减：销售成本	218040
4	销售毛利	41960
5	减：销售及管理费用	15280
6	财务费用	8375
7	利润总额	18305
8	减：所得税	4800
9	净利润	13505
10		

销售及管理费用预算 / 专门决策预算 / 现金预算 / 预计利润表 / 预计资产负债表

图 6-2-28　预计利润表

	A	B
1	项　目	金额
2	销售收入	=销售预算!F5
3	减：销售成本	=产品成本预算!E13
4	销售毛利	=B2-B3
5	减：销售及管理费用	=销售及管理费用预算!C6+销售及管理费用预算!C15
6	财务费用	=现金预算!F13-现金预算!F21
7	利润总额	=B4-B5-B6
8	减：所得税	4800
9	净利润	=B7-B8
10		

产品成本预算 / 销售及管理费用预算 / 专门决策预算 / 现金预算 / 预计利润表 / 预计资产

图 6-2-29　预计利润表（公式设置）

> **提示** 预计利润表中的所得税不是根据利润总额和所得税率计算得来。

3．预计资产负债表的编制

预计资产负债表用来反映企业在计划期末预计的财务状况。它的编制需以计划期开始日的资产负债表为基础，结合计划期间各项业务预算、专门决策预算、现金预算和预计利润表进行编制。它是编制全面预算的终点。

【任务 6-2-11】以前面各种预算为资料。编制 M 公司预计资产负债表，其中，预计资产负债表中期初数为已知数。M 公司预计资产负债表如图 6-2-30 所示。在 Excel 中各单元格的计算公式设置如图 6-2-31 所示。

	A	B	C	D
1	项　目	期 初	期 末	资料（期末数）
2	**资产**			
3	货币资金	4000	4071	现金预算
4	应收账款	31000	26000	销售现金收入预算
5	存货	8720	13020	期末存货预算
6	**流动资产合计**	43720	43091	
7	固定资产原价	248440	288440	期初数+"设备购置合计"
8	减：累计折旧	76400	111600	期初数+本期计提折旧
9	固定资产净值	172040	176840	
10	无形资产及其他资产			
11	**长期资产合计**	172040	176840	
12	**资产总计**	215760	219931	
13	**负债及所有者权益**			
14	应付账款	11000	9666	直接材料现金支出预算
15	应付职工薪酬			
16	**流动负债合计**	11000	9666	
17	长期负债			
18	长期借款	80000	80000	
19	**长期负债合计**	80000	80000	
20	**负债合计**	91000	89666	
21	实收资本	120000	120000	
22	资本公积			
23	盈余公积	3760	5110.5	年初数+本期提取数
24	未分配利润	1000	5154.5	
25	**所有者权益合计**	124760	130265	
26	**负债及所有者权益总计**	215760	219931	

/销售及管理费用预算/专门决策预算/现金预算/预计利润表\预计资产负债表/

注：年末未分配利润=年初未分配利润+本期净利润-提取的盈余公积（10%）-投资者利润

图 6-2-30　预计资产负债表

	A	B	C
1	项　目	期 初	期 末
2	**资产**		
3	货币资金	4000	=现金预算!F22
4	应收账款	31000	=销售预算!E12
5	存货	8720	=产品成本预算!D23
6	**流动资产合计**	43720	=SUM(C3:C5)
7	固定资产原价	248440	=B7+专门决策预算!F2
8	减：累计折旧	76400	=B8+制造费用预算!D3+销售及管理费用预算!C12
9	固定资产净值	172040	=C7-C8
10	无形资产及其他资产		
11	**长期资产合计**	172040	=SUM(C9:C10)
12	**资产总计**	215760	=C6+C11
13	**负债及所有者权益**		
14	应付账款	11000	=直接材料预算!E35
15	应付职工薪酬		
16	**流动负债合计**	11000	=SUM(C14:C15)
17	长期负债		
18	长期借款	80000	=B18
19	**长期负债合计**	80000	=SUM(C18)
20	**负债合计**	91000	=C16+C19
21	实收资本	120000	=B21
22	资本公积		
23	盈余公积	3760	=B23+预计利润表!B9*10%
24	未分配利润	1000	=B24+预计利润表!B9*90%-专门决策预算!F3
25	**所有者权益合计**	124760	=SUM(C21:C24)
26	**负债及所有者权益总计**	215760	=C20+C25

/产品成本预算/销售及管理费用预算/专门决策预算/现金预算/预计利润表\预计资产负债表/

图 6-2-31　预计资产负债表（公式设置）

任务训练

财务预算编制

资料：（1）业务预算和专门决策预算资料见本项目工作任务一和工作任务二中任务训练资料。

（2）设该公司最低现金余额为 10 000 元，假设银行短期借款的金额要求是 1 000 元的倍数。月利率 1%，借款在期初，还款在期末。

要求：根据上述资料，按照要求在 Excel 中编制：（1）现金预算；（2）2012 年度预计利润表；（3）2012 年度预计资产负债表。

阅读案例

山东航空集团预算编制

山东航空集团作为国有大型一类航空运输企业，业务预算包括以下主要内容。

（1）主营业务收入预算。主营业务收入预算具体包括：客运收入、货运收入、代理费收入预算以及其他。

（2）应收、预收款项预算。应收、预收款项预算具体包括：年初应收款项、年初应收款项回款比率、销售收入、回款比率、销售收入合计、预收账款转入合计、本年预收账款、现金收入合计、年末应收款项以及各期间的当期收回现金（现金流入）情况。

（3）航材消耗件预算。航材消耗件采购预算具体包括：各机型上年实际数、当年预算数、与前期相比得出的增减额和增减率等内容。

（4）应付、预付款项预算。应付、预付款项预算具体包括：各期间应付款项、还款比率、预付账款转入数、当期支付现金（现金流出）数等内容。

（5）主营业务成本预算。主营业务成本预算包括：工资、奖金、津贴和补贴预算、福利费预算、制服费预算、航空油料消耗预算、航材消耗件消耗预算、高价周转件摊销预算、飞机、发动机折旧费预算、经营性租赁费汇总预算、机场起降服务费预算、航线餐食与机供品预算、飞行训练费预算、空勤培训费预算、客舱服务费预算、行李、货物、邮件赔偿费预算等预算。

（6）人工费用预算。人工费用预算包括：人员计划、工资费用预算、奖金预算、节油奖预算、正点率奖预算、住房公积金预算、住房补贴预算、保险费用预算、企业年金预算、飞行员引进费用预算、招飞费用预算、小时费预算、取暖费预算、其他补贴预算等。

（7）管理费用预算。管理费用预算包括：管理费用汇总预算、通讯费预算、网络使用费预算、维护与修理费预算、系统开发预算、工会经费使用预算、广告费预算、出国费用预算、车辆维修预算、车辆油耗预算、车辆其他支出预算、空调油耗预算、水电费预算、其他消耗预算、其他维修费预算、董事会费预算、咨询费预算、医药费预算、房屋租赁预算、审计费预算、福利费预算、机型管理费用分摊预算等预算。

（8）营业费用预算。营业费用预算包括：营业费用汇总预算、市场部/货运部营业费用预算、市场部/货运部承包费用预算、机型营业费用分摊预算，最终汇总形成营业费用汇总预算。

（9）其他业务收支预算。其他业务收支预算反映的是预算年度各期间的收入、支出金额以及历年同期收入、支出的对比情况，具体包括：收入支出项目、收入支出金额、增长幅度等内容。

（10）期末存货预算。期末存货预算反映的是预算年度各期间的各存货项目期初余额、本期增加、本期减少、期末余额的具体情况，以及往年同期对比的增长幅度等内容。

（11）税费预算。税费预算反映的是预算年度各期间的主营业务税金及附加、其他业务支出、管理费用、增值税、所得税在各预算期间的具体反映，包括：计税依据、适用税率等内容，以及往年同期对比的增长幅度等内容。

小　结

全面预算可分为三类：一是业务预算，二是专门决策预算，三是财务预算，财务预算是前两种预算的综合，财务预算具体包括现金预算、预计利润表、预计资产负债表和预计现金流量表。其中，现金预算是以价值形式反映的预算，在企业各预算中尤显重要。在学习预算管理基本理论后，结合一两个企业的实际情况对照编制，是掌握预算编制的有效途径。

练习题

一、知识点训练

（一）不定项选择

1. 在财务预算中，专门用以反映企业未来一定预算期内预计财务状况和经营成果的预算为（　　）。

A. 现金预算　　B. 资产负债表预算　　C. 销售预算　　D. 利润表预算

2. 某批发企业销售甲商品，第三季度各月预计的销售量分别为 1 000 件、1 200 件和 1 100 件，企业计划每月月末产品存货量为下月预计销售量的 20%。下列各项预计中，正确的有（　　）。

A. 8 月份期初存货为 240 件　　B. 8 月份生产量为 1 180 件
C. 8 月份期末存货为 220 件　　D. 第三季度生产量为 3 300 件

3. 能在现金预算中反映的内容有（　　）。

A. 现金筹措预算　　B. 损益预算　　C. 现金收入预算　　D. 现金支出预算

4. 产品成本预算，是下列哪些预算的汇总（　　）。

A. 生产预算　　B. 直接材料预算　　C. 直接人工预算　　D. 制造费用预算

5. 编制利润表预算的依据包括（　　）。

A. 现金预算　　B. 专门决策预算　　C. 业务预算　　D. 资产负债表预算

（二）判断

1. 财务预算能够综合反映各项业务预算和各项专门决策预算，因此称为总预算。（　　）

2. 生产预算是规定预算期内有关产品生产数量、产值和品种结构的一种预算。（　　）

二、课后任务

在网上查找某上市公司的资料，了解其现金预算的编制情况，并试着分析其现金预算编制过程中采用的编制方法有哪些，评价其现金预算编制情况。

项目训练

一、单项技能训练

1. 某企业只生产一种产品，产品售价8元/件。2011年12月销售20 000件，2012年1月预计销售30 000件，2012年2月预计销售40 000件。根据经验，商品售出后当月可收回货款的60%，次月收回30%，再次月收回10%。

要求：（1）2012年2月预计现金收入为多少；

（2）2012年2月应收账款为多少。

2. E公司只产销一种甲产品，甲产品只消耗乙材料。2010年第4季度按定期预算法编制2011年的企业预算，部分预算资料如下。

资料一：乙材料2011年年初的预计结存量为2 000千克，各季度末乙材料的预计结存量数据如表6-1所示。

表6-1　2011年各季度末乙材料预计结存量

季度	一	二	三	四
乙材料（千克）	1 000	1 200	1 200	1 300

每季度乙材料的购货款于当季支付40%，剩余60%于下一个季度支付；2011年年初的预计应付账款余额为80 000元。该公司2011年度乙材料的采购预算如表6-2所示。

表6-2　2011年乙材料的采购预算

项　目	第一季度	第二季度	第三季度	第四季度	全年
预计甲产品量（件）	3 200	3 200	3 600	4 000	14 000
材料定额单耗（千克/件）	5	*	*	*	*
预计生产需要量（件）	*	16 000	*	*	70 000
加：期末结存量（千克）	*	*	*	*	*
预计需要量合计（千克）	17 000	（A）	19 200	21 300	（B）
减：期初结存量（千克）	*	1 000	（C）	*	*
预计材料采购量（千克）	（D）	*	*	20 100	（E）
材料计划单价（元/千克）	10	*	*	*	*
预计采购金额（元）	150 000	162 000	180 000	201 000	693 000

注：表内“材料定额单耗”是指在现有生产技术条件下，生产单位产品所需要的材料数量；全年乙材料计划单价不变；表内的“*”为省略的数值。

资料二：E公司2011年第一季度实际生产甲产品3 400件，耗用乙材料20 400千克，乙材料的实际单价为9元/千克。

要求：（1）确定E公司乙材料采购预算表中用字母表示的项目数值（不需要列示计算过程）；

（2）计算E公司第一季度预计采购现金支出和第4季度末预计应付款金额。

二、综合技能训练

某企业 2012 年有关预算资料如下。

(1)预计该企业 3～7 月的销售收入分别为 40 000 元、50 000 元、60 000 元、70 000 元、80 000 元。每月销售收入中，当月收到现金 30%，下月收到现金 70%。

(2)各月直接材料采购成本按下一个月销售收入的 60%计算。所购材料款于当月支付现金 50%，下月支付现金 50%。

(3)预计该企业 4～6 月份的制造费用分别为 4 000 元、4 500 元、4 200 元，每月制造费用中包括折旧费 1 000 元。

(4)预计该企业 4 月份购置固定资产，需要现金 15 000 元。

(5)企业在 3 月末有长期借款 20 000 元，利息率为 15%。

(6)预计该企业在现金不足时，向银行申请短期借款(为 1 000 元的倍数)；现金有多余时归还银行借款(为 1 000 元的倍数)。借款在期初，还款在期末，短期借款年利率 12%。

(7)预计该企业期末现金余额的额定范围是 6 000～7 000 元，长期借款利息每季度末支付一次，短期借款利息还本时支付，其他资料见现金预算表，如表 6-3 所示。

要求：根据以上资料，完成该企业 4～6 月份现金预算的编制工作。

表 6-3　现金预算表　单位：元

月　份	4	5	6
期初现金余额	7 000		
经营现金收入			
经营性现金支出			
直接材料采购支出			
直接工资支出	2 000	3 500	2 800
制造费用支出			
其他付现费用	800	900	750
预交所得税			8 000
资本性现金支出			
现金余缺			
支付利息			
取得短期借款			
偿还短期借款			
期末现金余额			

项目七 财务报告分析与评价工作

引导案例

某集团股份有限公司是一家集商业零售、房产、物业管理及餐饮服务的大型集团公司。下面的一览表是该集团上年年报和本年年报主要财务指标。

指　　标	上年年末	本年年末	指　　标	上年年末	本年年末
流动比率	0.612 1	0.629 5	存货周转天数	66 天	68 天
速动比率	0.406 4	0.414 1	营业收入增长率	21.13%	25.20%
资产负债率	0.534 4	0.555 4	净资产收益率	2.77%	3.02%
利息保障倍数	3.838	5.353	平均收账期	79 天	77 天
产权比率	1.333 1	1.449 5	营业利润率	1.89%	16.7%
总资产周转率	0.606	0.344	成本费用净利率	1.89%	3.52%

案例启示：通过对该集团本年年末主要财务指标分析，集团本年偿债能力和营运能力与上年年末相比变化不大；盈利能力有所提高，主要是营业利润率提高较大；发展能力有所提高。

项目导图

财务报告分析是以财务报告和其他相关资料为依据，采用一定的标准，运用科学系统的方法，对企业的财务状况、经营成果、现金流量等重要指标进行分析与评价，为财务报告分析主体的决策提供依据。

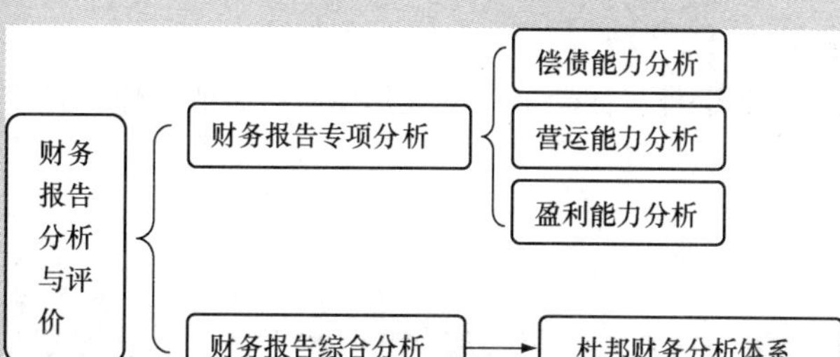

学习目标

知识目标：

1．了解财务分析的目的、内容和基本方法；

2．熟练掌握衡量偿债能力、营运能力、盈利能力的财务指标的计算；

3．掌握杜邦分析法。

技能目标：

1．根据会计报表和相关资料，能对企业的财务状况和经营成果作出正确的判断；

2．撰写完整的财务分析报告，要求步骤严密、文字简练、条理清晰。

情境讨论

L公司小股东张海计划在了解2012年公司的经营情况和盈利能力后，做出是否继续投资的决策，于是委托财务人员小王进行财务分析。小王收集了2011年和2012年两年的资产和收益资料，计算出了公司这两年的资产报酬率，其中，2011年为20%，2012年为16%。认为公司的盈利能力有所下降，于是，张海向公司大股东李月提出撤出资产的想法。

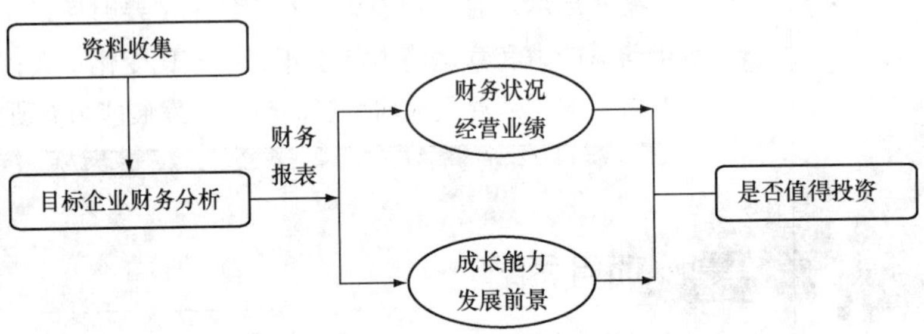

问题：

1. 财务人员小王的分析是否正确？目标企业财务分析中，除了分析企业财务报表，还需要考虑什么因素？

2. 如果你是李月，你会如何得到其他所有者的信任，并使其打消撤资的念头。

子项目一 财务报告专项分析

核心知识：财务分析的主体与内容、比较分析法、比率分析法、因素分析法。

核心技能：比较分析法、衡量偿债能力指标的计算、衡量营运能力指标的计算、衡量盈利能力指标的计算。

相关知识

一、财务报告分析的概念与作用

财务报告是指企业对外提供的反映企业某一特定日期财务状况和某一会计期间经营成果、现金流量的文件。财务报告一般包括会计报表及其附注和其他应当在财务报告中披露的相关信息和资料。

财务报告分析是以财务报告和其他相关资料为依据，采用一定的标准，运用科学系统的方法，对企业的财务状况、经营成果、现金流量等重要指标进行分析与评价，为财务报告分析主体的决策提供依据。财务报告分析的基本职能，是将大量的报表数据转化为对特定决策有用的信息，减少决策的不确定性，因此，财务报告分析是连接财务报告的使用者的桥梁和纽带，其实质是对财务报告所提供的会计信息进行进一步加工、利用的过程。财务报告分析是会计信息使用人利用会计信息的重要途径和必要手段。

二、财务报告分析的主体与内容

财务报告分析的主体是指“谁”进行财务报告分析，即企业的利益相关者。一般来说，财务报告分析的主体包括企业所有者、企业债权人、企业经营者、政府经济管理机构，以及企业其他利益相关人。不同主体出于不同的利益考虑，对财务信息的分析有着各自不同的要求。

（1）企业所有者。企业所有者作为投资人，必然高度关注其资本的保值和增值状况，因此较为重视企业获利能力指标，主要进行企业获利能力分析，同时关心企业的发展能力。

（2）企业债权人。企业债权人因不能参与企业剩余收益分享，首先关注的是其资金的安全性，因此更重视企业偿债能力指标，主要进行企业偿债能力分析，同时也关注企业获利能力分析。

（3）企业经营者。企业经营决策者必须对企业经营理财的各个方面，包括偿债能力、运营能力、获利能力及发展能力的全部信息予以详尽地了解和掌握，主要进行各方面综合能力分析，并关注企业财务风险和经营风险。

（4）政府经济管理机构。政府兼具多重身份，既是宏观经济管理者，又是国有企业的所有者和重要的市场参与者，因此，政府对企业财务分析的关注点因所具身份不同而异，既关心企业的经济效益，同时也关注企业的社会效益。

（5）其他利益相关人。企业的供应商和客户关心企业的信用状况，包括财务上的信用和商业上的信用。财务信用是指是否及时清算各种款项，可通过对企业支付能力和偿债能力等评价获得相关信息；商业信用是指按时、按质完成各种交易行为，可根据利润表中反映交易完成情况来进行判断分析。

尽管不同利益主体进行财务分析有着各自的侧重点，但就企业总体来看，财务分析主要可归纳为偿债能力分析、营运能力分析、获利能力分析、发展能力分析和综合能力分析等五个方面。它们相辅相成，共同构成了企业财务分析的基本内容。

三、财务报告分析的方法

常用的财务报告分析方法包括比较分析法、比率分析法和因素分析法等。

1. 比较分析法

比较分析法，是通过对比两期或连续数期财务报告中的相同指标，确定其增减变动的方向、数额和幅度，来说明企业财务状况或经营成果变动趋势的一种方法。采用这种方法，可以分析引起变化的主要原因、变动的性质，并预测企业未来的发展趋势。

应用比较分析法时，比较的结果通常以差异额（变动额、增长额）和差异率（变动率、增长率）的形式表现。其计算公式如下：

$$\text{差异额}=\text{比较指标数量}-\text{被比较指标数量} \qquad (7\text{-}1\text{-}1)$$

$$\text{差异率}=\frac{\text{差异额}}{\text{被比较指标数量}}\times 100\% \qquad (7\text{-}1\text{-}2)$$

提示 一般来说，差异额反映出变动的规模，但不能反映变动程度，而差异率能够进一步反映变动程度。在实际工作中，差异额和差异率一般同时使用。

比较分析法的具体运用主要有重要财务指标的比较、会计报表的比较和会计报表项目构成的比较三种方式。

（1）重要财务指标的比较。这种方法是指将不同时期财务报告中的相同指标或比率进行纵向比较，直接观察其增减变动情况及变动幅度，考察其发展趋势，预测其发展前景。不同时期财务指标的比较主要有以下两种方法。

① 定基动态比率，是以某一时期的数额为固定的基期数额而计算出来的动态比率。其计算公式为：

$$\text{定基动态比率}=\frac{\text{分析期数额}}{\text{固定基期数额}}\times 100\% \qquad (7\text{-}1\text{-}3)$$

② 环比动态比率，是以每一分析期的数据与上期数据相比较计算出来的动态比率。其计算公式为：

$$\text{环比动态比率}=\frac{\text{分析期数额}}{\text{前期数额}}\times 100\% \qquad (7\text{-}1\text{-}4)$$

（2）会计报表的比较。一般采用水平分析法，指将连续数期的会计报表的金额并列起来，比较各指标不同期间的增减变动金额和幅度，据以判断企业财务状况和经营成果发展变化的一种方法。具体包括资产负债表比较、利润表比较和现金流量表比较等。其计算公式如下：

$$\text{变动额}=\text{报表某项目分析期金额}-\text{报表同项目基期金额} \qquad (7\text{-}1\text{-}5)$$

$$\text{变动率}=\frac{\text{变动额}}{\text{报表某项目基期金额}}\times 100\% \qquad (7\text{-}1\text{-}6)$$

在运用水平分析法时，可以通过编制比较会计报表进行。编制比较会计报表时，首先要计算出相同项目的增加变动金额及其百分比，然后再分析其增减变动对企业财务状况的影响。

（3）会计报表项目构成的比较。一般采用垂直分析法，这种方法是在会计报表比较的基础上发展而来的，是以会计报表中的某个总体指标作为 100%，再计算出各组成项目占该总体指标的百分比，从而比较各个项目百分比的增减变动，以此来判断有关财务活动的变化趋势。其计算公式如下：

$$\text{某项目的比重}=\frac{\text{该项目金额}}{\text{各项目总金额}}\times 100\% \qquad (7\text{-}1\text{-}7)$$

这种仅有百分比而不表示金额的会计报表，称为共同比会计报表，它是垂直分析的一种重要形式。资产负债表的共同比报表通常以资产总额为基数，利润表的共同比报表通常以营业收入总额为基数。

需要注意的是，结构百分比的变动可能是由于个别项目金额变动所引起，也可能是总数金额变动或者两者共同变动所引起。例如，一家企业应收账款呈逐年上升趋势，如果与此同时，总资产以更快的速度上升，则很显然，垂直比较分析将显示应收账款与总资产的百分比呈逐年下降趋势。具体分析时，我们不仅应关注其所占比重下降这一事实，同时也不能忽视应收账款绝对数逐年上升这一趋势。

提示

水平比较分析侧重于同一项目不同年度的金额增减百分比变化分析，而垂直比较分析则侧重于某一项目在不同年度比重（重要性程度）的变化，二者相结合，有利于正确评价、预测企业经营成果与财务状况的演变。

2. 比率分析法

比率分析法是利用企业同一时期的会计报表中两个或两个以上指标之间的某种关系，计算出一系列财务比率，据以考察、分析和评价企业财务状况和经营业绩的分析方法。由于比率分析法使用相对数指标进行比较分析，不受规模限制，因此，在实际工作中得到广泛的应用。比率分析法按其两种指标的对比特性不同，可划分为相关比率、结构比率和效率比率等。

（1）相关比率。相关比率是将两个性质不同但又相互联系的财务指标进行对比，求出比率，并据此对财务状况和经营成果进行分析。利用相关比率指标，可以分析、评价相关指标的占用或安排是否合理，生产经营活动是否能够顺利进行，企业的投资效益是否最优。如将流动资产与流动负债加以对比，据以评价企业的短期偿债能力。在财务报告分析中，常用的相关比率包括流动比率、速动比率、资产负债率和资产周转率等。

（2）结构比率。结构比率又称为构成比率，是计算某项财务指标各项组成部分占总体的比重，它反映部分与总体的关系。其计算公式为：

$$\text{结构比率}=\frac{\text{某项组成部分数额}}{\text{总体数额}} \qquad (7\text{-}1\text{-}8)$$

通过结构比率分析，计算个体数量占总体数量的比重，可以分析财务指标构成内容的质量、变动幅度及其合理性、科学性。如固定资产占企业全部资产的比率，流动资产占全部资产的比率，各项负债占全部负债的比率等。结构比率的分析，能够掌握企业财务指标的特性及其变化趋势，并能够考察这些总体指标的构成项目的比例是否合理有效，以便于及时调整。

（3）效率比率。效率比率是反映财务指标中的所费与所得的比率，它反映投入与产出、耗费与收入的关系。效率比率分析，能够反映企业运用单位资源产生收益（利润）的能力，因而可以反映企业的经营效率，故称效率比率。

反映效率比率的指标主要有：资产报酬率、净资产收益率、销售净利率和成本费用利润率等。

3．因素分析法

因素分析法是依据分析指标与其影响因素的关系，从数量上确定各因素对分析指标影响方向和影响程度的一种方法。

因素分析法具体有两种：连环替代法和差额分析法。

（1）连环替代法。连环替代法是将分析指标分解为各个可以计量的因素，并根据各个因素之间的依存关系，顺次用各因素的比较值（通常为实际值）替代基准值（通常为标准值或计划值），据以测定各因素对分析指标的影响。

（2）差额分析法。差额分析法是连环替代法的一种简化形式。它是利用各个因素比较值与基准值之间的差额，来计算各因素对分析指标的影响。

工作任务

一、比较分析法的应用

使用比较分析法时，可以对财务报表数据进行水平比较和垂直比较，也可以对财务比率进行纵向比较以及横向比较（同行业对比），分析引起变化的主要原因、变动的性质，说明企业财务状况或经营成果变动的趋势。比较分析法应用的程序，如图 7-1-1 所示。

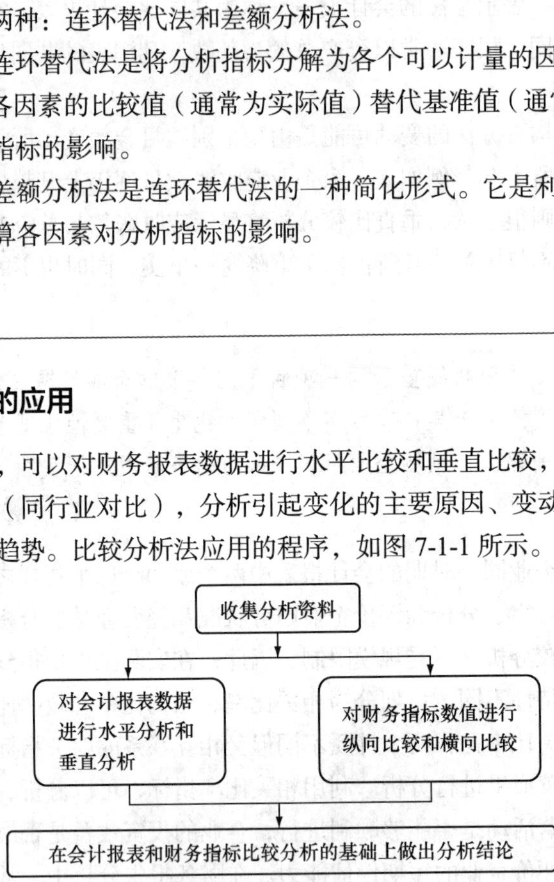

图 7-1-1 比较分析法应用的程序

【任务 7-1-1】分别使用水平分析法和垂直分析法，对 W 公司 2012 年的资产负债表简表进行比较分析，判断该公司的财务状况。

资产负债表水平分析比较表，如表 7-1-1 所示。

从表 7-1-1 可以看出，该企业资产总额本年比上年增加 60 万元，增长了 25%，其主要原因是流动负债增加了 34 万元，增长了 212.5%所引起的，同时所有者权益增加 31 万元，这是资产总额增长的又一个原因。从总体来看，该企业在权益总额增加的前提下，流动资产和长期负债，不是相应增加，而是大幅减少，而且，流动负债和非流动资产增长过快，具体原因应结合其他资料做进一步详细地分析。

表 7-1-1　　W 公司资产负债表水平分析比较表　　单位：元

项　目	年　份		变动情况	
	本年	上年	增加额	增加率（%）
货币资金	50 000	80 000	−30 000	−37.50
交易性金融资产	30 000	30 000	0	0.00
应收账款	120 000	110 000	10 000	9.09
存货	300 000	330 000	−30 000	−9.09
流动资产	500 000	550 000	−50 000	−9.09
固定资产	1 800 000	1 500 000	300 000	20.00
其他非流动资产	2 500 000	1 850 000	650 000	35.14
资产总额	3 000 000	2 400 000	600 000	25.00
流动负债	500 000	160 000	340 000	212.50
长期负债	510 000	560 000	−50 000	−8.93
负债总额	1 010 000	720 000	290 000	40.28
所有者权益	1 990 000	1 680 000	310 000	18.45
负债与所有者权益总额	3 000 000	2 400 000	600 000	25.00

W 公司资产负债表垂直分析比较，如表 7-1-2 所示。

表 7-1-2　　W 公司资产负债表垂直分析比较　　金额单位：元

项　目	年　份		结构百分比（%）	
	本年	上年	本年	上年
货币资金	50 000	80 000	1.67	3.33
交易性金融资产	30 000	30 000	1.00	1.25
应收账款	120 000	110 000	4.00	4.58
存货	300 000	330 000	10.00	13.75
流动资产	500 000	550 000	16.67	22.92
固定资产	1 800 000	1 500 000	60.00	62.50
其他非流动资产	2 500 000	1 850 000	83.33	77.08
资产总额	3 000 000	2 400 000	100.00	100.00
流动负债	500 000	160 000	16.67	6.67
长期负债	510 000	560 000	17.00	23.33
负债总额	1 010 000	720 000	33.67	30.00
所有者权益	1 990 000	1 680 000	66.33	70.00
负债与所有者权益总额	3 000 000	2 400 000	100.00	100.00

从表 7-1-2 可以看出，本年该企业资产总额中流动资产由上年的 22.92%下降到 16.67%；而其他非流动资产则由 77.08%上升到 83.33%；负债总额中流动负债由上年的 6.67%上升到 16.67%，相应的长期负债由上年的 23.33%下降到 17%；同时所有者权益由上年的 70%下降到 66.33%。通过比较资产负债表的垂直分析，也可以看出该企业的负债规模及债权人权益的保障程度和所有者权益的稳健程度的变化情况。

任务训练

比较分析法的应用

分别使用水平分析法和垂直分析法对 W 公司的利润表进行比较分析，利润表如表 7-1-3 所示。

表 7-1-3　　W 公司利润表

编制单位：W 公司　　2012 年度　　单位：元

项　　目	上年金额	本年金额
一、营业收入	735 000	907 000
减：营业成本	558 000	681 000
营业税金及附加	36 800	44 600
销售费用	10 000	12 000
管理费用	30 000	32 800
财务费用	8 000	11 000
资产减值损失		
加：公允价值变动收益		
投资收益	120 000	108 000
二、营业利润	212 200	233 600
加：营业外收入	18 400	22 400
减：营业外支出	20 600	16 000
三、利润总额	210 000	240 000
减：所得税费用	69 300	79 200
四、净利润	140 700	160 800

二、因素分析法的应用

因素分析法既可以全面分析各因素对某一经济指标的影响，又可以单独分析某个因素对某一经济指标的影响，在财务报表分析中应用颇为广泛。因素分析法应用的程序，如图 7-1-2 所示。

1．连环替代法

连环替代法的步骤如下。

（1）进行因素分解。因素分解是指确定构成经济指标的因素，必须是客观上存在着因果关系，要能够反映形成该项经济指标差异的内在原因，否则就失去了其存在的价值。

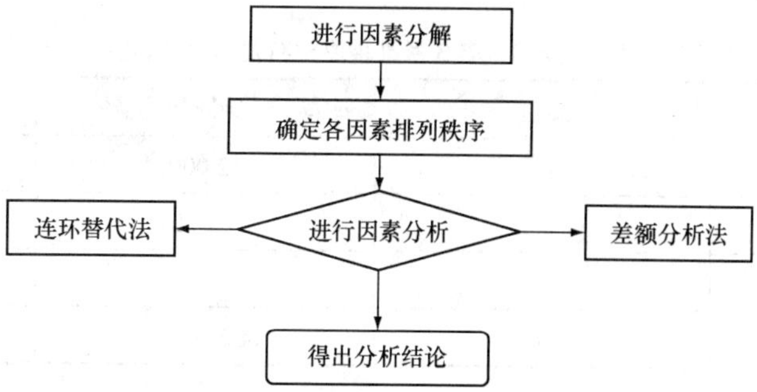

图 7-1-2　因素分析法应用的程序

假设某一个财务指标 P 可以分解成 A、B、C 三个因素，且有关因素的关系由如下的算式构成。

实际指标：$P_1=A_1\times B_1\times C_1$；

基准指标：$P_0=A_0\times B_0\times C_0$；

实际与基准的总差异为：$\Delta P=P_1-P_0$，

这一总差异同时受到 A、B、C 三个因素的影响。

（2）确定各因素排列秩序。因素排列秩序一般按主要因素在前面，次要因素在后面；数量因素在前面，质量因素在后面等规则顺次排列。假设 A、B、C 三个因素依次按顺序排列。

（3）顺次替代各因素。在顺次替代时，应注意比较值和基准值的正确选用，其要点是：正在替代的因素，要用比较值去替代基准值；已经替代过的因素，要用比较值；尚未替代过的因素，要用基准值。

它们各自的影响程度可分别由以下算式计算求得。各因素连环替代关系为

$$A_0\rightarrow A_1:P_A=A_1\times B_0\times C_0$$

$$B_0\rightarrow B_1:P_B=A_1\times B_1\times C_0$$

$$C_0\rightarrow C_1:P_C=A_1\times B_1\times C_1=P_1 \qquad (7\text{-}1\text{-}9)$$

顺序替代的连环性是指在计算每一个因素变动的影响时，都是在前一次计算的基础上进行，并采用连环比较的方法确定因素变化的影响结果。因为只有保持计算程序上的连环性，才能使各个因素影响之和等于分析指标变动的差异，以全面说明分析指标变动的原因。

（4）计算各因素的影响程度。

$$A:\Delta P_A=P_A-P_0$$

$$B:\Delta P_B=P_B-P_A$$

$$C:\Delta P_C=P_1-P_B \qquad (7\text{-}1\text{-}10)$$

（5）将以上三大因素各自的影响数相加就应该等于总差异 P_1-P_0。

$$\Delta P=P_1-P_0=\Delta P_A+\Delta P_B+\Delta P_C$$

【任务 7-1-2】某企业 2013 年 3 月某种原材料费用的实际数是 720 000 元，而其计划数是 600 000 元。实际比计划增加 120 000 元，其他有关资料如表 7-1-4 所示。试分析材料费用超计划的原因。

由于原材料费用是由产品产量、单位产品材料消耗量和材料单价三个因素的乘积构成的，因此，可以将材料费用总额这一总指标分解为三个因素，然后逐个分析它们对材料费用总额的影响程度和影响绝对额。

表 7-1-4　　某企业 2013 年 3 月某种原材料费用相关数据

指　　标	单位	计划数	实际数
产品产量 q	件	12 000	15 000
单位产品材料消耗量 m	千克	10	8
材料单价 p	元	5	6
材料费用总额 qmp	元	600 000	720 000

解析：计划指标　12 000 × 10 × 5 = 600 000（元）　①

第一次替代 15 000 × 10 × 5 = 750 000（元）　②

第二次替代 15 000 × 8 × 5 = 600 000（元）　③

第三次替代 15 000 × 8 × 6 = 720 000（元）　④

材料费用实际超支额 = ④-① = 720 000-600 000 = 120 000（元）

其中：由于产量增加而增加的材料费用 = ②-① = 750 000-600 000 = 150 000（元）

由于单耗降低而节约的材料费用 = ③-② = 600 000-750 000 = -150 000（元）

由于材料单价提高而增加的材料费用 = ④-③ = 720 000-600 000 = 120 000（元）

全部因素变动对材料费用的影响额 = 150 000 +（-150 000）+ 120 000 = 120 000（元）

2．差额分析法

差额分析法是连环替代法的简化形式，主要是将连环替代法中的步骤（3）和步骤（4）合并计算，计算公式如下：

$$\Delta P_A = (A_1 - A_0) \times B_0 \times C_0$$

$$\Delta P_B = A_1 \times (B_1 - B_0) \times C_0$$

$$\Delta P_C = A_1 \times B_1 \times (C_1 - C_0)$$

三大因素各自的影响数相加就应该等于总差异

$$\Delta P_A + \Delta P_B + \Delta P_C = P_1 - P_0 = \Delta P \qquad (7\text{-}1\text{-}11)$$

【任务 7-1-3】仍以【任务 7-1-2】中的相关数据。

要求：运用差额分析法，按产量、单位产品材料消耗量和价格的顺序，剖析该企业 2013 年 3 月材料费用总额变动及变动原因。

解析：材料费用实际超支额 = 720 000-600 000 = 120 000（元）

其中：由于产量增加而增加的材料费用 =（15 000-12 000）× 10 × 5 = 150 000（元）

由于单耗降低而节约的材料费用 = 15 000 ×（8-10）× 5 = -150 000（元）

由于材料单价提高而增加的材料费用 = 15 000 × 8 ×（6-5）= 120 000（元）

全部因素变动对材料费用的影响额 = 150 000 +（-150 000）+ 120 000 = 120 000（元）

任务训练

因素分析法的应用

A 公司甲产品材料成本资料如表 7-1-5 所示，请运用因素分析法分析各因素变动对材料成本的影响。

表 7-1-5　　甲产品材料成本

指　标	单　位	计 划 数	实 际 数
产品产量	台	300	400
单位产品材料消耗量	千克/台	15	14
材料单价	元/千克	10	12
材料总成本	元	45 000	67 200

根据表 7-1-5 所示资料，运用因素分析法，分析各因素变动对 A 材料消耗总额实际比计划增加的原因进行分析。

三、财务专项能力分析——偿债能力

财务报表中有大量的数据，可以组成许多有意义的财务比率。总结和评价企业财务状况与经营成果的分析指标包括偿债能力指标、运营能力指标和盈利能力指标。财务专项能力分析，如图 7-1-3 所示。

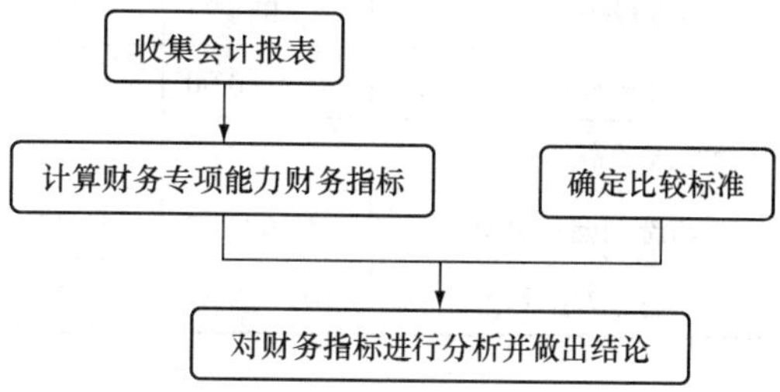

图 7-1-3　财务专项能力分析流程

报表资料如表 7-1-6 和表 7-1-7 所示。

表 7-1-6　　资产负债表

编制单位：甲股份有限公司　　2012 年 12 月 31 日　　单位：万元

资　产	期末余额	年初余额	负债及所有者权益	期末余额	年初余额
流动资产：			**流动负债：**		
货币资金	52 693.98	43 450.22	短期借款	0.00	0.00
交易性金融资产	235.13	2 205.35	交易性金融负债	0.00	0.00
应收票据	0.00	7.25	应付票据	3 809	4 955.00
应收账款	3 714.28	3 135.34	应付账款	18 821.82	15 621.59
存货	4 607.27	5 266.93	应付职工薪酬	3 481.51	2 359.47
一年内到期的非流动资产	0.00	0.00	应交税费	1 734.48	833.09
其他流动资产	0.00	0.00	其他应付款	3 019.2	2 390.65
流动资产合计	61 250.66	54 065.09	一年内到期的非流动负债	0	0
非流动资产：			其他流动负债	0.00	0.00
可供出售金融资产	0.00	0.00	**流动负债合计**	30 866.01	26 159.80
持有至到期投资	0.00	0.00	**非流动负债：**		
长期股权投资	2 140.39	2 135.56	长期借款	0	0
长期应收款	0.00	0.00	应付债券	0.00	0.00
投资性房地产	0.00	0.00	长期应付款	0	0

续表

资　　产	期末余额	年初余额	负债及所有者权益	期末余额	年初余额
固定资产	33 548.24	34 547.17	专项应付款	188	160.00
在建工程	74.82	344.46	递延所得税负债	0.00	0.00
工程物资	0.00	0.00	非流动负债合计	188	160
固定资产清理	0.00	0.00	负债合计	31 054.01	26 319.8
无形资产	3 848.67	3 915.93	所有者权益：		
开发支出	0.00	0.00	实收资本（或股本）	26 970.63	26 970.63
商誉	0.00	0.00	资本公积	31 747.34	31 826.69
长期待摊费用	986.73	1 317.7	减：库存股	0.00	0.00
递延所得税资产	0.00	0.00	盈余公积	8 866.66	8 510.08
其他非流动资产	10.00	10.00	未分配利润	3 220.87	2 708.71
非流动资产合计	40 608.85	42 270.82	股东权益合计	70 805.5	70 016.11
资产总计	101 859.51	96 335.91	负债与股东权益合计	101 859.51	96 335.91

表 7-1-7　　　　利润表

编制单位：甲股份有限公司　　　　2012 年度　　　　单位：万元

项　　目	本年金额	上年金额
一、营业收入	138 108.82	133 795.05
减：营业成本	110 487.06	108 373.99
营业税金及附加	1 203.34	1 083.49
营业费用	5 735.21	5 225.38
管理费用	9 645.11	8 381.31
财务费用	126.98	101.40
资产减值损失	0	0
加：公允价值变动收益	0	0
投资收益	1 237.40	660.82
二、营业利润	12 148.52	11 290.30
加：营业外收入	66.48	45.59
减：营业外支出	620.85	383.86
三、利润总额	11 594.15	10 952.03
减：所得税费用	2 898.54	2 738.01
四、净利润	8 695.61	8 214.02
五、每股收益		
（一）基本每股收益	0.21	0.19
（二）稀释每股收益	0.21	0.19

偿债能力是指企业偿还各种到期债务（包括本息）的能力，分为短期偿债能力和长期偿债能力两种。偿债能力分析就是通过对企业资产变现能力及保障程度的分析，观察和判断企业是否具有偿还到期债务的能力及其偿债能力的强弱。

1．短期偿债能力指标

短期偿债能力是指企业流动资产对流动负债及时足额偿还的保证程度，是企业当前财务能力，特别是流动资产变现能力的重要标志。

企业短期偿债能力的大小，主要取决于企业营运资金的多少、流动资产变现能力、流动资产结构状况和流动负债的多少等因素的影响。衡量和评价企业短期偿债能力的指标主要有流动比率、速动比率和现金比率等。

（1）流动比率。

① 流动比率的含义：流动比率是流动资产与流动负债的比率，它表明企业每 1 元流动负债有多少流动资产作为偿还保证，反映企业用可在短期内转变为现金的流动资产偿还到期流动负债的能力。

② 流动比率的计算公式：

$$\text{流动比率}=\frac{\text{流动资产}}{\text{流动负债}} \tag{7-1-12}$$

【任务 7-1-4】根据表 7-1-6 所示的甲公司资产负债表，计算甲公司 2012 年年末的流动比率，分析该公司的短期偿债能力。

解析：流动比率=61 250.66 ÷ 30 866.01=1.98

③ 流动比率的分析。一般情况下，流动比率越高，反映企业短期偿债能力越强，债权人的权益越有保证。按照西方企业的长期经验，一般认为 2∶1 的比例比较适宜。它表明企业财务状况稳定可靠，除了满足日常生产经营的流动资金需要外，还有足够的财力偿付到期短期债务。如果比例过低，则表示企业可能捉襟见肘，难以如期偿还债务。但是，流动比率也不可能过高，过高则表明企业流动资产占用较多，会影响资金的使用效率和企业的筹资成本进而影响获利能力。究竟应保持多高水平的比率，主要视企业对待风险与收益的态度予以确定。另外流动比率是否合理，不同行业、不同企业以及同一企业不同时期的评价标准是不同的。

（2）速动比率。

① 速动比率的含义。速动比率是指企业速动资产与流动负债的比率，说明企业在一定时期内每 1 元流动负债有多少速动资产作为支付保证。

所谓速动资产，是指那些不需变现或变现过程较短，可以很快用来偿还流动负债的流动资产，一般是流动资产减去变现能力较差且不稳定的存货、其他流动资产等后的余额。由于剔除了存货等变现能力较弱且不稳定的资产，因此，速动比率较之流动比率能够更加准确、可靠地评价企业的资产的流动性及其偿还短期负债的能力。

② 速动比率的计算公式：

$$\text{速动比率}=\frac{\text{速动资产}}{\text{流动负债}} \tag{7-1-13}$$

其中：速动资产=货币资金+交易性金融资产+应收账款+应收票据

=流动资产−存货−预付账款−1 年内到期的非流动资产−其他流动资产

注：报表中如有应收利息、应收股利和其他应收款项目，可视情况归入速动资产项目。

【任务 7-1-5】根据表 7-1-6，计算甲公司 2012 年年末的速动比率，分析该公司的短期偿债能力。

解析：速动比率=（52 693.98+235.13+0.00+3 714.28）÷ 30 866.01=1.84

③ 速动比率的分析。一般情况下，速动比率越高，说明企业偿还流动负债的能力越强。国际上通常认为，速动比率等于 1 时较为适当。如果速动比率小于 1，必使企业面临很大的偿债风险。但速动比率过高，表明企业会因现金及应收账款占用过多，而大大增加企业的机会成本，会影响企业的获利能力。这仅是一般看法，因为行业不同，速动比率会有很大差别，没有统一标准。例如：采用大量现金销售的商店，几乎没有应收账款，速动比率大大低于 1 是很正常的。相反，一些应收账款较多的企业，速动比率可能大于 1。

（3）现金比率。

① 现金比率的含义：现金比率通过计算公司现金以及现金等价资产总量与当前流动负债的比率，来衡量公司资产的流动性。是衡量企业即时偿债能力的比率。

② 现金比率的计算公式：

$$\text{现金比率}=\frac{\text{货币资金}+\text{交易性金融资产}}{\text{流动负债}} \tag{7-1-14}$$

【任务 7-1-6】根据表 7-1-6，计算甲公司 2012 年年末的现金比率，分析该公司的短期偿债能力。

解析：现金比率=（52 693.98+235.13）÷ 30 866.01=1.71

③ 现金比率的分析：现金比率最能反映企业直接偿付流动负债的能力。现金比率一般认为 20%以上为好。若这一比率过高，就意味着企业流动负债未能得到合理运用，且现金类资产获利能力低，这类资产金额太高会导致企业机会成本增加。

2．长期偿债能力指标

长期偿债能力是企业以其资产或劳务支付长期债务的能力。评价企业长期偿债能力的主要财务比率有资产负债率、产权比率、权益乘数和已获利息倍数。

（1）资产负债率。

① 资产负债率的含义：资产负债率是企业负债总额与资产总额的比率。它反映企业全部资产中负债所占的比重以及企业资产对债权人的保障程度。

② 资产负债率的计算公式：

$$\text{资产负债率}=\frac{\text{负债总额}}{\text{资产总额}}\times 100\% \tag{7-1-15}$$

【任务 7-1-7】根据表 7-1-6，计算甲公司 2012 年年末的资产负债率，分析该公司的长期偿债能力。

解析：资产负债率=（31 054.01 ÷ 101 859.51）× 100%=30.49%

③ 资产负债率的分析。资产负债率是反映企业长期偿债能力强弱、衡量企业总资产中所有者权益与债权人权益的比例是否合理的重要财务指标。

一般情况下，资产负债率越小，说明企业长期偿债能力越强。但是，也并非说该指标对谁都是越小越好。对债权人来说；该指标越小越好，这样企业偿债越有保证。对企业所有者来说；如果该指标较大，说明利用较少的自有资本投资形成较多的生产经营用资产，不仅扩大了生产经营规模，而且在经营状况良好的情况下，还可以利用财务杠杆的原理，得到较多的投资利润，如果该指标过小，则表明企业对财务杠杆利用不够。但是，资产负债率过大，则表明企业的债务负担重，企业资金实力不强，不仅对债权人不利，而且企业有濒临倒闭的危险。

至于资产负债率为多少才是合理的，并没有一个确定的标准。保守的观点认为资产负债率不应高于 50%，而国际上通常认为资产负债率等于 60%时较为适当。不同的行业、不同类型的企业都是有较大差异的。一般而言，处于高速成长时期的企业，其负债比率可能会高一些，这样所有者会得到更多的杠杆利益。但是，作为财务管理者在确定企业的负债比率时，一定要审时度势，充分考虑企业内部各种因素和企业外部的市场环境，在收益与风险之间权衡利弊得失，然后才能作出正确的财务决策。

（2）产权比率。

① 产权比率的含义：产权比率，也称负债权益比率，是指企业负债总额与所有者权益总额的比率，是从所有者权益对长期债权保障程度的角度评价企业长期偿债能力的指标。

② 产权比率的计算公式：

$$\text{产权比率}=\frac{\text{负债总额}}{\text{股东权益总额}} \qquad (7\text{-}1\text{-}16)$$

【任务 7-1-8】根据表 7-1-6，计算甲公司 2012 年年末的产权比率，分析该公司的长期偿债能力。

解析：产权比率=31 054.01 ÷ 70 805.50=0.44

③ 产权比率的分析：一般情况下，产权比率越低，表明企业的长期偿债能力越强，债权人权益的保障程度越高，承担的风险越小，但企业不能充分地发挥负债的财务杠杆效应。

产权比率与资产负债率对评价偿债能力的作用基本相同，两者的主要区别是：资产负债率侧重于分析债务偿付安全性的物质保障程度，产权比率则侧重于揭示财务结构的稳健程度以及自有资金对偿债风险的承受能力。

（3）权益乘数。权益乘数是资产总额与股东权益总额的比率。其计算公式为

$$\text{权益乘数}=\frac{\text{资产总额}}{\text{股东权益总额}} \qquad (7\text{-}1\text{-}17)$$

【任务 7-1-9】根据表 7-1-6，计算甲公司 2012 年年末的权益乘数，分析该公司的长期偿债能力。

解析：权益乘数=101 859.1 ÷ 70 805.50=1.44

权益乘数表明企业资产总额是股东权益的多少倍。该比率越大，表明所有者投入的资本在资产总额中所占比重较少，对负债经营利用得越充分，但反映企业的长期偿债能力越弱；反之，该比率越小，反映所有者投入的资本在资产总额中所占比重越大，企业长期偿债能力越强。通常情况下权益乘数应该大于 1，因此不用百分数表示。权益乘数和资产负债率的变动方向一致，即资产负债率越高，权益乘数就越大，反之亦然。

（4）已获利息倍数。已获利息倍数是企业的息税前利润与利息费用的比率，反映了企业获利能力对债务所产生的利息的保障程度。偿其计算公式是：

$$\text{已获利息倍数}=\frac{\text{息税前利润}}{\text{利息费用}}=\frac{\text{税前利润}+\text{利息费用}}{\text{利息费用}} \qquad (7\text{-}1\text{-}18)$$

“息税前利润”是指利润表中未扣除利息费用和所得税费用之前的利润。它可以用“利润总额加利息费用”来计算。“利息费用”是指本期发生的全部应付利息，不仅包括财务费用中的利息费用，还应包括计入固定资产成本的资本化利息。资本化利息虽然不在利润表中扣除，但它是仍需偿还的。需要注意的是，外部分析主体对企业进行分析时，很难获得财务费用的具体构成，在这种情况下，通常用财务费用代替利息费用来计算已获利息倍数。不过当财务费用为负数时，计算已获利息倍数已没有意义。

【任务 7-1-10】根据表 7-1-6 和表 7-1-7，计算分析甲公司 2012 年的已获利息倍数。

解析：已获利息倍数=（11 594.15+126.98）÷126.98=92.31

已获利息倍数越高，说明支付利息能力越强；反之，则说明企业支付利息的能力越弱。此比率若低于 1，说明企业实现的经营成果不足以支付当前利息费用，这意味着企业的付息能力非常低，财务风险非常高。同时应注意，对企业和所有者来说，也并非简单地认为已获利息保障倍数越高越好。如果一个很高的已获利息倍数不是由于高利润带来的，而是低利息导致的，则说明企业的财务杠杆程度很低，未能充分利用举债经营的优势。

已获利息倍数的大小，不仅反映了企业偿还利息的能力，而且也反映了企业偿还本金的能力。事实上，如果企业总是能够一贯按时、足额地支付债务利息，它或许能够无需动用流动资产偿还债务本金，而且它也容易获得较优的借款条件，筹资成本也比较低，有利于保持较高的债务比例。

Excel 应用

Excel 办公软件在偿债能力分析中的运用

如图 7-1-4 所示，在 Excel 中可以建立偿债能力财务比率分析模型，具体操作如下。

（1）设置流动比率公式。在单元格 B3 中输入“=资产负债表!B10/资产负债表!E12”，即可得流动比率 1.98。

（2）设置速动比率公式。在单元格 B4 中输入“=SUM（资产负债表!B3:B6）/资产负债表!E12”，即可得速动比率 1.84。

（3）设置现金比率公式。在单元格 B5 中输入“=SUM（资产负债表!B3:B4）/资产负债表!E12”，即可得现金比率 1.71。

（4）设置资产负债率公式。在单元格 B6 中输入“=资产负债表!E20/资产负债表!B28”，即可得资产负债率 30.49%。

（5）设置产权比率公式。在单元格 B7 中输入“=资产负债表!E20/资产负债表!E27”，即可得产权比率 0.44。

（6）设置权益乘数公式。在单元格 B8 中输入“=资产负债表!E28/资产负债表!E27”，即可得权益乘数 1.44。

（7）设置已获利息倍数公式。在单元格 B9 中输入“=(利润表!B7+利润表!B14)/利润表!B7”，即可得已获利息倍数 92.31。

	A	B
1	偿债能力指标	
2	项目	2012年
3	流动比率	1.98
4	速动比率	1.84
5	现金比率	1.71
6	资产负债率	30.49%
7	产权比率	0.44
8	权益乘数	1.44
9	已获利息倍数	92.31

图 7-1-4　偿债能力财务比率模型

注：工作表之间数据的引用方法有两种：①在单元格中直接手工输入，注意工作表与单元格名称之间用“！”间隔。②选中当前工作表单元格，先在单元格中输入“=”，然后打开引用工作表，此时在原先选中单元格中“=”后自动生成引用工作表标识，再选中需要引用的数据单元格，最后按 Enter 键。

任务训练

根据表 7-1-1 和表 7-1-3，分析 W 公司的偿债能力。

四、财务专项能力分析——营运能力

营运能力是指企业营运资产的管理效率和效果，反映企业资产管理水平和资金周转状况。资产营运能力的强弱关键取决于周转速度。一般来说，周转速度越快，资产的使用效率越高，资产的营运能力越强；反之，营运能力就越差。资产的周转速度，通常用周转率和周转期来表示。

周转率是企业一定时期内资产的周转额与资产平均余额的比率，它反映企业资产在一定时期的周转次数。周转次数越多，周转速度越快，表明营运能力越强。周转期，它是计算期天数除以周转次数，反映资产周转一次所需要的天数，周转期越短，表明周转速度越快，资产营运能力越强。周转率和周转期的计算公式为：

周转率（周转次数）=周转额 ÷ 平均资产余额

周转期（周转天数）=计算期天数 ÷ 周转率

提示 计算周转率时的资产一般用算术平均数。因为周转额一般来自利润表，是期间数据，而资产来自于资产负债表，是时点数据，为了保证分子分母在时间上的一致，通常用资产的算术平均数表示资产在一段时间内的平均额。

营运能力分析实际上是对企业总资产及其各个组成部分的营运能力分析，在实务中应用较广泛的主要包括应收账款周转率、存货周转率、流动资产周转率和总资产周转率等指标。

1．流动资产周转率

（1）流动资产周转率的含义。流动资产周转率是企业一定时期营业收入（或营业收入，本章下同）与平均流动资产总额的比率。

（2）流动资产周转率的计算公式。该指标通常用流动资产周转次数或周转天数表示，其计算公式为：

$$\text{流动资产周转率（周转次数）}=\frac{\text{营业收入}}{\text{平均流动资产总额}} \quad (7\text{-}1\text{-}19)$$

$$\text{流动资产周转期（周转天数）}=\frac{360}{\text{流动资产周转率}} \quad (7\text{-}1\text{-}20)$$

请注意 一定时期可以是年、季度、月等，这里假设指的是 1 年，所以计算期天数为 360 天，下同。

【任务 7-1-11】根据表 7-1-6 和表 7-1-7，计算甲公司 2012 年流动资产周转率和周转期，分析该公司的营运能力。

解析：流动资产周转率=138 108.82 ÷ [（61 250.66+54 065.09） ÷ 2]=2.40（次）

流动资产周转期=360/2.4=150.29

（3）流动资产周转率的分析。流动资产周转率反映流动资产在一定时期内的周转速度和营运能力。在其他条件不变的情况下，如果流动资产周转速度快，说明企业经营管理水平高，资源利用效率越高，流动资产所带来的经济效益就越高。

2．应收账款周转率

（1）应收账款周转率的含义。应收账款周转率是企业一定时期营业收入与平均应收账款余额的比率，反映企业应收账款变现速度的快慢和管理效率的高低。

应当指出，应收账款是由于赊销活动而产生的，而赊销收入属于商业秘密，在企业的利润表中并未单独列示赊销收入，所以只要在计算的口径上保持一致性，使用营业收入来计算应收账款周转率，不影响该指标的正确性。

（2）应收账款周转率的计算公式。

$$应收账款周转率（周转次数）=\frac{营业收入}{平均应收账款} \quad (7\text{-}1\text{-}21)$$

$$应收账款周转期（周转天数）=\frac{360}{应收账款周转率}=\frac{360\times平均应收账款}{营业收入}$$

$$=\frac{平均应收账款}{平均日营业收入额} \quad (7\text{-}1\text{-}22)$$

请注意 公式中的应收账款包括会计核算中“应收账款”和“应收票据”等全部赊销账款在内。

【任务 7-1-12】根据表 7-1-6 和表 7-1-7，计算甲公司 2012 年应收账款周转率和周转期，分析该公司的营运能力。

解析：应收账款周转率=138 108.82 ÷ [（0.00+7.25+ 3 714.28+ 3 135.34）÷ 2] =40.28（次）

应收账款周转期=360 ÷ 40.28=8.94（天）

（3）应收账款周转率的分析。应收账款周转率是评价企业应收账款的变现能力和管理效率的财务比率。一般情况下，应收账款周转率越高越好。应收账款周转率高表明：①收账迅速，账龄较短；②资产流动性强，短期偿债能力强；③可以减少收账费用和坏账损失，从而相对增加企业流动资产的投资收益。

3. 存货周转率

（1）存货周转率的含义。存货周转率是企业一定时期营业成本（或营业收入，本项目下同）与平均存货余额的比率，反映企业生产经营各环节中存货营运效率的一个综合性指标。

（2）存货周转率的计算公式。

$$存货周转率（周转次数）=\frac{营业成本}{平均存货余额} \quad (7\text{-}1\text{-}23)$$

$$存货周转期（周转天数）=\frac{360}{存货周转率} \quad (7\text{-}1\text{-}24)$$

【任务 7-1-13】根据表 7-1-6 和表 7-1-7，计算甲公司 2012 年存货周转率和周转期，分析该公司的营运能力。

解析：存货周转率=110 487.06 ÷ [（4 607.27+5 266.93）÷ 2] =22.38（次）

存货周转期=360 ÷ 22.38=16.09（天）

（3）存货周转率的分析。存货周转率是从存货变现速度的角度来评价企业的销售能力及存货适量程度的。一般来说，存货周转次数越多，反映存货变现速度越快，说明企业销售能力越强，营运资金占压在存货上的量小；反之，存货周转次数越少，反映企业存货变现速度慢，说明企业销售能力弱，存货积压，营运资金沉淀于存货的量大。

用该指标进行评价分析，要注意的是衡量和评价存货周转率没有一个绝对的标准，因行业而异。

4．固定资产周转率

（1）固定资产周转率的含义。固定资产周转率是指企业一定时期内的营业收入与平均固定资产净值之间的比值。

（2）固定资产周转率的计算公式。

$$固定资产周转率=\frac{营业收入}{平均固定资产净值} \qquad (7\text{-}1\text{-}25)$$

【任务 7-1-14】 根据表 7-1-6 和表 7-1-7，计算甲公司 2012 年固定资产周转率，分析该公司的营运能力。

解析： 固定资产周转率=138 108.82 ÷ [（33 548.24+34 547.17）÷ 2] ＝4.06（次）

（3）固定资产周转率的分析。一般情况下，固定资产周转率越高，表明企业固定资产利用越充分，同时也能表明企业固定资产投资得当，固定资产结构合理，能够充分发挥效率。

5．总资产周转率

总资产周转情况集中反映了企业总资产的营运能力，总资产周转情况的评价指标总资产周转率。

（1）总资产周转率的含义。总资产周转率是指企业一定时期营业收入与平均资产总额的比值。

（2）总资产周转率的计算公式。

$$总资产周转率=\frac{营业收入}{平均资产总额} \qquad (7\text{-}1\text{-}26)$$

$$总资产周转期=\frac{360}{总资产周转率} \qquad (7\text{-}1\text{-}27)$$

【任务 7-1-15】 根据表 7-1-6 和表 7-1-7，计算甲公司 2012 年总资产周转率，分析该公司的营运能力。

解析： 总资产周转率=138 108.82 ÷ [（101 859.51+96 335.91）÷ 2] ＝1.39（次）

（3）总资产周转率的分析。该指标反映资产总额的周转速度。周转越快，反映销售能力越强。企业可以通过薄利多销的办法，加速资产的周转，带来利润绝对额的增加。

Excel 应用

Excel 办公软件在营运能力分析中的运用

如图 7-1-5 所示，在 Excel 中可以建立营运能力财务比率分析模型，具体操作如下。

（1）设置流动资产周转率公式。在单元格 E3 中输入"=利润表!B2/（资产负债表!B10+资产负债表!C10）*2"，即可得流动资产周转率 2.40 次。

（2）设置流动资产周转期公式。在单元格 E4 中输入"=360/E3"，即可得流动资产周转期 150.29 天。

（3）设置应收账款周转率公式。在单元格 E5 中输入"=利润表!B2/（资产负债表!B5+资产负债表!C5+资产负债表!B6+资产负债表!C6）*2"，即可得应收账款周转率 40.28 次。

（4）设置应收账款周转天数公式。在单元格 E6 中输入"=360/E5"，即可得应收账款周转天数 8.94 天。

	D	E	F	G
1	营运能力指标			
2	项目	2012年		
3	流动资产周转率	2.40		
4	流动资产周转期	150.29		
5	应收账款周转率	40.28		
6	应收账款周转天数	8.94		
7	存货周转率	22.38		
8	存货周转期	16.09		
9	固定资产周转率	4.06		
10	总资产周转率	1.39		
11				

资产负债表 / 利润表 / 财务比率分析 / 杜邦分析模型

图 7-1-5　营运能力财务比率模型

（5）设置存货周转率公式。在单元格 E7 中输入 "=利润表!B3/（资产负债表!B7+资产负债表!C7）*2"，即可得存货周转率 22.38 次。

（6）设置存货周转期公式。在单元格 E8 中输入 "=360/E7"，即可得存货周转期 16.09 天。

（7）设置固定资产周转率公式。在单元格 E9 中输入 "=利润表!B2/（资产负债表!B17+资产负债表!C17）*2"，即可得固定资产周转率 4.06 次。

（8）设置总资产周转率公式。在单元格 E10 中输入 "=利润表!B2/（资产负债表!B28+资产负债表!C28）*2"，即可得总资产周转率 1.39 次。

任务训练

根据表 7-1-1 和表 7-1-3，分析 W 公司的营运能力。

五、财务专项能力分析——盈利能力

盈利能力是指企业获取利润的能力，或者说是企业资金增值的能力，反映着企业的财务结构状况和经营绩效，是企业偿债能力和营运能力的综合体现。不论是股东、债权人还是企业管理人员，都非常关心企业的盈利能力。分析盈利能力，是衡量企业是否具有活力和发展前途的重要内容。

反映企业盈利能力的指标主要包括营业利润率、成本费用利润率、总资产报酬率和净资产收益率 4 项。

1．营业利润率

（1）营业利润率的含义。营业利润率是企业一定时期营业利润与营业收入的比率，实质是反映企业实现的商品价值中获利的多少。

（2）营业利润率的计算公式：

$$营业利润率=\frac{营业利润}{营业收入}\times100\% \qquad (7\text{-}1\text{-}28)$$

$$营业净利率=\frac{净利润}{营业收入}\times100\% \qquad (7\text{-}1\text{-}29)$$

$$营业毛利率=\frac{营业收入-营业成本}{营业收入}\times100\% \qquad (7\text{-}1\text{-}30)$$

【任务 7-1-16】根据表 7-1-7，计算甲公司 2012 年营业利润率和营业净利率，分析该公司的盈利能力。

解析：营业利润率=12 148.52 ÷ 138 108.82=8.80%

营业净利率=8 695.61 ÷ 138 108.82=6.30%

（3）营业利润率的分析。营业利润率越高，表明企业市场竞争力越强，发展潜力越大，盈利能力越强。评价企业的营业利润率时，应比较企业历年的指标，从而判断企业营业利润率的变化趋势。但是，营业利润率受行业特点影响较大，因此，还应结合不同行业的具体情况进行分析。

需要说明的是，从利润表来看，企业的利润包括营业利润、利润总额和净利润 3 种形式。而营业收入包括主营业务收入和其他业务收入，收入的来源有商品营业收入、提供劳务收入和资产使用权让渡收入等。因此，在实务中也经常使用营业净利率、营业毛利率等指标来分析企业经营业务的获利水平。此外，通过考察营业利润占整个利润总额的比重的升降，可以发现企业经营理财状况的稳定性、面临的危险或者可能出现的转机迹象。

2．成本费用利润率

（1）成本费用利润率的含义。成本费用利润率是企业一定时期利润总额与成本费用总额的比率。它反映企业生产经营过程中发生的耗费与获得的收益之间的关系。

（2）成本费用利润率的计算公式。

$$成本费用利润率=\frac{利润总额}{成本费用总额}\times 100\% \qquad （7\text{-}1\text{-}31）$$

其中：　成本费用总额 = 营业成本 + 营业税金及附加 + 销售费用 + 管理费用 + 财务费用

【任务 7-1-17】根据表 7-1-7，计算甲公司 2012 年成本费用利润率，分析该公司的盈利能力。

解析：成本费用利润率= [11 594.15 ÷（110 487.06+1 203.34+5 735.21+9 645.11+126.98）]×100%=9.12%

（3）成本费用利润率的分析。该指标越高，表明企业为取得利润所付出的代价越小，企业成本费用控制的越好，企业的获利能力越强。

3．总资产报酬率

（1）总资产报酬率的含义。总资产报酬率是企业一定时期内获得的报酬总额与平均资产总额的比率，反映了企业资产的综合利用效果。

（2）总资产报酬率的计算公式。

$$总资产报酬率=\frac{息税前利润总额}{平均资产总额}\times 100\% \qquad （7\text{-}1\text{-}32）$$

其中：　息税前利润总额 = 利润总额 + 利息支出=净利润+所得税+利息支出

【任务 7-1-18】根据表 7-1-6 和表 7-1-7，计算甲公司 2012 年总资产报酬率，分析该公司的盈利能力。

解析：总资产报酬率=（11 594.15+126.98）÷ [（101 859.51+96 335.91）÷ 2]× 100%=11.83%

（3）总资产报酬率的分析。总资产报酬率全面反映了企业全部资产的获利水平，企业所有者和债权人对该指标都非常关心。一般来说，总资产报酬率越高，说明资产利用效率越高，整个企业获利能力越强，经营管理水平越高。企业还可以将该指标与市场资本利率进行比较，如果前者较后者大，则说明企业可以充分利用财务杠杆，适当举债经营，以获得更多的收益。反之则说明资产利用效率越低。

4．净资产收益率

（1）净资产收益率的含义。净资产收益率是企业一定时期净利润与平均净资产的比率，反映了企业自有资金的投资收益水平。

（2）净资产收益率的计算公式。

$$净资产收益率=\frac{净利润}{平均净资产}\times 100\% \qquad （7\text{-}1\text{-}33）$$

【任务 7-1-19】根据表 7-1-6 和表 7-1-7，计算甲公司 2012 年净资产收益率，分析该公司的盈利能力。

解析：净资产收益率=8 695.62 ÷ [（70 805.50+70 016.10）÷ 2]× 100%=12.35%

（3）净资产收益率的分析。一般认为，净资产收益率越高，企业自有资本获取收益的能力越强，营运效益越好，对企业投资人、债权人利益的保证程度越高。

Excel 应用

Excel 办公软件在盈利能力分析中的运用

如图 7-1-6 所示，在 Excel 中可以建立获利能力财务比率分析模型，具体操作如下。

11	盈利能力指标	
12	项目	2012年
13	营业利润率	8.80%
14	营业净利率	6.30%
15	成本费用利润率	9.12%
16	总资产报酬率	11.83%
17	净资产收益率	12.35%
18		
19		

图 7-1-6　盈利能力财务比率模型

（1）设置营业利润率公式。在单元格 B13 中输入“=利润表!B11/利润表!B2”，即可得营业利润率 8.80%。

（2）设置营业净利率公式。在单元格 B14 中输入“=利润表!B16/利润表!B2”，即可得营业净利率 6.30%。

（3）设置成本费用利润率公式。在单元格 B15 中输入“=利润表!B14/（利润表!B3+利润表!B4+利润表!B5+利润表!B6+利润表!B7）”，即可得成本费用利润率 9.12%。

（4）设置总资产报酬率公式。在单元格 B16 中输入“=（利润表!B14+利润表!B7）/（资产负债表!B28+资产负债表!C28）*2”，即可得总资产报酬率 11.83%。

（5）设置净资产收益率公式。在单元格 B17 中输入“=利润表!B16/（资产负债表!E27+资产负债表!F27）*2”，即可得净资产收益率 12.35%。

任务训练

根据表 7-1-1 和表 7-1-3，分析 W 公司的盈利能力。

技能拓展

上市公司的财务指标含义与分析

上市公司的财务指标及计算公式，如表 7-1-8 所示。

表 7-1-8　上市公司的财务指标及计算公式

序号	指　标	计算公式
1	每股收益	$\frac{\text{归属于公司普通股股东的净利润}}{\text{发行在外的普通股加权平均股数}}$
2	每股股利	股利总额/流通股股数
3	每股净资产	股东权益总额/发行在外的普通股股数
4	市盈率	每股市价/每股收益
5	市净率	每股市价/每股净资产
6	股利支付率	每股股利/每股净收益，或全部股利/净利润
7	留存收益率	（净利润-全部股利）/净利润

（1）每股收益亦称每股利润、每股盈余，是综合反映企业获利能力的重要指标，可以用来判断和评价管理层的经营业绩。

（2）每股股利反映的是上市公司每一普通股获取股利的大小。每股股利越大，则企业股本获利能力就越强；每股股利越小，则企业股本获利能力就越弱。但须注意，上市公司每股股利发放多少，除了受上市公司获利能力大小影响以外，还取决于企业的股利发放政策。

（3）每股净资产是指企业净资产与发行在外的普通股股数之间的比率，它揭示每股普通股的账面价值，即反映每股股票所拥有的资产现值。每股净资产越高，股东拥有的资产现值越多；每股净资产越少，股东拥有的资产现值越少。通常每股净资产越高越好。上表反映近三年普通股的账面价值呈递增趋势，即反映了该公司股东拥有的资产现值呈递增状态，该公司的经营形式良好。

（4）市盈率是股票每股市价与每股收益的比率。它反映了投资者对每元净利润所愿意支付的价格，它可以用来估计股票的投资报酬和风险，从而作出投资决策。

（5）市净率是每股市价与每股净资产的比率，是投资者用以衡量、分析个股是否具有投资价值的工具之一。一般认为，市净率高，则说明企业资产的质量好，有发展潜力，可以树立较好的公司形象。

（6）股利支付率是指净收益中股利所占的比重。它反映公司的股利分配政策和股利支付能力即反映了净利润中实际支付现金股利的水平，它主要取决与公司的业务性质、经营成果、财务状况、发展前景和公司管理当局的股利政策。

（7）留存收益率（留存盈利比率）的高低，反映企业的理财方针。在没有优先股的情况下，留存收益率+股利支付率=1。

阅读案例

某家电上市公司的盈利能力分析

上海某家电上市公司盈利能力指标汇总，如表 7-1-9 所示。

表 7-1-9　　盈利能力指标汇总

项　目	2010 年	2011 年	2012 年
营业毛利率（%）	16.08	19.01	23.13
行业平均值	22.78	20.86	22.45
营业净利率（%）	2.40	2.18	2.53
行业平均值	2.59	4.49	4.20
成本费用利润率（%）	3.59	3.07	3.88
总资产报酬率（%）	8.19	8.54	10.37
行业平均值	4.43	6.41	4.71
净资产收益率（%）	8.36	9.39	10.41
行业平均值	9.42	15.39	10.97

由表 7-1-9 可知，该公司 2011 年的营业毛利率比 2010 年营业毛利率提高了 3 个百分点，2012 年比 2011 年的营业毛利率提高近 4 个百分点，说明公司的盈利能力有逐年增强的发展趋势。与行业毛利率相比，2010 年、2011 年的营业毛利率均低于行业水平，2012 年营业毛利率超过了行业毛利率，说明目前公司毛利率在行业内处于中等水平。

该公司的营业净利率 2011 年出现下降，2012 年较前两年又有提高。但各年均低于行业营业净利率，说明企业营业净利率在行业里处于中下水平。该公司 2011 年成本费用利润率较 2010 年有所下降，2012 年较前两年有明显增长，说明企业在控制成本费用方面取得了较大的进展，盈利能力显著增强。该公司 2010 年总资产报酬率为 8.19%，2011 年为 8.54%，提高 0.35 个百分点，2012 年为 10.37%，提高 1.83 个百分点，近 3 年总资产报酬率呈递增趋势，与行业平均的总资产报酬率相比，该企业的总资产报酬率也明显高于行业平均水平。

该公司 2010 年净资产收益率为 8.36%，2007 年为 9.39%，提高 1.03 个百分点；2012 年为 10.41%，提高 1.01 个百分点，近 3 年呈现增长态势。但与行业平均净资产收益率相比，该企业净资产收益率处于中下水平。

综上分析，该公司的盈利能力逐步提高，在同行业内有一定优势。

小　结

（1）财务报告分析是指以企业财务报告反映的财务信息为基础对企业的财务状况进行分析与评价，财务分析的基本方法有：比较分析法、比率分析法、因素分析法。

（2）财务报告专项能力分析的内容主要包括：偿债能力分析、营运能力分析、盈利能力分析。偿债能力是企业对各种到期债务的偿债能力，包括短期偿债能力和长期偿债能力；营运能力是企业对营运资金的管理控制能力，盈利能力是指企业获取利润的能力，反映着企业的财务结构状况和经营绩效。

练 习 题

一、知识点训练

（一）不定项选择

1. 某企业本年销售收入为 20 000 元，应收账款周转率为 4，期初应收账款余额 3 500 元，则期末应收账款余额为（　　）元。

A. 5 000　　B. 6 000　　C. 6 500　　D. 4 000

2. 某公司的部分年末数据为：流动负债 60 万元，速动比率为 2.5，流动比率为 3.0，销售成本 50 万元，企业非速动资产均为存货。则年末存货周转次数为（　　）。

A. 1.2 次　　B. 2.4 次　　C. 1.67 次　　D. 以上都不对

3. 某企业应收账款周转次数为 4.5 次。假设 1 年按 360 天计算，则应收账款周转天数为（　　）。

A. 20 天　　B. 81.1 天　　C. 80 天　　D. 730 天

4. A 公司 200× 年销售净收入为 315 000 元，应收账款年末数为 18 000 元，年初数为 16 000 元，其应收账款周转次数为（　　）。

A. 10　　B. 18.53　　C. 15　　D. 20

5. 某企业 2003 年流动资产平均余额为 100 万元，流动资产周转次数为 7 次。若企业 2003 年销售利润为 210 万元，则 2003 年销售利润率为（　　）。

A. 30%　　B. 50%　　C. 40%　　D. 15%

6. 一般情况下，影响流动比率的主要因素有（　　）。

A. 营业周期　B. 存货周转速度　C. 应收账款数额　D. 流动负债数额

7. 已获利息倍数指标所反映的企业财务层面包括（　　）。

A. 盈利能力　B. 长期偿债能力　C. 短期偿债能力　D. 发展能力

8. 能够分析企业长期偿债能力的指标有（　　）。

A. 已获利息倍数　B. 流动比率　C. 产权比率　D. 资产负债率

9. 反映企业保护债权人利益程度的指标有（　　）。

A. 资产负债率　B. 产权比率　C. 资产净利率　D. 已获利息倍数

10. 当企业的流动比率小于 1 时，赊购原材料将会（　　）。

A. 增大流动比率　B. 降低流动比率　C. 增大速动比率　D. 降低速动比率

（二）判断

1. 一般而言，已获利息倍数越大，表明企业可以偿还债务利息的可能性也越大。（　　）

2. 在总资产报酬率不变的情况下，资产负债率越低，净资产收益率越高。（　　）

3. 流动比率与速动比率之差等于现金流动负债比率。（　　）

4. 权益乘数的高低取决于企业的资金结构，负债比率越高，权益乘数越低，财务风险越大。（　　）

5. 本应借记应付账款，却误记为借记应收账款，这种错误必然会导致速动比率下降。（　　）

二、课后任务

在财经网站上收集不同研究机构对某家上市公司的研究报告，掌握其分析过程和方法。

子项目二 财务报告综合分析

核心知识：财务综合分析的内容、杜邦财务分析体系指标的关联。

核心技能：掌握杜邦财务分析体系、撰写企业财务分析报告。

相关知识

财务分析的最终目的在于全方位地了解企业经营理财的状况，并借以对企业经营效益和效率的优劣作出系统、合理的评价。单一财务指标的分析，是很难全面评价企业的财务状况、经营成果和现金流量情况的。要想对企业有一个总体评价，就必须进行综合性分析与评价。

一、财务报告综合分析概述

财务报告综合分析是将偿债能力、营运能力和盈利能力等诸方面纳入一个有机整体之中，全面分析企业的经营成果、财务状况和现金流量，从而寻找制约企业发展的“瓶颈”所在，并对企业的经营业绩作出综合评价与判断。

财务报告综合分析的主要意义或作用如下。

（1）可以帮助企业经营者全面、系统地驾驭企业财务活动、寻找制约企业发展的“瓶颈”所在，为企业管理和控制指明方向或途径；

（2）有助于企业的利益相关人全面了解与评估企业综合财务状况，为其决策提供有用信息；

（3）为企业绩效考核与奖励奠定了基础数据等。

二、杜邦财务分析体系

财务综合分析的方法很多，常用的是杜邦财务分析体系。

杜邦财务分析体系是根据主要财务指标之间的内在联系，建立财务指标分析体系，综合分析和评价经营理财及经济效益的方法。因其最初为美国杜邦公司创立并成功运用而得名。该体系以净资产收益率为核心，自上而下将其分解为若干财务指标，通过分析各分解指标的变动对净资产收益率的影响，来揭示企业经营效率和财务政策对企业综合获利能力影响及其变动原因。

杜邦财务分析体系各指标之间的关系如下。

净资产收益率=净利润÷平均净资产

=净利润÷平均净资产×（平均总资产÷平均总资产）

=总资产净利率×权益乘数

=（净利率÷平均总资产）×（营业收入÷营业收入）×（平均总资产÷平均净资产）

=营业净利率×资产周转率×权益乘数 （7-2-1）

其中： 权益乘数=平均资产总额÷平均股东权益总额

=1÷（1-资产负债率）

= 1+产权比率 （7-2-2）

> 提示：公式（7-2-2）中，资产负债率、产权比率均采用平均值。

在具体运用杜邦体系进行分析时，可以采用因素分析法，首先确定营业净利率、总资产周转率和权益乘数的基准值，然后顺次代入这 3 个指标的实际值，分别计算分析这 3 个指标的变动对净资产收益率的影响方向和程度，还可以使用因素分析法进一步分解各个指标并分析其变动的深层次原因，找出解决的方法。

杜邦财务分析指标体系的结构如图 7-2-1 所示。

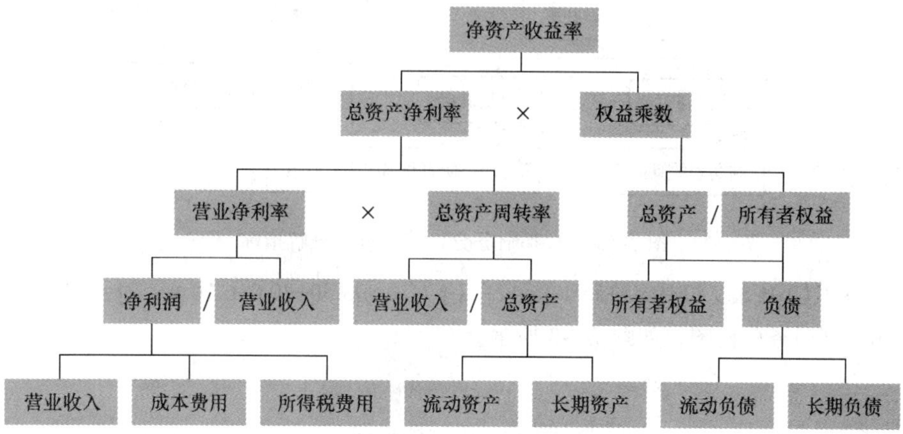

图 7-2-1　杜邦财务分析指标体系图

杜邦分析是对企业财务状况的综合分析。它通过几种主要的财务指标之间的关系，全面系统地反映出企业的财务状况。杜邦分析图可以提供下列主要的财务指标关系。

（1）净资产收益率是一个综合性最强的财务比率。

（2）总资产净利率也是一个重要的财务比率，综合性也较强。

（3）营业净利率反映了企业净利润与营业收入的关系，从这个意义上看，提高营业净利率是提高企业盈利能力的关键所在。

（4）资产营运方面，要联系营业收入，分析企业资产的使用是否合理，流动资产和非流动资产的比例安排是否恰当。

从图 7-2-1 可以看出，净资产收益率与企业的销售规模、成本水平、资产营运、资本结构有着密切的联系，这些因素构成一个相互依存的系统。只有把这个系统内各个因素的关系安排好、协调好，才能使净资产收益率达到最大，才能实现股东财富最大化的理财目标。

工作任务——杜邦财务分析体系的应用

杜邦财务分析体系是利用内在财务指标的关系对净资产收益率进行逐层分解，其核心分解指标是销售净利率、总资产周转率和权益乘数，这 3 个指标也是反映获利能力、营运能力和偿债能力具有代表性的指标，是资产负债表和利润表的概括，如图 7-2-2 所示。

【任务 7-2-1】根据表 7-1-6 和表 7-1-7 的资料，计算甲公司 2012 年度净资产收益率、资产净利率、销售净利率、资产周转率和权益乘数等指标，并绘制杜邦财务分析图。

解析：净资产收益率=8 695.62 ÷ [（70 805.50+70 016.10） ÷2]×100%=12.35%

总资产净利率={8 695.62 ÷ [（101 859.51+96 335.91）÷ 2]} × 100%=8.77%

销售净利率=8 695.62 ÷ 138 108.82=6.30%

总资产周转率={138 108.82 ÷ [（101 859.51+96 335.91）÷ 2]}= 1.39（次）

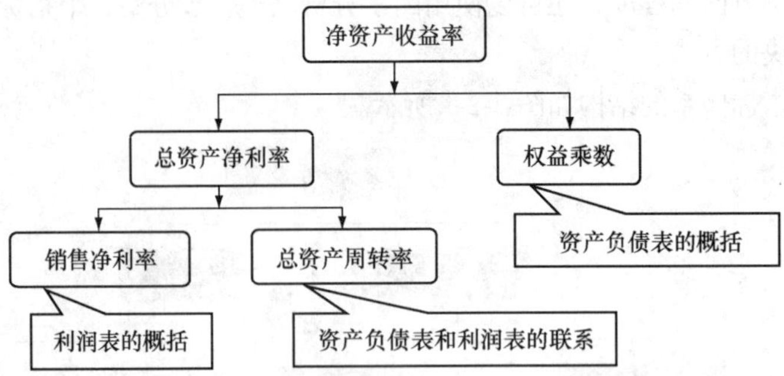

图 7-2-2 杜邦财务分析体系核心分解指标

权益乘数=[（101 859.51+96 335.91）÷2] ÷[（70 805.50+70 016.10）÷2]=1.41

甲公司杜邦财务分析图，如图 7-2-3 所示。

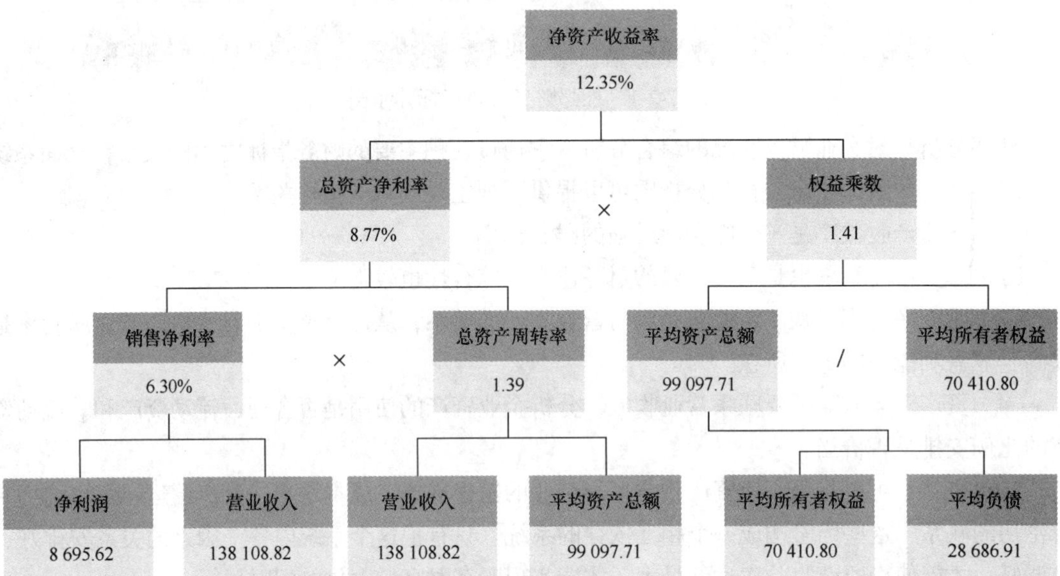

图 7-2-3 甲公司杜邦财务分析图（2012 年）

Excel 应用

Excel 办公软件在杜邦财务综合分析中的运用

如图 7-2-4 所示，在 Excel 中可以建立杜邦财务综合分析模型，具体操作如下。

（1）“净利润”、“营业收入”、“平均资产总额”以及“平均所有者权益”项目数值直接引用“资产负债表”和“利润表”中数据，然后在单元格 D3 中输入“=B7*F7”，即可得净资产收益率 12.35%。

（2）在单元格 B7 中输入“=B11*F11”，即可得总资产净利率 8.77%。

（3）在单元格 B11 中输入“=A15/C15”，即可得营业净利率 6.30%;

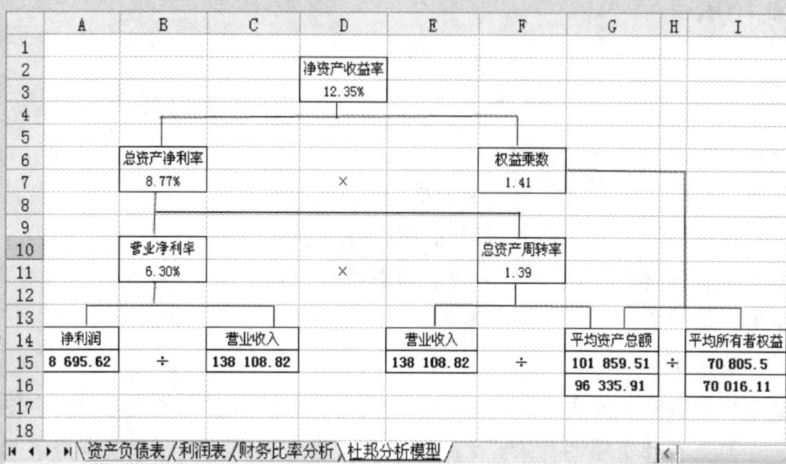

图 7-2-4　杜邦财务综合分析模型

（4）在单元格 F11 中输入“=E15/（G15+G16）*2”，即可得总资产周转率 1.39。

（5）在单元格 F7 中输入“=（G15+G16）/（I15+I16）”，即可得权益乘数 1.41。

任务训练

杜邦分析体系的应用

某汽车上市公司的基本财务数据如表 7-2-1 所示。

表 7-2-1　　某汽车上市公司的基本财务数据　　单位：万元

年度	净利润	营业收入	资产总额	负债总额	全部成本
2011	10 284.04	411 224.01	306 222.94	205 677.07	403 967.43
2012	12 653.92	757 613.81	330 580.21	215 659.54	736 747.24

该公司 2011 年和 2012 年主要的财务比率如表 7-2-2 所示。

表 7-2-2　　主要的财务比率

年度	2011 年	2012 年
净资产收益率	0.102	0.112
总资产净利率	0.032	0.039
权益乘数	3.049	2.874
销售净利率	0.025	0.017
总资产周转率	1.34	2.29

要求：使用杜邦分析体系对该公司净资产收益率的变化进行分析。

技能拓展

撰写财务分析报告

为了保证企业财务报告分析的有效进行，提高分析工作效率，保证分析质量，达到分析目的，一般按下列程序撰写财务分析报告。

（1）确定分析目标。在进行财务报告分析时，首先是确定分析目标。不同利益主体进行财务报告分析有着各自的目的和侧重点，因此，财务报告分析主体必须明确自己的分析目标。

（2）明确分析范围。财务报告分析人进行财务报告分析时，就要在确立分析目标的基础上，明确分析的范围，做到有的放矢，将有限的精力放在分析重点上，以节约收集分析资料、选择分析方法等环节的成本。

（3）收集分析资料。收集资料是指根据已经确定的分析范围，收集分析所需要的资料。通常财务报告是任何分析都需要的，除此之外，还需要相关的资料信息如宏观经济形势、行业情况以及企业内部数据。

（4）确定分析标准。财务报告分析标准主要有历史标准、行业标准和预算标准。企业历史同期指标，即历史标准；同行业的标准企业进行比较，即行业标准；如果是企业内部业绩评价还应与企业预算、计划比较，即预算标准。

（5）选择分析方法。分析方法服从于分析目的，应当根据不同的分析目的，采用不同的分析方法。

（6）做出分析结论。在定性定量分析的基础上，对企业的财务状况和经营成果做出全面分析和评价，为决策提供直接依据。

阅读案例

杜邦财务分析体系在上海电气财务分析的应用

上海电气（601727）2011 年杜邦财务分析图，如图 7-2-5 所示。

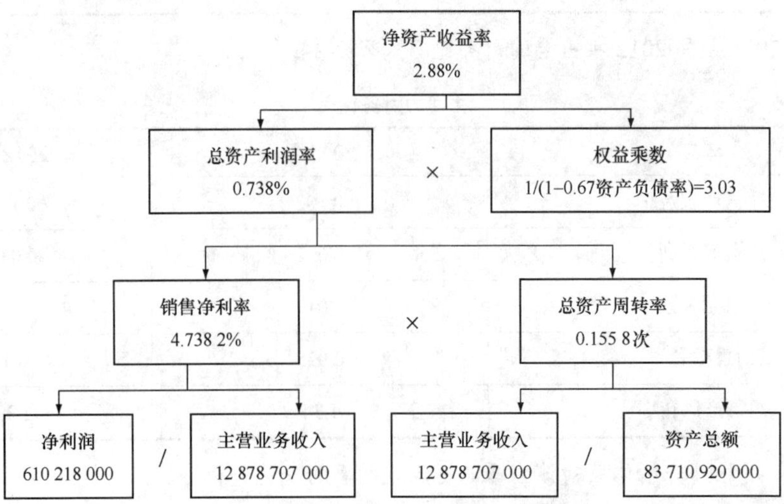

图 7-2-5　上海电气（601727）2011 年杜邦财务分析图

从图 7-2-5 可知，公司的净资产收益率略低于行业平均值，主要原因是总资产利润率较低。进一步分析总资产利润率发现，销售净利率为 4.74%，高于行业平均值，盈利能力较高，但查阅其利润表发现其主营业务成本和期间费用很高，如果能够控制成本费用，将明显提高盈利能力；总资产周转率较低，这是由其主营产品生产工期较长导致的，也明显影响到公司的净资产收益率；公司的资产负债率与行业平均值持平，说明公司的资本机构与行业内其他企业基本一致，符合行业经营特征。

小　　结

财务分析是一个比较复杂的问题，需要综合企业各个方面的财务信息，并需要结合企业所在行业的具体情况进行分析。杜邦分析法是最重要的综合财务分析方法，它通过财务指标之间的相互关系，揭示了企业的盈利能力与企业的偿债能力、营运能力的内在联系。

练 习 题

一、知识点训练

（一）不定项选择

1. 运用杜邦财务分析体系的核心指标是（　　）。

A. 总资产报酬率　　B. 总资产周转率

C. 净资产收益率　　D. 营业净利率

2. 运用因素分析法进行分析时，应注意的问题有（　　）。

A. 因素替代的顺序性　　B. 因素分解的关联性

C. 顺序替代的连环性　　D. 计算结果的准确性

3. 产权比率与权益乘数的关系是（　　）。

A. 产权比率×权益乘数 = 1　　B. 权益乘数 = 1/（1-产权比率）

C. 权益乘数 =（1+产权比率）/ 产权比率　　D. 权益乘数 = 1+产权比率

4. 影响净资产收益率的因素有（　　）。

A. 流动负债与长期负债的比率　　B. 资产负债率

C. 销售净利率　　D. 总资产周转率

5. 其他条件不变的情况下，下列经济业务可能导致总资产报酬率下降的是（　　）。

A. 用银行存款支付一笔销售费用　　B. 用银行存款购入一台设备

C. 将可转换债券转换成优先股　　D. 用银行存款归还银行借款

（二）判断

1. 某公司 2013 年与 2012 年相比，销售收入增长 10%，净利润增长 8%，资产总额增加 12%，负债总额增加 9%，可以判断，该公司净资产收益率比 2012 年下降了。（　　）

2. 既是企业盈利能力指标的核心，也是整个财务指标体系核心指标的是净资产收益率。（　　）

二、课后任务

收集 A 股某家上市公司 2010 年、2011 年和 2012 年年报，并撰写财务分析报告。

项目训练

一、单项技能训练

1. 某公司流动资产由速动资产及存货组成，年初存货为145万元，年初应收账款为125万元，年末流动比率为3，年末速动比率为1.5，存货周转率为4次，年末流动资产余额为270万元。一年按360天计算。

要求：（1）计算该公司流动负债年末余额；

（2）计算该公司存货年末余额及年平均余额；

（3）计算该公司年末销货成本；

（4）假定本年赊销净额为960万元，应收账款以外的其他流动资产忽略不计。计算该公司应收账款周转期。

2. 已知A公司有关资料如表7-1所示。

表7-1 A公司资产负债表

2013年12月31日 单位：万元

资　　产	年初	年末	负债及所有者权益	年初	年末
流动资产			流动负债合计	175	150
货币资金	50	45	长期负债合计	245	200
应收账款	60	90	负债合计	420	350
存货	92	144			
待摊费用	23	36			
流动资产合计	225	315	所有者权益合计	280	350
固定资产净值	475	385			
总计	700	700	总计	700	700

同时，该公司2012年度销售利润率为16%，总资产周转率为0.5次，权益乘数为2.5，净资产收益率为20%，2013年度销售收入为420万元，净利润为63万元。

要求根据上述资料：

（1）计算2013年年末的流动比率、速动比率、资产负债率和权益乘数；

（2）计算2013年总资产周转率、营业净利和净资产收益率（均按期末数计算）；

（3）分析营业净利、总资产周转率和权益乘数变动对净资产收益率的影响（假设按此顺序分析）。

二、综合技能训练

表7-2是国内某钢铁上市公司的部分财务比率，据此分析该公司的偿债能力、营运能力和盈利能力。

表 7-2　某钢铁上市公司的部分财务比率

项　　目	2014 年	2013 年	行业平均值
偿债能力比率			
流动比率	0.70	0.86	1.22
速动比率	0.32	0.38	0.49
资产负债率（%）	54.54	48.66	55
产权比率（%）	119.97	94.8	153.92
权益乘数（倍）	2.2	1.95	1.8
营运能力比率			
应收账款周转率（次）	825	728	356.364
应收账款周转天数（天）	44	42	67.7
存货周转率（次）	6.55	5.94	10.25
存货周转天数（天）	55	60	97.55
流动资产周转率（次）	4.05	3.58	2.514
总资产周转率	1.28	1.41	1.083
固定资产周转率	2.533	2.70	4.18
盈利能力比率			
营业毛利率（%）	10.76	8.2	12.98
营业净利率（%）	3.4	2.96	1.995
成本费用利润率（%）	87.03	109.78	4.551
总资产报酬率	5.79	6.05	8.05
净资产收益率	8.73	7.19	9.452

附录

附录 A　W 钢铁制品公司财务管理综合案例

一、公司背景

W 钢铁制品公司生产的产品销往国内外市场。但其直接受到国外进口产品的挑战，后者在过去的 5 年中已抢占了国内市场中相当大的份额。由于进口钢铁产品的价格较低，国内市场消费持续增长。国外制造商凭借较低的劳动力成本和技术上较先进的设备，因而产品成本也较低。

自 20 世纪 90 年代末以来，钢铁行业所需投资日益巨大但却始终遭受着负报酬的困扰。自那以后，钢铁产品的消费下降了近 25%，越来越多的产品都采用了铝、塑料等替代性材料。上述状况固然令人沮丧，但 W 钢铁制品公司打算勇敢地面对困难。

二、财务资料

W 公司 2009 年年末资产负债表（见附表 A-1）和利润表（见附表 A-2）。

三、其他资料

1．2010 年投资计划

W 钢铁制品公司希望通过一项设备更新计划，增强自己的竞争力。该设备更新计划实现后，将降低单位成本，产品的产量将提高，质量也会有所改善。

新设备投资有甲、乙两种可供选择的方案。

（1）甲方案。

① 原始投资共有 50 000 万元，其中包括：固定资产投资 48 000 万元，无形资产投资 2 000 万元。

② 该项目无建设期，经营期为 10 年。

③ 固定资产的寿命期限为 10 年（不考虑预计的净残值）。无形资产投资从年份起分 10 年摊销完毕。

附表 A-1　　W 钢铁制品公司资产负债表

编制单位：W 公司　　2009 年 12 月 31 日　　单位：万元

资　　产	期初数	期末数	负债和所有者权益	期初数	期末数
流动资产			流动负债		
现金	1 800.4	2 500	应付账款	2 300	3 000
应收账款	2 213.7	1 618.1	应付票据	560	41 100
存货	660	0	短期借款	2 000	17 500
流动资产合计	4 674.1	4 118.1	**流动负债合计**	4 860	61 600
固定资产	288 381.9	288 381.9	长期借款	90 000	70 000
减：累计折旧	42 000	50 000	**负债合计**	94 860	131 600
固定资产净值	246 381.9	238 381.9	所有者权益		
			股本	30 000	30 000
			留存收益	125 196	80 900
			所有者权益合计	155 196	110 900
资产合计	250 056	242 500	**负债和所有者权益合计**	250 056	242 500

附表 A-2　　W 钢铁制品公司利润表

编制单位：W 公司　　2009 年 12 月 31 日　　单位：万元

项　　目	上　年　度	本　年　度
一、主营业务收入	1 600	1 800
减：主营业务成本	1 200	1 080
营业费用	80	111
管理费用	200	219
财务费用	20	25
加：投资收益	10	12

续表

项　目	上 年 度	本 年 度
二、营业利润	110	377
加：营业外收支净额	90	103
三、利润总额	200	480
减：所得税费用	50	75
四、净利润	150	405

④ 预计项目投产后，每年发生的相关营业收入（不含增值税）为 60 000 万元（销售 12 万件，每件 5 000 元），付现成本有材料费用，工人工资，制造费用和管理费用的付现部分。

⑤ 所得税率为 25%，该行业的基准折现率为 10%。

（2）乙方案。

① 原始投资共有 50 000 万元，其中包括：固定资产投资 48 000 万元，无形资产投资 2 000 万元。

② 该项目无建设期，经营期为 8 年。

③ 固定资产的寿命期限为 8 年（不考虑预计的净残值）。无形资产从投资年起分 8 年摊销完毕。

④ 预计项目投产后，每年发生的相关营业收入（不含增值税）为 64 000 万元（销售 12.8 万件，每件 5 000 元），其他条件不变。

2. 筹资计划

（1）公司为购买新设备需要筹资 5 亿元，其中 2 000 万元可以通过公司自有资金解决，剩余的 4.8 亿元需要从外部筹资。其他条件如下。

① 公司目前的长期借款，年利率为 5%，每年年末支付一次利息。其中 6 000 万元将在 2 年内到期，其他借款的期限尚余 5 年。借款合同规定公司资产负债率不得超过 60%。

② 公司发行在外的普通股有 3 亿股。

（2）公司财务经理陆华根据总经理办公室会议的意见，设计了三套筹资方案。

方案一：以增发股票的方式筹资 4.8 亿元。

公司目前的普通股每股市价为 10 元。拟增发股票每股定价为 8.3 元，扣除发行费用后，预计净价为 8 元。为此，公司需要增发 6 000 万股股票以筹集 4.80 亿元资金。为了给公司股东以稳定的回报，维护其良好的市场形象，公司仍将维持其设定的每股 0.60 元的固定股利分配政策。

方案二：以发行公司债券的方式筹资 4.80 亿元。

鉴于目前银行存款利率较低，公司拟发行公司债券。设定债券年利率为 6%，期限为 10 年，每年付息一次，到期一次还本，发行总额为 4.8 亿元，假设无发行费用。

方案三：发行部分股票和部分债券，比例自行确定，发行条件同上。

3. 新设备投产后的销售与生产情况

每年的销售量分四个季度平均完成，每个季度都是均衡生产，每一季的季末存货为下季度销售量的 10%，年末不留存货，每件产品需材料用量 100 千克，单价 30 元/千克，每季末材料存量分别为下季度材料用量的 20%，年末留存材料 300 000 千克。单位产品需消耗人工工时 10 小时，每小时人工成本 2 元。制造费用情况如下：折旧费平均分摊到四个季度，另有修理费 0.2 元/小时，水电费 0.3 元/小时。管理费用情况如下：无形资产摊销平均记入四个季度，管理人员工资和福利每季度 100 万元，办公费每季度 35 万元，保险费每季度 20 万元。

4. 应收应付款情况

每季度销货款项于当季收回 60%，下季度收回 40%。

材料采购款项的支付：于当季末支付，有 1%的折扣，最迟于下季度末支付。

5. 存货管理情况

单位存货的年储存成本为 0.1 元/千克，每次进货费用为 2 000 元。

6. 短期资金融通情况

以季度为期限进行现金预算时，当出现现金不足，可采用短期借款融资，年利率 4%，融资数量为 1 万元的数倍，偿还借款时以“每期期初借入，每期期末归还”来预计利息。

当有闲置现金时，可选择短期有价证券投资，假设年投资收益率 10%，投资于季末进行，期限是 3 个月的整数倍。

7. 其他条件（见附表 A-3）

附表 A-3　　其他条件

项目	条件
最低现金余额	2 500 万元
折旧方法	平均年限法
应计项目	不变
应付票据	不变
每季度所得税（现金预算参考）	1 400 万元
股利	第四季度支付

要求：（1）对 W 公司 2009 年度财务报表进行财务分析。

（2）编制 2010 年的销售预算、生产预算、直接材料预算、直接人工预算、制造费用预算、产品成本预算、管理费用预算和现金预算，以及预计资产负债表和预计利润表。

（3）分析各筹资方案的优缺点并确定筹资方案。

（4）通过计算和分析选择投资方案（要计算净现值和投资回收期）。

（5）计算一季度材料最佳采购批量和采购次数。

附录 B　资金时间价值表

附表 B-1　复利终值系数表

计算公式：$f=(1+i)^n$

期数	1%	2%	3%	4%	5%	6%	7%	8%	9%	10%
1	1.010 0	1.020 0	1.030 0	1.040 0	1.050 0	1.060 0	1.070 0	1.080 0	1.090 0	1.100 0
2	1.020 1	1.040 4	1.060 9	1.081 6	1.102 5	1.123 6	1.144 9	1.166 4	1.188 1	1.210 0
3	1.030 3	1.061 2	1.092 7	1.124 9	1.157 6	1.191 0	1.225 0	1.259 7	1.295 0	1.331 0
4	1.040 6	1.082 4	1.125 5	1.169 9	1.215 5	1.262 5	1.310 8	1.360 5	1.411 6	1.464 1
5	1.051 0	1.104 1	1.159 3	1.216 7	1.276 3	1.338 2	1.402 6	1.469 3	1.538 6	1.610 5
6	1.061 5	1.126 2	1.194 1	1.265 3	1.340 1	1.418 5	1.500 7	1.586 9	1.677 1	1.771 6
7	1.072 1	1.148 7	1.229 9	1.315 9	1.407 1	1.503 6	1.605 8	1.713 8	1.828 0	1.948 7
8	1.082 9	1.171 7	1.266 8	1.368 6	1.477 5	1.593 8	1.718 2	1.850 9	1.992 6	2.143 6
9	1.093 7	1.195 1	1.304 8	1.423 3	1.551 3	1.689 5	1.838 5	1.999 0	2.171 9	2.357 9
10	1.104 6	1.219 0	1.343 9	1.480 2	1.628 9	1.790 8	1.967 2	2.158 9	2.367 4	2.593 7
11	1.115 7	1.243 4	1.384 2	1.539 5	1.710 3	1.898 3	2.104 9	2.331 6	2.580 4	2.853 1
12	1.126 8	1.268 2	1.425 8	1.601 0	1.795 9	2.012 2	2.252 2	2.518 2	2.812 7	3.138 4
13	1.138 1	1.293 6	1.468 5	1.665 1	1.885 6	2.132 9	2.409 8	2.719 6	3.065 8	3.452 3
14	1.149 5	1.319 5	1.512 6	1.731 7	1.979 9	2.260 9	2.578 5	2.937 2	3.341 7	3.797 5
15	1.161 0	1.345 9	1.558 0	1.800 9	2.078 9	2.396 6	2.759 0	3.172 2	3.642 5	4.177 2
16	1.172 6	1.372 8	1.604 7	1.873 0	2.182 9	2.540 4	2.952 2	3.425 9	3.970 3	4.595 0
17	1.184 3	1.400 2	1.652 8	1.947 9	2.292 0	2.692 8	3.158 8	3.700 0	4.327 6	5.054 5
18	1.196 1	1.428 2	1.702 4	2.025 8	2.406 6	2.854 3	3.379 9	3.996 0	4.717 1	5.559 9
19	1.208 1	1.456 8	1.753 5	2.106 8	2.527 0	3.025 6	3.616 5	4.315 7	5.141 7	6.115 9
20	1.220 2	1.485 9	1.806 1	2.191 1	2.653 3	3.207 1	3.869 7	4.661 0	5.604 4	6.727 5
21	1.232 4	1.515 7	1.860 3	2.278 8	2.786 0	3.399 6	4.140 6	5.033 8	6.108 8	7.400 2
22	1.244 7	1.546 0	1.916 1	2.369 9	2.925 3	3.603 5	4.430 4	5.436 5	6.658 6	8.140 3
23	1.257 2	1.576 9	1.973 6	2.464 7	3.071 5	3.819 7	4.740 5	5.871 5	7.257 9	8.954 3
24	1.269 7	1.608 4	2.032 8	2.563 3	3.225 1	4.048 9	5.072 4	6.341 2	7.911 1	9.849 7
25	1.282 4	1.640 6	2.093 8	2.665 8	3.386 4	4.291 9	5.427 4	6.848 5	8.623 1	10.834 7
26	1.295 3	1.673 4	2.156 6	2.772 5	3.555 7	4.549 4	5.807 4	7.396 4	9.399 2	11.918 2
27	1.308 2	1.706 9	2.221 3	2.883 4	3.733 5	4.822 3	6.213 9	7.988 1	10.245 1	13.110 0
28	1.321 3	1.741 0	2.287 9	2.998 7	3.920 1	5.111 7	6.648 8	8.627 1	11.167 1	14.421 0
29	1.334 5	1.775 8	2.356 6	3.118 7	4.116 1	5.418 4	7.114 3	9.317 3	12.172 2	15.863 1
30	1.347 8	1.811 4	2.427 3	3.243 4	4.321 9	5.743 5	7.612 3	10.062 7	13.267 7	17.449 4

续表

期数	11%	12%	13%	14%	15%	16%	17%	18%	19%	20%
1	1.110 0	1.120 0	1.130 0	1.140 0	1.150 0	1.160 0	1.170 0	1.180 0	1.190 0	1.200 0
2	1.232 1	1.254 4	1.276 9	1.299 6	1.322 5	1.345 6	1.368 9	1.392 4	1.416 1	1.440 0
3	1.367 6	1.404 9	1.442 9	1.481 5	1.520 9	1.560 9	1.601 6	1.643 0	1.685 2	1.728 0
4	1.518 1	1.573 5	1.630 5	1.689 0	1.749 0	1.810 6	1.873 9	1.938 8	2.005 3	2.073 6
5	1.685 1	1.762 3	1.842 4	1.925 4	2.011 4	2.100 3	2.192 4	2.287 8	2.386 4	2.488 3
6	1.870 4	1.973 8	2.082 0	2.195 0	2.313 1	2.436 4	2.565 2	2.699 6	2.839 8	2.986 0
7	2.076 2	2.210 7	2.352 6	2.502 3	2.660 0	2.826 2	3.001 2	3.185 5	3.379 3	3.583 2
8	2.304 5	2.476 0	2.658 4	2.852 6	3.059 0	3.278 4	3.511 5	3.758 9	4.021 4	4.299 8
9	2.558 0	2.773 1	3.004 0	3.251 9	3.517 9	3.803 0	4.108 4	4.435 5	4.785 4	5.159 8
10	2.839 4	3.105 8	3.394 6	3.707 2	4.045 6	4.411 4	4.806 8	5.233 8	5.694 7	6.191 7
11	3.151 8	3.478 6	3.835 9	4.226 2	4.652 4	5.117 3	5.624 0	6.175 9	6.776 7	7.430 1
12	3.498 5	3.896 0	4.334 5	4.817 9	5.350 3	5.936 0	6.580 1	7.287 6	8.064 2	8.916 1
13	3.883 3	4.363 5	4.898 0	5.492 4	6.152 8	6.885 8	7.698 7	8.599 4	9.596 4	10.699 3
14	4.310 4	4.887 1	5.534 8	6.261 3	7.075 7	7.987 5	9.007 5	10.147 2	11.419 8	12.839 2
15	4.784 6	5.473 6	6.254 3	7.137 9	8.137 1	9.265 5	10.538 7	11.973 7	13.589 5	15.407 0
16	5.310 9	6.130 4	7.067 3	8.137 2	9.357 6	10.748 0	12.330 3	14.129 0	16.171 5	18.488 4
17	5.895 1	6.866 0	7.986 1	9.276 5	10.761 3	12.467 7	14.426 5	16.672 2	19.244 1	22.186 1
18	6.543 6	7.690 0	9.024 3	10.575 2	12.375 5	14.462 5	16.879 0	19.673 3	22.900 5	26.623 3
19	7.263 3	8.612 8	10.197 4	12.055 7	14.231 8	16.776 5	19.748 4	23.214 4	27.251 6	31.948 0
20	8.062 3	9.646 3	11.523 1	13.743 5	16.366 5	19.460 8	23.105 6	27.393 0	32.429 4	38.337 6
21	8.949 2	10.803 8	13.021 1	15.667 6	18.821 5	22.574 5	27.033 6	32.323 8	38.591 0	46.005 1
22	9.933 6	12.100 3	14.713 8	17.861 0	21.644 7	26.186 4	31.629 3	38.142 1	45.923 3	55.206 1
23	11.026 3	13.552 3	16.626 6	20.361 6	24.891 5	30.376 2	37.006 2	45.007 6	54.648 7	66.247 4
24	12.239 2	15.178 6	18.788 1	23.212 2	28.625 2	35.236 4	43.297 3	53.109 0	65.032 0	79.496 8
25	13.585 5	17.000 1	21.230 5	26.461 9	32.919 0	40.874 2	50.657 8	62.668 6	77.388 1	95.396 2
26	15.079 9	19.040 1	23.990 5	30.166 6	37.856 8	47.414 1	59.269 7	73.949 0	92.091 8	114.475 5
27	16.738 7	21.324 9	27.109 3	34.389 9	43.535 3	55.000 4	69.345 5	87.259 8	109.589 3	137.370 6
28	18.579 9	23.883 9	30.633 5	39.204 5	50.065 6	63.800 4	81.134 2	102.966 6	130.411 2	164.844 7
29	20.623 7	26.749 9	34.615 8	44.693 1	57.575 5	74.008 5	94.927 1	121.500 5	155.189 3	197.813 6
30	22.892 3	29.959 9	39.115 9	50.950 2	66.211 8	85.849 9	111.064 7	143.370 6	184.675 3	237.376 3

续表

期数	21%	22%	23%	24%	25%	26%	27%	28%	29%	30%
1	1.210 0	1.220 0	1.230 0	1.240 0	1.250 0	1.260 0	1.270 0	1.280 0	1.290 0	1.300 0
2	1.464 1	1.488 4	1.512 9	1.537 6	1.562 5	1.587 6	1.612 9	1.638 4	1.664 1	1.690 0
3	1.771 6	1.815 8	1.860 9	1.906 6	1.953 1	2.000 4	2.048 4	2.097 2	2.146 7	2.197 0
4	2.143 6	2.215 3	2.288 9	2.364 2	2.441 4	2.520 5	2.601 4	2.684 4	2.769 2	2.856 1
5	2.593 7	2.702 7	2.815 3	2.931 6	3.051 8	3.175 8	3.303 8	3.436 0	3.572 3	3.712 9
6	3.138 4	3.297 3	3.462 8	3.635 2	3.814 7	4.001 5	4.195 9	4.398 0	4.608 3	4.826 8
7	3.797 5	4.022 7	4.259 3	4.507 7	4.768 4	5.041 9	5.328 8	5.629 5	5.944 7	6.274 9
8	4.595 0	4.907 7	5.238 9	5.589 5	5.960 5	6.352 8	6.767 5	7.205 8	7.668 6	8.157 3
9	5.559 9	5.987 4	6.443 9	6.931 0	7.450 6	8.004 5	8.594 8	9.223 4	9.892 5	10.604 5
10	6.727 5	7.304 6	7.925 9	8.594 4	9.313 2	10.085 7	10.915 3	11.805 9	12.761 4	13.785 8
11	8.140 3	8.911 7	9.748 9	10.657 1	11.641 5	12.708 0	13.862 5	15.111 6	16.462 2	17.921 6
12	9.849 7	10.872 2	11.991 2	13.214 8	14.551 9	16.012 0	17.605 3	19.342 8	21.236 2	23.298 1
13	11.918 2	13.264 1	14.749 1	16.386 3	18.189 9	20.175 2	22.358 8	24.758 8	27.394 7	30.287 5
14	14.421 0	16.182 2	18.141 4	20.319 1	22.737 4	25.420 7	28.395 7	31.691 3	35.339 1	39.373 8
15	17.449 4	19.742 3	22.314 0	25.195 6	28.421 7	32.030 1	36.062 5	40.564 8	45.587 5	51.185 9
16	21.113 8	24.085 6	27.446 2	31.242 6	35.527 1	40.357 9	45.799 4	51.923 0	58.807 9	66.541 7
17	25.547 7	29.384 4	33.758 8	38.740 8	44.408 9	50.851 0	58.165 2	66.461 4	75.862 1	86.504 2
18	30.912 7	35.849 0	41.523 3	48.038 6	55.511 2	64.072 2	73.869 8	85.070 6	97.862 2	112.455 4
19	37.404 3	43.735 8	51.073 7	59.567 9	69.388 9	80.731 0	93.814 7	108.890 4	126.242 2	146.192 0
20	45.259 3	53.357 6	62.820 6	73.864 1	86.736 2	101.721 1	119.144 6	139.379 7	162.852 4	190.049 6
21	54.763 7	65.096 3	77.269 4	91.591 5	108.420 2	128.168 5	151.313 7	178.406 0	210.079 6	247.064 5
22	66.264 1	79.417 5	95.041 3	113.573 5	135.525 3	161.492 4	192.168 3	228.359 6	271.002 7	321.183 9
23	80.179 5	96.889 4	116.900 8	140.831 2	169.406 6	203.480 4	244.053 8	292.300 3	349.593 5	417.539 1
24	97.017 2	118.205 0	143.788 0	174.630 6	211.758 2	256.385 3	309.948 3	374.144 4	450.975 6	542.800 8
25	117.390 9	144.210 1	176.859 3	216.542 0	264.697 8	323.045 4	393.634 4	478.904 9	581.758 5	705.641 0
26	142.042 9	175.936 4	217.536 9	268.512 1	330.872 2	407.037 3	499.915 7	612.998 2	750.468 5	917.333 3
27	171.871 9	214.642 4	267.570 4	332.955 0	413.590 3	512.867 0	634.892 9	784.637 7	968.104 4	1 192.533 3
28	207.965 1	261.863 7	329.111 5	412.864 2	516.987 9	646.212 4	806.314 0	1 004.336 3	1 248.854 6	1 550.293 3
29	251.637 7	319.473 7	404.807 2	511.951 6	646.234 9	814.227 6	1 024.018 7	1 285.550 4	1 611.022 5	2 015.381 3
30	304.481 6	389.757 9	497.912 9	634.819 9	807.793 6	1 025.926 7	1 300.503 8	1 645.504 6	2 078.219 0	2 619.995 6

附表 B-2　复利现值系数表

计算公式：$f=(1+i)^{-n}$

期数	1%	2%	3%	4%	5%	6%	7%	8%	9%	10%
1	0.990 1	0.980 4	0.970 9	0.961 5	0.952 4	0.943 4	0.934 6	0.925 9	0.917 4	0.909 1
2	0.980 3	0.961 2	0.942 6	0.924 6	0.907 0	0.890 0	0.873 4	0.857 3	0.841 7	0.826 4
3	0.970 6	0.942 3	0.915 1	0.889 0	0.863 8	0.839 6	0.816 3	0.793 8	0.772 2	0.751 3
4	0.961 0	0.923 8	0.888 5	0.854 8	0.822 7	0.792 1	0.762 9	0.735 0	0.708 4	0.683 0
5	0.951 5	0.905 7	0.862 6	0.821 9	0.783 5	0.747 3	0.713 0	0.680 6	0.649 9	0.620 9
6	0.942	0.888 0	0.837 5	0.790 3	0.746 2	0.705 0	0.666 3	0.630 2	0.596 3	0.564 5
7	0.932 7	0.870 6	0.813 1	0.759 9	0.710 7	0.665 1	0.622 7	0.583 5	0.547	0.513 2
8	0.923 5	0.853 5	0.789 4	0.730 7	0.676 8	0.627 4	0.582	0.540 3	0.501 9	0.466 5
9	0.914 3	0.836 8	0.766 4	0.702 6	0.644 6	0.591 9	0.543 9	0.500 2	0.460 4	0.424 1
10	0.905 3	0.820 3	0.744 1	0.675 6	0.613 9	0.558 4	0.508 3	0.463 2	0.422 4	0.385 5
11	0.896 3	0.804 3	0.722 4	0.649 6	0.584 7	0.526 8	0.475 1	0.428 9	0.387 5	0.350 5
12	0.887 4	0.788 5	0.701 4	0.624 6	0.556 8	0.497 0	0.444 0	0.397 1	0.355 5	0.318 6
13	0.878 7	0.773 0	0.681 0	0.600 6	0.530 3	0.468 8	0.415 0	0.367 7	0.326 2	0.289 7
14	0.870 0	0.757 9	0.661 1	0.577 5	0.505 1	0.442 3	0.387 8	0.340 5	0.299 2	0.263 3
15	0.861 3	0.743 0	0.641 9	0.555 3	0.481 0	0.417 3	0.362 4	0.315 2	0.274 5	0.239 4
16	0.852 8	0.728 4	0.623 2	0.533 9	0.458 1	0.393 6	0.338 7	0.291 9	0.251 9	0.217 6
17	0.844 4	0.714 2	0.605 0	0.513 4	0.436 3	0.371 4	0.316 6	0.270 3	0.231 1	0.197 8
18	0.836 0	0.700 2	0.587 4	0.493 6	0.415 5	0.350 3	0.295 9	0.250 2	0.212 0	0.179 9
19	0.827 7	0.686 4	0.570 3	0.474 6	0.395 7	0.330 5	0.276 5	0.231 7	0.194 5	0.163 5
20	0.819 5	0.673 0	0.553 7	0.456 4	0.376 9	0.311 8	0.258 4	0.214 5	0.178 4	0.148 6
21	0.811 4	0.659 8	0.537 5	0.438 8	0.358 9	0.294 2	0.241 5	0.198 7	0.163 7	0.135 1
22	0.803 4	0.646 8	0.521 9	0.422 0	0.341 8	0.277 5	0.225 7	0.183 9	0.150 2	0.122 8
23	0.795 4	0.634 2	0.506 7	0.405 7	0.325 6	0.261 8	0.210 9	0.170 3	0.137 8	0.111 7
24	0.787 6	0.621 7	0.491 9	0.390 1	0.310 1	0.247 0	0.197 1	0.157 7	0.126 4	0.101 5
25	0.779 8	0.609 5	0.477 6	0.375 1	0.295 3	0.233 0	0.184 2	0.146 0	0.116 0	0.092 3
26	0.772 0	0.597 6	0.463 7	0.360 7	0.281 2	0.219 8	0.172 2	0.135 2	0.106 4	0.083 9
27	0.764 4	0.585 9	0.450 2	0.346 8	0.267 8	0.207 4	0.160 9	0.125 2	0.097 6	0.076 3
28	0.756 8	0.574 4	0.437 1	0.333 5	0.255 1	0.195 6	0.150 4	0.115 9	0.089 5	0.069 3
29	0.749 3	0.563 1	0.424 3	0.320 7	0.242 9	0.184 6	0.140 6	0.107 3	0.082 2	0.063 0
30	0.741 9	0.552 1	0.412 0	0.308 3	0.231 4	0.174 1	0.131 4	0.099 4	0.075 4	0.057 3

续表

期数	11%	12%	13%	14%	15%	16%	17%	18%	19%	20%
1	0.900 9	0.892 9	0.885 0	0.877 2	0.869 6	0.862 1	0.854 7	0.847 5	0.840 3	0.833 3
2	0.811 6	0.797 2	0.783 1	0.769 5	0.756 1	0.743 2	0.730 5	0.718 2	0.706 2	0.694 4
3	0.731 2	0.711 8	0.693 1	0.675 0	0.657 5	0.640 7	0.624 4	0.608 6	0.593 4	0.578 7
4	0.658 7	0.635 5	0.613 3	0.592 1	0.571 8	0.552 3	0.533 7	0.515 8	0.498 7	0.482 3
5	0.593 5	0.567 4	0.542 8	0.519 4	0.497 2	0.476 1	0.456 1	0.437 1	0.419 0	0.401 9
6	0.534 6	0.506 6	0.480 3	0.455 6	0.432 3	0.410 4	0.389 8	0.370 4	0.352 1	0.334 9
7	0.481 7	0.452 3	0.425 1	0.399 6	0.375 9	0.353 8	0.333 2	0.313 9	0.295 9	0.279 1
8	0.433 9	0.403 9	0.376 2	0.350 6	0.326 9	0.305 0	0.284 8	0.266 0	0.248 7	0.232 6
9	0.390 9	0.360 6	0.332 9	0.307 5	0.284 3	0.263 0	0.243 4	0.225 5	0.209 0	0.193 8
10	0.352 2	0.322 0	0.294 6	0.269 7	0.247 2	0.226 7	0.208 0	0.191 1	0.175 6	0.161 5
11	0.317 3	0.287 5	0.260 7	0.236 6	0.214 9	0.195 4	0.177 8	0.161 9	0.147 6	0.134 6
12	0.285 8	0.256 7	0.230 7	0.207 6	0.186 9	0.168 5	0.152 0	0.137 2	0.124 0	0.112 2
13	0.257 5	0.229 2	0.204 2	0.182 1	0.162 5	0.145 2	0.129 9	0.116 3	0.104 2	0.093 5
14	0.232 0	0.204 6	0.180 7	0.159 7	0.141 3	0.125 2	0.111 0	0.098 5	0.087 6	0.077 9
15	0.209 0	0.182 7	0.159 9	0.140 1	0.122 9	0.107 9	0.094 9	0.083 5	0.073 6	0.064 9
16	0.188 3	0.163 1	0.141 5	0.122 9	0.106 9	0.093 0	0.081 1	0.070 8	0.061 8	0.054 1
17	0.169 6	0.145 6	0.125 2	0.107 8	0.092 9	0.080 2	0.069 3	0.060 0	0.052 0	0.045 1
18	0.152 8	0.130 0	0.110 8	0.094 6	0.080 8	0.069 1	0.059 2	0.050 8	0.043 7	0.037 6
19	0.137 7	0.116 1	0.098 1	0.082 9	0.070 3	0.059 6	0.050 6	0.043 1	0.036 7	0.031 3
20	0.124 0	0.103 7	0.086 8	0.072 8	0.061 1	0.051 4	0.043 3	0.036 5	0.030 8	0.026 1
21	0.111 7	0.092 6	0.076 8	0.063 8	0.053 1	0.044 3	0.037 0	0.030 9	0.025 9	0.021 7
22	0.100 7	0.082 6	0.068 0	0.056 0	0.046 2	0.038 2	0.031 6	0.026 2	0.021 8	0.018 1
23	0.090 7	0.073 8	0.060 1	0.049 1	0.040 2	0.032 9	0.027 0	0.022 2	0.018 3	0.015 1
24	0.081 7	0.065 9	0.053 2	0.043 1	0.034 9	0.028 4	0.023 1	0.018 8	0.015 4	0.012 6
25	0.073 6	0.058 8	0.047 1	0.037 8	0.030 4	0.024 5	0.019 7	0.016 0	0.012 9	0.010 5
26	0.066 3	0.052 5	0.041 7	0.033 1	0.026 4	0.021 1	0.016 9	0.013 5	0.010 9	0.008 7
27	0.059 7	0.046 9	0.036 9	0.029 1	0.023 0	0.018 2	0.014 4	0.011 5	0.009 1	0.007 3
28	0.053 8	0.041 9	0.032 6	0.025 5	0.020 0	0.015 7	0.012 3	0.009 7	0.007 7	0.006 1
29	0.048 5	0.037 4	0.028 9	0.022 4	0.017 4	0.013 5	0.010 5	0.008 2	0.006 4	0.005 1
30	0.043 7	0.033 4	0.025 6	0.019 6	0.015 1	0.011 6	0.009 0	0.007 0	0.005 4	0.004 2

续表

期数	21%	22%	23%	24%	25%	26%	27%	28%	29%	30%
1	0.826 4	0.819 7	0.813 0	0.806 5	0.800 0	0.793 7	0.787 4	0.781 3	0.775 2	0.769 2
2	0.683 0	0.671 9	0.661 0	0.650 4	0.640 0	0.629 9	0.620 0	0.610 4	0.600 9	0.591 7
3	0.564 5	0.550 7	0.537 4	0.524 5	0.512 0	0.499 9	0.488 2	0.476 8	0.465 8	0.455 2
4	0.466 5	0.451 4	0.436 9	0.423 0	0.409 6	0.396 8	0.384 4	0.372 5	0.361 1	0.350 1
5	0.385 5	0.370 0	0.355 2	0.341 1	0.327 7	0.314 9	0.302 7	0.291 0	0.279 9	0.269 3
6	0.318 6	0.303 3	0.288 8	0.275 1	0.262 1	0.249 9	0.238 3	0.227 4	0.217 0	0.207 2
7	0.263 3	0.248 6	0.234 8	0.221 8	0.209 7	0.198 3	0.187 7	0.177 6	0.168 2	0.159 4
8	0.217 6	0.203 8	0.190 9	0.178 9	0.167 8	0.157 4	0.147 8	0.138 8	0.130 4	0.122 6
9	0.179 9	0.167 0	0.155 2	0.144 3	0.134 2	0.124 9	0.116 4	0.108 4	0.101 1	0.094 3
10	0.148 6	0.136 9	0.126 2	0.116 4	0.107 4	0.099 2	0.091 6	0.084 7	0.078 4	0.072 5
11	0.122 8	0.112 2	0.102 6	0.093 8	0.085 9	0.078 7	0.072 1	0.066 2	0.060 7	0.055 8
12	0.101 5	0.092 0	0.083 4	0.075 7	0.068 7	0.062 5	0.056 8	0.051 7	0.047 1	0.042 9
13	0.083 9	0.075 4	0.067 8	0.061 0	0.055 0	0.049 6	0.044 7	0.040 4	0.036 5	0.033 0
14	0.069 3	0.061 8	0.055 1	0.049 2	0.044 0	0.039 3	0.035 2	0.031 6	0.028 3	0.025 4
15	0.057 3	0.050 7	0.044 8	0.039 7	0.035 2	0.031 2	0.027 7	0.024 7	0.021 9	0.019 5
16	0.047 4	0.041 5	0.036 4	0.032 0	0.028 1	0.024 8	0.021 8	0.019 3	0.017 0	0.015 0
17	0.039 1	0.034 0	0.029 6	0.025 8	0.022 5	0.019 7	0.017 2	0.015 0	0.013 2	0.011 6
18	0.032 3	0.027 9	0.024 1	0.020 8	0.018 0	0.015 6	0.013 5	0.011 8	0.010 2	0.008 9
19	0.026 7	0.022 9	0.019 6	0.016 8	0.014 4	0.012 4	0.010 7	0.009 2	0.007 9	0.006 8
20	0.022 1	0.018 7	0.015 9	0.013 5	0.011 5	0.009 8	0.008 4	0.007 2	0.006 1	0.005 3
21	0.018 3	0.015 4	0.012 9	0.010 9	0.009 2	0.007 8	0.006 6	0.005 6	0.004 8	0.004 0
22	0.015 1	0.012 6	0.010 5	0.008 8	0.007 4	0.006 2	0.005 2	0.004 4	0.003 7	0.003 1
23	0.012 5	0.010 3	0.008 6	0.007 1	0.005 9	0.004 9	0.004 1	0.003 4	0.002 9	0.002 4
24	0.010 3	0.008 5	0.007 0	0.005 7	0.004 7	0.003 9	0.003 2	0.002 7	0.002 2	0.001 8
25	0.008 5	0.006 9	0.005 7	0.004 6	0.003 8	0.003 1	0.002 5	0.002 1	0.001 7	0.001 4
26	0.007 0	0.005 7	0.004 6	0.003 7	0.003 0	0.002 5	0.002 0	0.001 6	0.001 3	0.001 1
27	0.005 8	0.004 7	0.003 7	0.003 0	0.002 4	0.001 9	0.001 6	0.001 3	0.001 0	0.000 8
28	0.004 8	0.003 8	0.003 0	0.002 4	0.001 9	0.001 5	0.001 2	0.001 0	0.000 8	0.000 6
29	0.004 0	0.003 1	0.002 5	0.002 0	0.001 5	0.001 2	0.001 0	0.000 8	0.000 6	0.000 5
30	0.003 3	0.002 6	0.002 0	0.001 6	0.001 2	0.001 0	0.000 8	0.000 6	0.000 5	0.000 4

附表 B-3　年金终值系数表

计算公式：$f=\frac{(1+i)^n-1}{n}$

期数	1%	2%	3%	4%	5%	6%	7%	8%	9%	10%
1	1.000 0	1.000 0	1.000 0	1.000 0	1.000 0	1.000 0	1.000 0	1.000 0	1.000 0	1.000 0
2	2.010 0	2.020 0	2.030 0	2.040 0	2.050 0	2.060 0	2.070 0	2.080 0	2.090 0	2.100 0
3	3.030 1	3.060 4	3.090 9	3.121 6	3.152 5	3.183 6	3.214 9	3.246 4	3.278 1	3.310 0
4	4.060 4	4.121 6	4.183 6	4.246 5	4.310 1	4.374 6	4.439 9	4.506 1	4.573 1	4.641 0
5	5.101 0	5.204 0	5.309 1	5.416 3	5.525 6	5.637 1	5.750 7	5.866 6	5.984 7	6.105 1
6	6.152 0	6.308 1	6.468 4	6.633 0	6.801 9	6.975 3	7.153 3	7.335 9	7.523 3	7.715 6
7	7.213 5	7.434 3	7.662 5	7.898 3	8.142 0	8.393 8	8.654 0	8.922 8	9.200 4	9.487 2
8	8.285 7	8.583 0	8.892 3	9.214 2	9.549 1	9.897 5	10.259 8	10.636 6	11.028 5	11.435 9
9	9.368 5	9.754 6	10.159 1	10.582 8	11.026 6	11.491 3	11.978 0	12.487 6	13.021 0	13.579 5
10	10.462 2	10.949 7	11.463 9	12.006 1	12.577 9	13.180 8	13.816 4	14.486 6	15.192 9	15.937 4
11	11.566 8	12.168 7	12.807 8	13.486 4	14.206 8	14.971 6	15.783 6	16.645 5	17.560 3	18.531 2
12	12.682 5	13.412 1	14.192 0	15.025 8	15.917 1	16.869 9	17.888 5	18.977 1	20.140 7	21.384 3
13	13.809 3	14.680 3	15.617 8	16.626 8	17.713 0	18.882 1	20.140 6	21.495 3	22.953 4	24.522 7
14	14.947 4	15.973 9	17.086 3	18.291 9	19.598 6	21.015 1	22.550 5	24.214 9	26.019 2	27.975 0
15	16.096 9	17.293 4	18.598 9	20.023 6	21.578 6	23.276 0	25.129 0	27.152 1	29.360 9	31.772 5
16	17.257 9	18.639 3	20.156 9	21.824 5	23.657 5	25.672 5	27.888 1	30.324 3	33.003 4	35.949 7
17	18.430 4	20.012 1	21.761 6	23.697 5	25.840 4	28.212 9	30.840 2	33.750 2	36.973 7	40.544 7
18	19.614 7	21.412 3	23.414 4	25.645 4	28.132 4	30.905 7	33.999 0	37.450 2	41.301 3	45.599 2
19	20.810 9	22.840 6	25.116 9	27.671 2	30.539 0	33.760 0	37.379 0	41.446 3	46.018 5	51.159 1
20	22.019 0	24.297 4	26.870 4	29.778 1	33.066 0	36.785 6	40.995 5	45.762 0	51.160 1	57.275 0
21	23.239 2	25.783 3	28.676 5	31.969 2	35.719 3	39.992 7	44.865 2	50.422 9	56.764 5	64.002 5
22	24.471 6	27.299 0	30.536 8	34.248 0	38.505 2	43.392 3	49.005 7	55.456 8	62.873 3	71.402 7
23	25.716 3	28.845 0	32.452 9	36.617 9	41.430 5	46.995 8	53.436 1	60.893 3	69.531 9	79.543 0
24	26.973 5	30.421 9	34.426 5	39.082 6	44.502 0	50.815 6	58.176 7	66.764 8	76.789 8	88.497 3
25	28.243 2	32.030 3	36.459 3	41.645 9	47.727 1	54.864 5	63.249 0	73.105 9	84.700 9	98.347 1
26	29.525 6	33.670 9	38.553 0	44.311 7	51.113 5	59.156 4	68.676 5	79.954 4	93.324 0	109.181 8
27	30.820 9	35.344 3	40.709 6	47.084 2	54.669 1	63.705 8	74.483 8	87.350 8	102.723 1	121.099 9
28	32.129 1	37.051 2	42.930 9	49.967 6	58.402 6	68.528 1	80.697 7	95.338 8	112.968 2	134.209 9
29	33.450 4	38.792 2	45.218 9	52.966 3	62.322 7	73.639 8	87.346 5	103.965 9	124.135 4	148.630 9
30	34.784 9	40.568 1	47.575 4	56.084 9	66.438 8	79.058 2	94.460 8	113.283 2	136.307 5	164.494 0

续表

期数	11%	12%	13%	14%	15%	16%	17%	18%	19%	20%
1	1.000 0	1.000 0	1.000 0	1.000 0	1.000 0	1.000 0	1.000 0	1.000 0	1.000 0	1.000 0
2	2.110 0	2.120 0	2.130 0	2.140 0	2.150 0	2.160 0	2.170 0	2.180 0	2.190 0	2.200 0
3	3.342 1	3.374 4	3.406 9	3.439 6	3.472 5	3.505 6	3.538 9	3.572 4	3.606 1	3.640 0
4	4.709 7	4.779 3	4.849 8	4.921 1	4.993 4	5.066 5	5.140 5	5.215 4	5.291 3	5.368 0
5	6.227 8	6.352 8	6.480 3	6.610 1	6.742 4	6.877 1	7.014 4	7.154 2	7.296 6	7.441 6
6	7.912 9	8.115 2	8.322 7	8.535 5	8.753 7	8.977 5	9.206 8	9.442 0	9.683 0	9.929 9
7	9.783 3	10.089 0	10.404 7	10.730 5	11.066 8	11.413 9	11.772 0	12.141 5	12.522 7	12.915 9
8	11.859 4	12.299 7	12.757 3	13.232 8	13.726 8	14.240 1	14.773 3	15.327 0	15.902 0	16.499 1
9	14.164 0	14.775 7	15.415 7	16.085 3	16.785 8	17.518 5	18.284 7	19.085 9	19.923 4	20.798 9
10	16.722 0	17.548 7	18.419 7	19.337 3	20.303 7	21.321 5	22.393 1	23.521 3	24.708 9	25.958 7
11	19.561 4	20.654 6	21.814 3	23.044 5	24.349 3	25.732 9	27.199 9	28.755 1	30.403 5	32.150 4
12	22.713 2	24.133 1	25.650 2	27.270 7	29.001 7	30.850 2	32.823 9	34.931 1	37.180 2	39.580 5
13	26.211 6	28.029 1	29.984 7	32.088 7	34.351 9	36.786 2	39.404 0	42.218 7	45.244 5	48.496 6
14	30.094 9	32.392 6	34.882 7	37.581 1	40.504 7	43.672 0	47.102 7	50.818 0	54.840 9	59.195 9
15	34.405 4	37.279 7	40.417 5	43.842 4	47.580 4	51.659 5	56.110 1	60.965 3	66.260 7	72.035 1
16	39.189 9	42.753 3	46.671 7	50.980 4	55.717 5	60.925 0	66.648 8	72.939 0	79.850 2	87.442 1
17	44.500 8	48.883 7	53.739 1	59.117 6	65.075 1	71.673 0	78.979 2	87.068 0	96.021 8	105.930 6
18	50.395 9	55.749 7	61.725 1	68.394 1	75.836 4	84.140 7	93.405 6	103.740 3	115.265 9	128.116 7
19	56.939 5	63.439 7	70.749 4	78.969 2	88.211 8	98.603 2	110.284 6	123.413 5	138.166 4	154.740 0
20	64.202 8	72.052 4	80.946 8	91.024 9	102.443 6	115.379 7	130.032 9	146.628 0	165.418 0	186.688 0
21	72.265 1	81.698 7	92.469 9	104.768 4	118.810 1	134.840 5	153.138 5	174.021 0	197.847 4	225.025 6
22	81.214 3	92.502 6	105.491 0	120.436 0	137.631 6	157.415 0	180.172 1	206.344 8	236.438 5	271.030 7
23	91.147 9	104.602 9	120.204 8	138.297 0	159.276 4	183.601 4	211.801 3	244.486 8	282.361 8	326.236 9
24	102.174 2	118.155 2	136.831 5	158.658 6	184.167 8	213.977 6	248.807 6	289.494 5	337.010 5	392.484 2
25	114.413 3	133.333 9	155.619 6	181.870 8	212.793 0	249.214 0	292.104 9	342.603 5	402.042 5	471.981 1
26	127.998 8	150.333 9	176.850 1	208.332 7	245.712 0	290.088 3	342.762 7	405.272 1	479.430 6	567.377 3
27	143.078 6	169.374 0	200.840 6	238.499 3	283.568 8	337.502 4	402.032 3	479.221 1	571.522 4	681.852 8
28	159.817 3	190.698 9	227.949 9	272.889 2	327.104 1	392.502 8	471.377 8	566.480 9	681.111 6	819.223 3
29	178.397 2	214.582 8	258.583 4	312.093 7	377.169 7	456.303 2	552.512 1	669.447 5	811.522 8	984.068 0
30	199.020 9	241.332 7	293.199 2	356.786 8	434.745 1	530.311 7	647.439 1	790.948 0	966.712 2	1 181.881 6

续表

期数	21%	22%	23%	24%	25%	26%	27%	28%	29%	30%
1	1.000 0	1.000 0	1.000 0	1.000 0	1.000 0	1.000 0	1.000 0	1.000 0	1.000 0	1.000 0
2	2.210 0	2.220 0	2.230 0	2.240 0	2.250 0	2.260 0	2.270 0	2.280 0	2.290 0	2.300 0
3	3.674 1	3.708 4	3.742 9	3.777 6	3.812 5	3.847 6	3.882 9	3.918 4	3.954 1	3.990 0
4	5.445 7	5.524 2	5.603 8	5.684 2	5.765 6	5.848 0	5.931 3	6.015 6	6.100 8	6.187 0
5	7.589 2	7.739 6	7.892 6	8.048 4	8.207 0	8.368 4	8.532 7	8.699 9	8.870 0	9.043 1
6	10.183 0	10.442 3	10.707 9	10.980 1	11.258 8	11.544 2	11.836 6	12.135 9	12.442 3	12.756 0
7	13.321 4	13.739 6	14.170 8	14.615 3	15.073 5	15.545 8	16.032 4	16.533 9	17.050 6	17.582 8
8	17.118 9	17.762 3	18.430 0	19.122 9	19.841 9	20.587 6	21.361 2	22.163 4	22.995 3	23.857 7
9	21.713 9	22.670 0	23.669 0	24.712 5	25.802 3	26.940 4	28.128 7	29.369 2	30.663 9	32.015 0
10	27.273 8	28.657 4	30.112 8	31.643 4	33.252 9	34.944 9	36.723 5	38.592 6	40.556 4	42.619 5
11	34.001 3	35.962 0	38.038 8	40.237 9	42.566 1	45.030 6	47.638 8	50.398 5	53.317 8	56.405 3
12	42.141 6	44.873 7	47.787 7	50.895 0	54.207 7	57.738 6	61.501 3	65.510 0	69.780 0	74.327 0
13	51.991 3	55.745 9	59.778 8	64.109 7	68.759 6	73.750 6	79.106 6	84.852 9	91.016 1	97.625 0
14	63.909 5	69.010 0	74.528 0	80.496 1	86.949 5	93.925 8	101.465 4	109.611 7	118.410 8	127.912 5
15	78.330 5	85.192 2	92.669 4	100.815 1	109.686 8	119.346 5	129.861 1	141.302 9	153.750 0	167.286 3
16	95.779 9	104.934 5	114.983 4	126.010 8	138.108 5	151.376 6	165.923 6	181.867 7	199.337 4	218.472 2
17	116.893 7	129.020 1	142.429 5	157.253 4	173.635 7	191.734 5	211.723 0	233.790 7	258.145 3	285.013 9
18	142.441 3	158.404 5	176.188 3	195.994 2	218.044 6	242.585 5	269.888 2	300.252 1	334.007 4	371.518 0
19	173.354 0	194.253 5	217.711 6	244.032 8	273.555 8	306.657 7	343.758 0	385.322 7	431.869 6	483.973 4
20	210.758 4	237.989 3	268.785 3	303.600 6	342.944 7	387.388 7	437.572 6	494.213 1	558.111 8	630.165 5
21	256.017 6	291.346 9	331.605 9	377.464 8	429.680 9	489.109 8	556.717 3	633.592 7	720.964 2	820.215 1
22	310.781 3	356.443 2	408.875 3	469.056 3	538.101 1	617.278 3	708.030 9	811.998 7	931.043 8	1 067.279 6
23	377.045 4	435.860 7	503.916 6	582.629 8	673.626 4	778.770 7	900.199 3	1 040.358 3	1 202.046 5	1 388.463 5
24	457.224 9	532.750 1	620.817 4	723.461 0	843.032 9	982.251 1	1 144.253 1	1 332.658 6	1 551.640 0	1 806.002 6
25	554.242 2	650.955 1	764.605 4	898.091 6	1 054.791 2	1 238.636 3	1 454.201 4	1 706.803 1	2 002.615 6	2 348.803 3
26	671.633 0	795.165 3	941.464 7	1 114.633 6	1 319.489 0	1 561.681 8	1 847.835 8	2 185.707 9	2 584.374 1	3 054.444 3
27	813.675 9	971.101 6	1 159.001 6	1 383.145 7	1 650.361 2	1 968.719 1	2 347.751 5	2 798.706 1	3 334.842 6	3 971.777 6
28	985.547 9	1 185.744 0	1 426.571 9	1 716.100 7	2 063.951 5	2 481.586 0	2 982.644 4	3 583.343 8	4 302.947 0	5 164.310 9
29	1 193.512 9	1 447.607 7	1 755.683 5	2 128.964 8	2 580.939 4	3 127.798 4	3 788.958 3	4 587.680 1	5 551.801 6	6 714.604 2
30	1 445.150 7	1 767.081 3	2 160.490 7	2 640.916 4	3 227.174 3	3 942.026 0	4 812.977 1	5 873.230 6	7 162.824 1	8 729.985 5

附表 B-4 年金现值系数表

期数	1%	2%	3%	4%	5%	6%	7%	8%	9%	10%
1	0.990 1	0.980 4	0.970 9	0.961 5	0.952 4	0.943 4	0.934 6	0.925 9	0.917 4	0.909 1
2	1.970 4	1.941 6	1.913 5	1.886 1	1.859 4	1.833 4	1.808 0	1.783 3	1.759 1	1.735 5
3	2.941 0	2.883 9	2.828 6	2.775 1	2.723 2	2.673 0	2.624 3	2.577 1	2.531 3	2.486 9
4	3.902 0	3.807 7	3.717 1	3.629 9	3.546 0	3.465 1	3.387 2	3.312 1	3.239 7	3.169 9
5	4.853 4	4.713 5	4.579 7	4.451 8	4.329 5	4.212 4	4.100 2	3.992 7	3.889 7	3.790 8
6	5.795 5	5.601 4	5.417 2	5.242 1	5.075 7	4.917 3	4.766 5	4.622 9	4.485 9	4.355 3
7	6.728 2	6.472 0	6.230 3	6.002 1	5.786 4	5.582 4	5.389 3	5.206 4	5.033 0	4.868 4
8	7.651 7	7.325 5	7.019 7	6.732 7	6.463 2	6.209 8	5.971 3	5.746 6	5.534 8	5.334 9
9	8.566 0	8.162 2	7.786 1	7.435 3	7.107 8	6.801 7	6.515 2	6.246 9	5.995 2	5.759 0
10	9.471 3	8.982 6	8.530 2	8.110 9	7.721 7	7.360 1	7.023 6	6.710 1	6.417 7	6.144 6
11	10.367 6	9.786 8	9.252 6	8.760 5	8.306 4	7.886 9	7.498 7	7.139 0	6.805 2	6.495 1
12	11.255 1	10.575 3	9.954 0	9.385 1	8.863 3	8.383 8	7.942 7	7.536 1	7.160 7	6.813 7
13	12.133 7	11.348 4	10.635 0	9.985 6	9.393 6	8.852 7	8.357 7	7.903 8	7.486 9	7.103 4
14	13.003 7	12.106 2	11.296 1	10.563 1	9.898 6	9.295 0	8.745 5	8.244 2	7.786 2	7.366 7
15	13.865 1	12.849 3	11.937 9	11.118 4	10.379 7	9.712 2	9.107 9	8.559 5	8.060 7	7.606 1
16	14.717 9	13.577 7	12.561 1	11.652 3	10.837 8	10.105 9	9.446 6	8.851 4	8.312 6	7.823 7
17	15.562 3	14.291 9	13.166 1	12.165 7	11.274 1	10.477 3	9.763 2	9.121 6	8.543 6	8.021 6
18	16.398 3	14.992 0	13.753 5	12.659 3	11.689 6	10.827 6	10.059 1	9.371 9	8.755 6	8.201 4
19	17.226 0	15.678 5	14.323 8	13.133 9	12.085 3	11.158 1	10.335 6	9.603 6	8.950 1	8.364 9
20	18.045 6	16.351 4	14.877 5	13.590 3	12.462 2	11.469 9	10.594 0	9.818 1	9.128 5	8.513 6
21	18.857 0	17.011 2	15.415 0	14.029 2	12.821 2	11.764 1	10.835 5	10.016 8	9.292 2	8.648 7
22	19.660 4	17.658 0	15.936 9	14.451 1	13.163 0	12.041 6	11.061 2	10.200 7	9.442 4	8.771 5
23	20.455 8	18.292 2	16.443 6	14.856 8	13.488 6	12.303 4	11.272 2	10.371 1	9.580 2	8.883 2
24	21.243 4	18.913 9	16.935 5	15.247 0	13.798 6	12.550 4	11.469 3	10.528 8	9.706 6	8.984 7
25	22.023 2	19.523 5	17.413 1	15.622 1	14.093 9	12.783 4	11.653 6	10.674 8	9.822 6	9.077 0
26	22.795 2	20.121 0	17.876 8	15.982 8	14.375 2	13.003 2	11.825 8	10.810 0	9.929 0	9.160 9
27	23.559 6	20.706 9	18.327 0	16.329 6	14.643 0	13.210 5	11.986 7	10.935 2	10.026 6	9.237 2
28	24.316 4	21.281 3	18.764 1	16.663 1	14.898 1	13.406 2	12.137 1	11.051 1	10.116 1	9.306 6
29	25.065 8	21.844 4	19.188 5	16.983 7	15.141 1	13.590 7	12.277 7	11.158 4	10.198 3	9.369 6
30	25.807 7	22.396 5	19.600 4	17.292 0	15.372 5	13.764 8	12.409 0	11.257 8	10.273 7	9.426 9

续表

期数	11%	12%	13%	14%	15%	16%	17%	18%	19%	20%
1	0.900 9	0.892 9	0.885 0	0.877 2	0.869 6	0.862 1	0.854 7	0.847 5	0.840 3	0.833 3
2	1.712 5	1.690 1	1.668 1	1.646 7	1.625 7	1.605 2	1.585 2	1.565 6	1.546 5	1.527 8
3	2.443 7	2.401 8	2.361 2	2.321 6	2.283 2	2.245 9	2.209 6	2.174 3	2.139 9	2.106 5
4	3.102 4	3.037 3	2.974 5	2.913 7	2.855 0	2.798 2	2.743 2	2.690 1	2.638 6	2.588 7
5	3.695 9	3.604 8	3.517 2	3.433 1	3.352 2	3.274 3	3.199 3	3.127 2	3.057 6	2.990 6
6	4.230 5	4.111 4	3.997 5	3.888 7	3.784 5	3.684 7	3.589 2	3.497 6	3.409 8	3.325 5
7	4.712 2	4.563 8	4.422 6	4.288 3	4.160 4	4.038 6	3.922 4	3.811 5	3.705 7	3.604 6
8	5.146 1	4.967 6	4.798 8	4.638 9	4.487 3	4.343 6	4.207 2	4.077 6	3.954 4	3.837 2
9	5.537 0	5.328 2	5.131 7	4.946 4	4.771 6	4.606 5	4.450 6	4.303 0	4.163 3	4.031 0
10	5.889 2	5.650 2	5.426 2	5.216 1	5.018 8	4.833 2	4.658 6	4.494 1	4.338 9	4.192 5
11	6.206 5	5.937 7	5.686 9	5.452 7	5.233 7	5.028 6	4.836 4	4.656 0	4.486 5	4.327 1
12	6.492 4	6.194 4	5.917 6	5.660 3	5.420 6	5.197 1	4.988 4	4.793 2	4.610 5	4.439 2
13	6.749 9	6.423 5	6.121 8	5.842 4	5.583 1	5.342 3	5.118 3	4.909 5	4.714 7	4.532 7
14	6.981 9	6.628 2	6.302 5	6.002 1	5.724 5	5.467 5	5.229 3	5.008 1	4.802 3	4.610 6
15	7.190 9	6.810 9	6.462 4	6.142 2	5.847 4	5.575 5	5.324 2	5.091 6	4.875 9	4.675 5
16	7.379 2	6.974 0	6.603 9	6.265 1	5.954 2	5.668 5	5.405 3	5.162 4	4.937 7	4.729 6
17	7.548 8	7.119 6	6.729 1	6.372 9	6.047 2	5.748 7	5.474 6	5.222 3	4.989 7	4.774 6
18	7.701 6	7.249 7	6.839 9	6.467 4	6.128 0	5.817 8	5.533 9	5.273 2	5.033 3	4.812 2
19	7.839 3	7.365 8	6.938 0	6.550 4	6.198 2	5.877 5	5.584 5	5.316 2	5.070 0	4.843 5
20	7.963 3	7.469 4	7.024 8	6.623 1	6.259 3	5.928 8	5.627 8	5.352 7	5.100 9	4.869 6
21	8.075 1	7.562 0	7.101 6	6.687 0	6.312 5	5.973 1	5.664 8	5.383 7	5.126 8	4.891 3
22	8.175 7	7.644 6	7.169 5	6.742 9	6.358 7	6.011 3	5.696 4	5.409 9	5.148 6	4.909 4
23	8.266 4	7.718 4	7.229 7	6.792 1	6.398 8	6.044 2	5.723 4	5.432 1	5.166 8	4.924 5
24	8.348 1	7.784 3	7.282 9	6.835 1	6.433 8	6.072 6	5.746 5	5.450 9	5.182 2	4.937 1
25	8.421 7	7.843 1	7.330 0	6.872 9	6.464 1	6.097 1	5.766 2	5.466 9	5.195 1	4.947 6
26	8.488 1	7.895 7	7.371 7	6.906 1	6.490 6	6.118 2	5.783 1	5.480 4	5.206 0	4.956 3
27	8.547 8	7.942 6	7.408 6	6.935 2	6.513 5	6.136 4	5.797 5	5.491 9	5.215 1	4.963 6
28	8.601 6	7.984 4	7.441 2	6.960 7	6.533 5	6.152 0	5.809 9	5.501 6	5.222 8	4.969 7
29	8.650 1	8.021 8	7.470 1	6.983 0	6.550 9	6.165 6	5.820 4	5.509 8	5.229 2	4.974 7
30	8.693 8	8.055 2	7.495 7	7.002 7	6.566 0	6.177 2	5.829 4	5.516 8	5.234 7	4.978 9

续表

期数	21%	22%	23%	24%	25%	26%	27%	28%	29%	30%
1	0.826 4	0.819 7	0.813 0	0.806 5	0.800 0	0.793 7	0.787 4	0.781 3	0.775 2	0.769 2
2	1.509 5	1.491 5	1.474 0	1.456 8	1.440 0	1.423 5	1.407 4	1.391 6	1.376 1	1.360 9
3	2.073 9	2.042 2	2.011 4	1.981 3	1.952 0	1.923 4	1.895 6	1.868 4	1.842 0	1.816 1
4	2.540 4	2.493 6	2.448 3	2.404 3	2.361 6	2.320 2	2.280 0	2.241 0	2.203 1	2.166 2
5	2.926 0	2.863 6	2.803 5	2.745 4	2.689 3	2.635 1	2.582 7	2.532 0	2.483 0	2.435 6
6	3.244 6	3.166 9	3.092 3	3.020 5	2.951 4	2.885 0	2.821 0	2.759 4	2.700 0	2.642 7
7	3.507 9	3.415 5	3.327 0	3.242 3	3.161 1	3.083 3	3.008 7	2.937 0	2.868 2	2.802 1
8	3.725 6	3.619 3	3.517 9	3.421 2	3.328 9	3.240 7	3.156 4	3.075 8	2.998 6	2.924 7
9	3.905 4	3.786 3	3.673 1	3.565 5	3.463 1	3.365 7	3.272 8	3.184 2	3.099 7	3.019 0
10	4.054 1	3.923 2	3.799 3	3.681 9	3.570 5	3.464 8	3.364 4	3.268 9	3.178 1	3.091 5
11	4.176 9	4.035 4	3.901 8	3.775 7	3.656 4	3.543 5	3.436 5	3.335 1	3.238 8	3.147 3
12	4.278 4	4.127 4	3.985 2	3.851 4	3.725 1	3.605 9	3.493 3	3.386 8	3.285 9	3.190 3
13	4.362 4	4.202 8	4.053 0	3.912 4	3.780 1	3.655 5	3.538 1	3.427 2	3.322 4	3.223 3
14	4.431 7	4.264 6	4.108 2	3.961 6	3.824 1	3.694 9	3.573 3	3.458 7	3.350 7	3.248 7
15	4.489 0	4.315 2	4.153 0	4.001 3	3.859 3	3.726 1	3.601 0	3.483 4	3.372 6	3.268 2
16	4.536 4	4.356 7	4.189 4	4.033 3	3.887 4	3.750 9	3.622 8	3.502 6	3.389 6	3.283 2
17	4.575 5	4.390 8	4.219 0	4.059 1	3.909 9	3.770 5	3.640 0	3.517 7	3.402 8	3.294 8
18	4.607 9	4.418 7	4.243 1	4.079 9	3.927 9	3.786 1	3.653 6	3.529 4	3.413 0	3.303 7
19	4.634 6	4.441 5	4.262 7	4.096 7	3.942 4	3.798 5	3.664 2	3.538 6	3.421 0	3.310 5
20	4.656 7	4.460 3	4.278 6	4.110 3	3.953 9	3.808 3	3.672 6	3.545 8	3.427 1	3.315 8
21	4.675 0	4.475 6	4.291 6	4.121 2	3.963 1	3.816 1	3.679 2	3.551 4	3.431 9	3.319 8
22	4.690 0	4.488 2	4.302 1	4.130 0	3.970 5	3.822 3	3.684 4	3.555 8	3.435 6	3.323 0
23	4.702 5	4.498 5	4.310 6	4.137 1	3.976 4	3.827 3	3.688 5	3.559 2	3.438 4	3.325 4
24	4.712 8	4.507 0	4.317 6	4.142 8	3.981 1	3.831 2	3.691 8	3.561 9	3.440 6	3.327 2
25	4.721 3	4.513 9	4.323 2	4.147 4	3.984 9	3.834 2	3.694 3	3.564 0	3.442 3	3.328 6
26	4.728 4	4.519 6	4.327 8	4.151 1	3.987 9	3.836 7	3.696 3	3.565 6	3.443 7	3.329 7
27	4.734 2	4.524 3	4.331 6	4.154 2	3.990 3	3.838 7	3.697 9	3.566 9	3.444 7	3.330 5
28	4.739 0	4.528 1	4.334 6	4.156 6	3.992 3	3.840 2	3.699 1	3.567 9	3.445 5	3.331 2
29	4.743 0	4.531 2	4.337 1	4.158 5	3.993 8	3.841 4	3.700 1	3.568 7	3.446 1	3.331 7
30	4.746 3	4.533 8	4.339 1	4.160 1	3.995 0	3.842 4	3.700 9	3.569 3	3.446 6	3.332 1

参考文献

[1] 财政部会计资格评价中心. 财务管理. 北京：中国财政经济出版社，2013.

[2] 冯弋江，罗艳琴. 管理会计. 南昌：江西高校出版社，2009.

[3] 财政部会计资格评价中心. 初级会计实务. 北京：中国财政经济出版社，2013.

[4] 荆新，王化成，刘俊彦. 财务管理学. 北京：中国人民大学出版社，2009.

[5] 骆永菊，郑蔚文. 财务管理学实用教材. 北京：北京大学出版社，2008.

[6] 张志宏. 财务管理. 北京：中国财政经济出版社，2009.